Guy de Maupassant

A Woman's Life

여자의 일생

Retold by Kay Sam Shephard

발 행 인	장운선
펴 낸 곳	**THE TEXT** A YBM COMPANY
초판발행	2008년 10월 2일
3쇄발행	2012년 7월 9일
등록일자	1992년 4월 30일
등록번호	제 2010-000233호
	서울특별시 강남구 테헤란로 151 역삼하이츠빌딩
	TEL (02) 2000-0515
	FAX (02) 2271-0172
Copyright	ⓒ2008 THE TEXT
ISBN	978-89-92228-44-2
인터넷 홈페이지	http://www.ybmbooks.com

THE TEXT의 허락 없이 이 책의 일부 또는 전부를 무단 복제, 전재, 발췌하는 것을 금합니다.
* 낙장 및 파본은 교환해 드립니다.

사진은 ⓒBridgeman Art Library / (주)유로포토서비스에서 제공해 주셨습니다.

머리말

21세기 현대 생활 전반에서 영어는 큰 비중을 차지하고 있으며, 영어 실력은 한 사람을 평가하는 중요한 척도로 자리 잡았습니다. 영어 실력을 배양하기 위해서는 완전하면서도 자연스러운 원어민의 말과 글을 많이 접하고 느껴야 합니다.

이를 위해 YBM/Si-sa 가족인 THE TEXT는 세계 문학사에 빛나는 작품들을 엄선하여 The Classic House를 펴내게 되었습니다. 세계적인 명작들은 숨가쁜 현대를 살아가는 우리들에게 글 읽기의 즐거움과 함께 그 심오한 사고의 깊이로 시대를 초월한 감동을 선사합니다.

그러나 이들 문학 작품들이 탄생한 시대의 문체와 현대의 문체 사이에는 큰 차이가 있어서 영어를 사랑하는 사람들도 접근하기가 힘든 점이 있습니다. 이에 THE TEXT는 원작의 내용을 그대로 살리면서 보다 쉽고 간결한 문체로 원작을 재구성하여, 독자 여러분이 명작의 감동을 그대로 느끼면서 현대 영어를 자연스럽게 체득할 수 있도록 배려하였습니다.

The Classic House가 독자 여러분의 영어 실력 향상뿐 아니라 풍부한 정서 함양과 문학적, 문화적 교양을 배양하는 데 큰 도움이 되기를 기대합니다.

이 책의 특징

폭넓은 독자층 대상 고등학생, 대학생, 일반 성인 등 다양한 독자들이 쉽게 접근할 수 있는 영어 수준으로 구성하였습니다. 부담 없이 읽는 가운데 영어실력이 향상됩니다.

읽기 쉬운 현대 영어로 전문 재구성 영어권 작가들이 원작의 분위기와 의도를 최대한 살려서, 고전적인 문체와 표현을 현대 영어로 바꿔 이해하기 쉽게 다시 집필하였습니다.

친절한 어휘해설 및 내용설명 오른쪽 페이지의 주해(Footnotes)를 통해, 본문 어휘풀이뿐 아니라 내용 이해에 필요한 상황설명과 문화정보(Cultural tips)도 함께 제공합니다.

유려한 우리말 번역 영어 본문 뒤에「명작 우리글로 다시읽기」를 실었습니다. 훌륭한 번역서의 기능을 하며, 해당 영문의 페이지도 표시하여 찾아보기 쉽도록 하였습니다.

본문 표현을 활용한 생활영어 권말에는「명작에서 찾은 생활영어」가 있습니다. 영어 본문에서 생활영어로 활용 가능한 표현이나 문장을 뽑아 상세한 해설과 함께 실었습니다.

원어민이 녹음한 MP3 file www.ybmbooks.com에서 원어민이 영문을 낭독한 MP3 파일을 무료로 다운로드 받아 읽기 능력뿐 아니라 듣기 능력과 발음이 향상되도록 하였습니다.

이 책의 활용법

Listening Casually 본격적으로 책을 읽기에 앞서 MP3 파일을 들으면서 책의 내용을 추측해 봅니다. 들리지 않는 단어가 나오더라도 본문을 참고하지 않도록 합니다.

Reading Through 영어 본문을 본격적으로 읽습니다. 문장을 읽다 간혹 모르는 단어가 나오더라도 멈추지 않고 이야기의 흐름을 파악하는 데 중점을 두면서 읽습니다.

Reading Carefully 오른쪽 페이지 하단의 주해와 책 말미에 있는 「명작 우리글로 다시읽기」를 참고하여 문장의 정확한 의미 파악에 주력하며 다시 한번 영문을 읽습니다.

Listening Carefully 상기한 3단계를 거치며 영문의 의미를 파악한 다음, 이전에 들리지 않았던 영문이 완전히 들릴 때까지 MP3 파일을 반복해서 청취합니다.

Speaking Aloud MP3 파일을 자신이 따라할 수 있는 속도로 조절해 가면서 원어민의 발음, 억양, 어투 등에 최대한 가깝게 발성하면 회화에 큰 도움이 됩니다.

Speaking Fluently 「명작에서 찾은 생활영어」를 통해 실생활에 유용하게 쓰일 수 있는 회화 표현들을 자연스럽게 익혀 유창하게 말할 수 있도록 합니다.

저자소개

기 드 모파상(Guy de Maupassant) 프랑스, 1850~1893

노르망디(Normandy)의 부유한 가정에서 태어난 모파상은 자유분방한 유년기를 보낸 후 「보바리 부인(Madame Bovary)」의 작가 플로베르(Gustave Flaubert, 1821~1880)에게 문학 수업을 받으며 작가의 꿈을 키워 나갔다. 1870년 보불전쟁(Franco-Prussian War)이 일어나자 그는 학업을 중단하고 참전하였는데, 이때의 경험은 모파상의 작품세계에 큰 영향을 미쳤다.

1880년 졸라(Emile Zola, 1840~1902)가 발간한 단편집 「메당의 저녁(Evenings at Medan)」에 실린 「비곗덩어리(Boule de Suif)」로 문단에 데뷔한 모파상은 이후 「테리에의 집(The House of Madame Tellier, 1881)」, 「피피 양(Mademoiselle Fifi, 1882)」, 「미스 하리에트(Miss Harriett, 1884)」, 「달빛(Moonlight, 1884)」 등의 여러 단편집과 장편소설 「여자의 일생(A Woman's Life, 1883)」, 「벨 아미(Bel-Ami, 1885)」 등을 발표하여 프랑스를 대표하는 작가가 되었다.

모파상은 300여 편의 단편과 6편의 장편 등 많은 작품을 남기고 과로와 우울증으로 인한 건강 악화로 43세의 젊은 나이에 타계하였다. 하지만 거친 운명 앞에 선 인간의 한계와 전쟁의 비인간성을 날카롭게 그려낸 그의 작가 정신은 오늘날까지 높이 평가받고 있다.

작품소개

「여자의 일생」은 단편소설로 유명한 모파상의 첫 장편소설이다. 이 작품은 서정적이고 잔잔한 문체로 인생의 덧없음을 냉철하게 묘사하여 발표 당시 문단의 큰 호평을 받았으며 이로 인해 모파상은 당대 유명작가의 반열에 올라서게 된다.

부유한 시골 귀족의 외동딸인 잔(Jeanne)은 사랑과 행복으로 가득한 미래를 꿈꾼다. 하지만 결혼과 동시에 그녀의 꿈은 산산조각 나기 시작한다. 이후 그녀의 삶은 남편의 간통과 그로 인한 때이른 죽음, 모든 것을 희생하며 뒷바라지해온 자식의 배신, 가문의 몰락, 더 이상 자신을 감싸 주지 않는 교회와 타락한 이웃들에 대한 환멸로 철저히 황폐화된다. 오랜 세월에 걸쳐 이런 무자비한 운명에 시달린 그녀는 마침내 모든 희망을 잃고 죽음만을 기다리는 노년에 접어든다. 이제 잔에게 남은 것은 방탕한 아들이 떠맡긴 손녀뿐. 하녀에게서 아이를 받아 들고 키스를 퍼붓는 잔의 모습에서 운명이 그녀에게 부여한 인고와 희생의 삶이 아직 끝나지 않았음을 암시하며 소설은 끝을 맺는다.

여성이라면 누구나 겪을 수 있는 소위 '보편적 불행'에 빠진 한 여인의 일생을 통해, 운명에 휘둘리는 인간의 삶을 치밀하게 그려낸 사실주의 소설의 진수인 「여자의 일생」은 희생을 강요당하는 여성들의 삶을 돌아보게 하는 작품으로 시공을 초월하여 깊은 심리적 공감대를 형성하고 있다.

등·장·인·물

잔 Jeanne
파란만장한 삶을 살아 가는 이 소설의 주인공. 소녀 시절 수녀원에서 교육을 받은 후 세상에 나와 낭만적인 연애와 행복한 인생을 꿈꾸지만 결혼 후 냉혹한 현실을 깨닫는다. 바람둥이 남편과 방탕한 아들로 인해 고통과 회한으로 점철된 삶을 살다가 쓸쓸한 노년을 맞는다.

줄리앙 Julien de Lamare
잔의 남편. 재산을 노리고 잔과 결혼한 탐욕스러운 인물로 신혼 시절부터 다른 여자를 탐하며 잔을 냉대한다. 결국 바람기로 인해 젊은 나이에 비참한 최후를 맞는다.

남작 부부 Baron and Baroness Le Perthuis des Vauds
잔의 부모. 고지식하지만 마음씨 좋은 시골 귀족으로 외동딸인 잔을 끔찍이 사랑한다. 하지만 겉만 번지르르한 줄리앙의 됨됨이를 파악하지 못하고 딸과 결혼시키는 실수를 범한다.

리종 이모 Aunt Lison
잔의 이모. 남작 부부가 사망한 후 의지할 데 없는 잔에게 힘이 되어 준다.

폴 Paul
잔과 줄리앙의 아들. 학창 시절부터 막대한 도박 빚을 지는 등 방탕한 생활로 일관하다 끝내 집안의 재산을 모두 탕진하고 만다. 훗날 동거하던 여자와의 사이에서 낳은 딸을 어머니 잔에게 맡긴다.

로잘리 Rosalie

잔 가족의 하녀. 어릴 때부터 잔과 함께 성장하였으나 잔의 남편 줄리앙에게 농락당해 사생아를 낳은 후 집을 떠난다. 오랜 세월이 흐른 뒤 홀로 남은 잔을 돌보겠다며 다시 찾아온다.

푸르빌 백작 Comte de Fourville

잔과 같은 지역에 사는 백작. 부인 질베르트와 함께 줄리앙 부부와 허물없는 사이로 지낸다. 부인을 매우 사랑하는 선량한 사람이지만 부인과 줄리앙과의 불륜을 알아채고는 두 사람을 죽음에 빠뜨린다.

질베르트 Gilberte

푸르빌 백작의 부인. 자신을 믿고 의지하는 잔과 남편 푸르빌 백작을 배신하고 줄리앙과 불륜 관계를 맺는다.

피코 신부 Abbé Picot

잔이 사는 마을의 신부. 신앙심이 약하고 방탕한 마을 분위기 속에서도 늘 용서와 화해를 강조하며 잔과 마을 사람들의 정신적 지주 역할을 한다.

톨비악 신부 Abbé Tolbiac

피코 신부의 전출로 마을에 새로 부임한 젊은 신부. 남녀의 육체적 사랑에 대해 극단적인 혐오감을 표출하여 사람들의 원성을 산다. 신앙에 대해 냉소적인 잔의 아버지와 불륜에 빠진 줄리앙에게 앙심을 품고 잔 일가와 원수지간이 된다.

CONTENTS

Chapter 1 ················· 14

Chapter 2 ················· 26

Chapter 3 ················· 29

Chapter 4 ················· 43

Chapter 5 ················· 55

Chapter 6 ················· 65

Chapter 7 ················· 70

Chapter 8 ················· 98

Chapter 9 ···················· 114

Chapter 10 ···················· 134

Chapter 11 ···················· 158

Chapter 12 ···················· 178

Chapter 13 ···················· 186

Chapter 14 ···················· 197

명작 우리글로 다시읽기 ············· 210

명작에서 찾은 생활영어 ············· 310

A Woman's Life

*"Life is never as happy or as
miserable as people seem to think."*

Chapter 1

Jeanne finished her packing and went to the window, but it had not stopped raining. All night long the downpour* had pattered* against the roofs and the windows. It seemed as if the low, heavy clouds had burst and were emptying themselves on the world. She sighed. It was not a good day for traveling.

Jeanne had left the convent* the day before. She felt full of happiness at the thought of beginning an exciting new life. But she feared that her father would hesitate about starting their journey if the weather did not clear up. For the hundredth time since the morning, she studied the sky, hoping for a break in the clouds. Then she looked around the room and saw that she had forgotten to put her calendar in her traveling bag. She took from the wall the little card that showed the date of the current year, 1819, in gilt* letters. With a pencil, she crossed out* the first four months, until she came to the second of May. That had been her first day of freedom.

A voice outside the door called, "Jeannette!"

"Come in, Papa," she replied.

Her father appeared. Baron* Simon-Jacques Le Perthuis des Vauds was an old-fashioned* gentleman, eccentric* and good. He was a faithful follower of Rousseau, with a special love for nature and animals. His greatest strength and also his greatest weakness was his generosity. Whenever he saw someone in need, he gave freely, without question. He loved his daughter and had carefully planned her education, so that she might become happy, honest, and gentle. She had lived at home until the age of twelve. Then, despite her mother's tears, she was placed in the Convent of the Sacred Heart. She was to be secluded* there and kept ignorant of life for five years. He knew that when she came back to him at seventeen, she would be innocent and pure. Then he would open her mind to the secrets of life and teach her to love nature as he did. For her part,* Jeanne was ready for every joy and

---

downpour 억수, 폭우 patter (비가) 후두둑 내리다, 타닥타닥 소리를 내다 convent 수녀원, 수도원 gilt 금도금한, 금박을 입힌 cross out 줄을 그어 지우다 baron 남작 old-fashioned 구식의, 보수적인 eccentric (행동, 성격 등이) 별난, 괴팍한 secluded 은둔한, 격리된 for one's part …로서는

adventure she had ever dreamed of. Since entering the convent, she had rarely left Rouen, and never for more than a day. Now she was going to spend the summer at Les Peuples in the old family chateau built on the cliff near Yport. She could hardly wait to experience the freedom of the countryside.

At seventeen, Jeanne was tall, with shining, fair* hair, blue eyes, and creamy skin. Her figure was well developed, but slender and supple.* Her merry laugh made everyone around her feel happy.

She ran to her father, put her arms around his neck, and kissed him.

"Well, are we going to start?" she asked.

He smiled and pointed towards* the window. "How can you think of traveling in such weather?" he said.

"Oh, Papa, please do let us start," she begged. "It will be fine this afternoon."

"I don't think your mother will agree to it," he said. "But if you can persuade her, I am quite willing to start immediately."

Jeanne hurried toward her mother's room and three minutes later, she came running out.*

"Papa! Papa!" she called. "Mamma is quite willing. Tell them to harness* the horses."

Before long,* the baroness* came slowly down the stairs supported by her husband and a tall girl. This was Rosalie, the family's maid and Jeanne's foster sister.* Her main duty was to aid the baroness to walk. The baroness suffered from an enlargement of her heart, which caused her to gain weight. In the last few years, she had grown to an enormous size. She complained about her poor health at every opportunity.

By the time the baroness reached the steps of the old hotel,* she was breathing very hard. She stopped to look at the rain pouring down in the courtyard.

"Really, it is not sensible* to travel in this weather," she murmured.*

Her husband smiled. "It was you who wished it, Madame."

She began to move forward again, and with difficulty got into the carriage.* The springs of the

---

fair 금발의 supple 나긋나긋한, 유연한 point towards …쪽을 가리키다
run out 뛰어나오다 harness (말에) 마구를 채우다 before long 이윽고, 머지 않아 baroness 남작 부인 foster sister 젖자매 hotel (프랑스의) 저택
sensible 현명한, 분별 있는 murmur 중얼거리다 carriage 마차

vehicle bent under her weight. The baron sat by her side, and Jeanne and Rosalie took their places* with their backs to the horses. Ludivine, the cook, threw rugs* over their knees. Then she climbed up beside old Simon, the coachman, and wrapped herself in a rug. The concierge* and his wife came to shut the gate and wish them good-bye. The baron gave them some instructions about the baggage, which was to follow in a cart. Then Simon flicked* the reins and the carriage

Jeanne is excited about spending the summer at Les Peuples in the old family chateau.

started.

The horses trotted* briskly down to the quay,* and entered the long Boulevard du Mont Riboudet. Soon they reached the countryside. Inside the carriage, everyone was silent. The baroness leaned back with her head against the cushions, and closed her eyes. The baron looked out mournfully* at the wet fields and Rosalie sat lost in her thoughts.* But Jeanne was so full of joy that she wanted to sing, and the warm, heavy rain did nothing to dampen* her spirits.

The baroness gradually fell asleep. Her cheeks puffed out,* and from her half-opened lips came a deep snore. Her husband leaned over towards her and gently placed a leather wallet in her hands. The touch awoke her, and she looked at the object in her lap in confusion. The wallet fell and opened, and the gold and banknotes it contained scattered* all over the carriage. The baron picked up the money and placed it on her knees.

---

take one's place 자리를 잡다　rug 무릎덮개, 깔개　concierge 문지기, 수위
flick (채찍, 매를) 가볍게 치다　trot (말이) 빠른 걸음으로 가다　quay 부두, 선창
mournfully 슬픔에 잠겨　lost in one's thoughts 생각에 잠긴　dampen
(기, 열의를) 꺾다　puff out (공기로) 부풀다　scatter 뿔뿔이 흩어지다

"There, my dear," he said. "That is all that is left of the farm at Életot. I have sold it to pay for the improvements to Les Peuples because we will live there most of the time."

She counted the six thousand, four hundred francs, and put them quietly into her pocket. It was the ninth farm that they had sold out of the thirty-one left to them by their parents. But they still had about twenty thousand francs a year coming in from their other properties. They lived quietly and this income should have been sufficient for them. But their lavish* generosity constantly exhausted their supplies. The gold melted, vanished, disappeared. How? No one knew. To give to others was one of the great joys of their existence. They perfectly understood this about each other in a way that was touching.

"Is my chateau* looking beautiful now?" asked Jeanne. She knew that the estate* would one day be hers, and she would live there when she married.

"You will see, my child," answered the baron.

Gradually, the rain eased and was soon nothing more than* a very fine drizzle.* Suddenly a long sunbeam* fell on the fields. The clouds slowly departed and a beautiful sky of a pure deep blue spread over the world. As their journey continued the sun finally set and the sky was studded with* stars. At last the carriage stopped, and men and women came to meet them with lanterns in their hands. They had arrived at Les Peuples. Jeanne sprang out of* the carriage, while her father and Rosalie almost carried the baroness. She was quite worn out,* and kept saying in a weak little voice, "Ah, my children! What shall I do?" She would have nothing to eat or drink, but went to bed and fell asleep at once.

Jeanne and the baron had supper alone. Then they explored the house, which had just been thoroughly repaired and renovated. Upstairs, there was a long hall with ten bedrooms opening off it. Jeanne's room was at the end, on the right. When she saw the bed, Jeanne gave a cry of delight. At each corner was a bird made of carved oak. They supported the bed and looked as if they were its guardians. The counterpane*

---

lavish 아낌없는, 헤픈 chateau (프랑스의) 성, 대저택 estate 소유지, 사유지
nothing more than …에 지나지 않은 drizzle 가랑비 sunbeam 햇살, 태양
광선 be studded with …로 점점이 박혀 있다 spring out of …에서 튀어나오
다 worn out 기진맥진한 counterpane (장식용) 침대 씌우개(= bedspread)

and canopy* were made of old dark blue silk, with a pattern of fleur-de-lis* embroidered in gold. On the mantelpiece was a small bronze clock shaped like a beehive.* On its small pendulum* swung a little bee with enamel wings. When the clock struck eleven, the baron kissed his daughter and went to his own room. Jeanne took a last look around the room before she put out her candle and went to bed.

For some time she lay quite still, hoping to fall asleep, but she could not. At last she got out of bed. She crossed the room, opened her window and looked out. The night was so clear that she easily recognized all the countryside she had loved as a child.* The tall poplar trees for which the chateau was named were silhouetted against the sky. She felt happy and at peace, and she began to dream of love. Love! For two years she had been anxiously awaiting the time when it would come to her. Now that she was free to love, she had only to meet him. Him! What would he be like? She did not know, and did not even think about it. She only knew that she would adore him with her whole heart, and that he would love her with all his strength. A vague* feeling of sensuality* swept over* her from head to foot. She unconsciously pressed her arms against her breast, as if to clasp* her dream to her. Then, on the road behind the chateau, she heard someone walking in the night. "Perhaps it is he!" she thought. She anxiously listened to the steps of the traveler, but he passed by and she felt sad. After a moment, she smiled at her foolishness. She began to think of the future. She would live here with her husband, in their quiet chateau overlooking the sea. She would have two children, a son for him, and a daughter for her.

She stayed dreaming at the window until the moon began to descend toward* the sea. The air became cooler. Towards the east, the horizon was growing lighter and the stars were disappearing from the sky. Mad with happiness, Jeanne watched as the blazing* sun rose from the sea. It was her sunrise! Her dawn! The beginning of her life! She dropped her head onto her hands and cried for joy. When she finally looked up

---

canopy 천개(왕좌, 침대 따위의 상부를 가리는 장식) fleur-de-lis 붓꽃, 붓꽃 모양의 문양 beehive 벌집 pendulum (시계의) 추 as a child 어릴 적에 vague 모호한 sensuality 관능, 육욕 sweep over …을 엄습하다 clasp 고정시키다, 죄다 descend toward …을 향해 내려가다 blazing 타오르는, 타는 듯한

again, the glorious colors of the dawning day had disappeared. She felt calmer and a little tired and chilled.* She threw herself on the bed and fell into a sound sleep. She did not hear her father calling her at eight o'clock. She only awoke when he came into her room.

The baron wanted to show her the improvements that had been made to her chateau. Arm in arm,* they went all over the house without missing a single corner. Then they walked slowly along the avenues lined with* poplar trees that enclosed* the grounds. The grove* at the bottom of the garden was beautiful, with little winding paths running through it.

After breakfast, the baron suggested that he and Jeanne walk to Yport. They set off* and soon the village of Yport came in sight.* The women, sitting at their doors mending* clothes, looked up as the baron and Jeanne passed by. There was a strong smell of salt water in the air. Brown nets were drying outside the doors of small huts where each family lived in a single room. To Jeanne it was all new and very strange.

They turned a corner and stopped to look around. The sea lay before them. Boats with white sails* were visible between the shore and the horizon. To the right and left rose the high cliffs. Tiny waves broke on the beach where some Normandy boats lay on their sides. A sailor came up with some fish to sell, and Jeanne bought a brill,* which she insisted on* carrying home herself. Then the man offered his services if ever they wanted to go sailing. He repeated his name, "Lastique, Josephin Lastique," over and over again so that they would not forget it. The baron promised to remember him and then they started back toward the chateau. The fish was too heavy for Jeanne, so she passed her father's stick through its gills,* and they carried it between them. As they walked gaily* up the hill with the wind in their faces, they chattered* like two children.

---

chilled 한기를 느끼는, 으스스한 arm in arm 서로 팔짱을 끼고 lined with …로 줄줄이 늘어선 enclose 둘러싸다 grove 작은 숲 set off 출발하다 come in sight 보이다 mend 수선하다 sail (배의) 돛 brill 가자미, 넙치 insist on …하기를 고집하다 gill 아가미 gaily 흥겹게 chatter 수다를 떨다

Chapter 2

A delightful life of freedom began for Jeanne. She read, dreamed, and wandered freely about the countryside. She loved to be alone with the calm beauty of nature. She was a strong, fearless* swimmer, and unconscious of danger. She would swim way* out to sea and then turn on her back* and float, gazing up at the sky. When she went out too far, a boat came to bring her in to the beach. She would return to the chateau tired and hungry with a smile on her lips and joy in her heart.

The baron was planning great agricultural improvements on his farms. He wanted to try new machines and grow unusual, foreign plants. He spent part of his time talking to the peasants who refused to believe in his ideas. He often went out to sea with the sailors of Yport, and fished* like a common seaman. At every meal, he gave a glowing account of* his adventures. The baroness, in her turn,* would tell him how many times she had walked up and down the long poplar avenues. She had been advised to take exercise and she walked for hours, leaning on Rosalie's arm. She had been very pretty when she was young and as slender as a reed.* As her weight increased and she had to remain nearly all day in her armchair, she dreamed of love. On rainy days at Les Peuples she stayed in her room looking over her old letters. There were letters from her father and mother and from the baron, when she was engaged to him, and from others. Jeanne sometimes accompanied her mother on her walks and listened to her memories of childhood. She was astonished to find that her mother's thoughts and hopes had been the same as hers.

One afternoon, as they were resting on the seat at the bottom of the walk, the parish* priest* approached them. He greeted them and then sat down and wiped his forehead. He was a very fat, red-faced* man, who perspired* very freely. He was a true country-priest, lively and tolerant,

---

fearless 겁 없는 way (부사, 전치사를 강조하여) 훨씬, 멀리 on one's back 반듯이 누워 fish 낚시하다, 고기잡이를 하다 give an account of …에 대해 설명하다 in one's turn …의 차례가 되어 reed 갈대 parish 교구 priest 신부 red-faced 얼굴이 붉은 perspire 땀을 흘리다

talkative* and honest. They chatted informally for a while. The baron joined them after a while, and asked the priest to stay for dinner. He was an entertaining guest. By the time the dessert was placed on the table, he had begun telling funny stories. Suddenly he exclaimed, "Oh, by the way, I must introduce to you a new member of the parish. He is the Vicomte* de Lamare, the son of the Vicomte Jean de Lamare, who died last year."

The baroness, who loved the aristocracy* above everything, asked a great many questions. They learnt that the young man had sold the family chateau to pay his father's debts. Now he lived on one of the three farms that he owned at Étouvent. These estates only brought in about five or six thousand francs a year in total.* But the vicomte planned to live quietly for two or three years and save as much as he could. Then he would be able to marry well, without having to get into debt* or mortgage* his farms.

"Bring him to see us, Monsieur l'Abbé,*" said the baron. "He might like to come here sometimes."

Chapter 3

Next Sunday, the baroness and Jeanne went to Mass,* mainly to please the priest. After it was over, they waited to ask him to luncheon on the next Thursday. He came out of the vestry* with a tall, good-looking young man. As soon as he saw the two ladies, the priest gave a look of pleased surprise.

"What a lucky thing!" he said. "Madame la Baronne and Mademoiselle Jeanne, permit me to present to you, Monsieur le Vicomte de Lamare."

The vicomte bowed and said he had long wanted to meet them. He was a handsome young man with black, curly* hair. His long, regular eyebrows gave a depth and tenderness to his long-lashed* dark eyes. A thick, silky beard hid his jaw, which was a little heavy.

Two days later, the young vicomte made his

---

talkative 말 많은, 수다스런 vicomte 자작 aristocracy 귀족, 귀족사회 in total 전부 합쳐, 총계 get into debt 빚지다 mortgage (재산, 토지를) 저당 잡히다 abbé (프랑스의) 신부, 성직자 Mass (가톨릭의) 미사 vestry (교회의) 제의실, 성구실 curly 곱슬곱슬한 long-lashed 속눈썹이 긴

first call* at the chateau. After some small talk,* they discovered that his father had known a friend of the baroness's father. This discovery gave rise to* endless conversation about marriages, births, and relationships. From time to time* his eyes met Jeanne's before he quickly looked away as though he were embarrassed or shy. She felt a strange sensation when she caught his admiring glances. The baron did not know any of the families living near, and asked the vicomte about them.

"Oh, there are very good families around here," answered Monsieur de Lamare and he gave details about* them. There were three families of high rank* in the neighborhood. They were the Marquis de Coutelier, the head of the Normandy aristocracy, the Vicomte and Vicomtesse* de Briseville, and the Comte de Fourville. A few newly rich families had bought property in the neighborhood,* but the vicomte did not know them.

Finally, he rose to go, and his last look was for Jeanne. The baroness thought him charming and the baron remarked that he was a very well educated man. They invited him to dinner the fol-

The priest said, "Madame la Baronne and Mademoiselle Jeanne, permit me to present to you, Monsieur le Vicomte de Lamare."

make one's call 방문하다 small talk 잡담, 한담 give rise to …을 발생시키다 from time to time 때때로, 가끔씩 give details about …에 대해 상세히 설명하다 high rank 상류계급 vicomtesse 자작 부인 in the neighborhood 근방에, 이웃에

lowing week, and after that he visited the chateau regularly. Generally he came about four o'clock and joined the baroness on her walk.* He always insisted that she lean on his arm. Sometimes Jeanne supported her mother on the other side and all three walked slowly up and down the long path. He did not talk to Jeanne but often his dark, velvety* eyes met her bright blue ones. Sometimes they walked down to Yport with the baron. One evening, as they were standing on the beach, old Lastique came up to them.

"With this wind, Monsieur le Baron," he said, "you'd easily be able to go to Étretat and back tomorrow."

Jeanne clasped* her hands together. "Oh, Papa! If only you would!" she said.

The baron turned to Monsieur de Lamare. "Will you go with us, Vicomte? We could have lunch over there." The excursion* was planned for the following day.

The next morning Jeanne and the baron rose early and walked down to Yport. The vicomte had arrived before them and was sitting with old Lastique beside a little Normandy boat. Two sailors pushed the boat to the water. Then a light, steady breeze began blowing towards the land. The sail was hoisted,* filled out a little, and the boat moved along, hardly rocked* by the waves. At first they sailed straight out to sea. Jeanne felt a little dizzy* and sat holding the side of the boat and looking out at the gentle waves. No one spoke. Old Lastique was steering* the boat. The baron sat in the bow,* working* the sail and performing the duties of a sailor. Jeanne and the vicomte sat side by side, both feeling a little awkward. Their glances were continually meeting as they raised their eyes at the same moment. There was already between them the vague fondness* that happens when the boy is good-looking and the girl is pretty. They felt happy at being close together, perhaps because each was thinking of the other. When they reached the shore at Étretat, the vicomte lifted Jeanne out of the boat and carried her to dry ground. Then they went up the steep, stony beach side by side, both unsettled* by this short embrace.

---

on one's walk ⋯의 산책 중에   velvety 벨벳 같은, 부드러운   clasp (손을) 꼭 쥐다   excursion 소풍, 유람   hoist (돛, 기 따위를) 올리다, 달다   rock 요동치다   dizzy 어지러운   steer 키를 잡다, ⋯을 조종하다   bow 뱃머리   work (기기, 장치를) 조작하다   fondness 호감, 좋아함   unsettled 불안정한, 혼란스런

They had lunch in a little inn near the beach. On the sea they had been quiet, but at the table they had as much to say as children let out of school.* Old Lastique carefully put his pipe, which was still alight,* into his cap before he sat at the table, and everyone laughed. A fly,* attracted by the old sailor's red nose, persisted on settling on it. He knocked it away* but it soon flew back and settled on the old man's nose again. This was repeated again and again. Jeanne and the vicomte laughed till they cried, holding their napkins to their mouths to prevent themselves shrieking out loud.*

When the coffee had been served, Jeanne suggested they all go for a walk. The vicomte got up to go with her, but the baron preferred to go out on the beach to take a nap.*

"You two go," he said. "You will find me here in an hour's time."

They walked along the road, passing a few cottages and a little chateau, and found themselves in an open valley. Jeanne was thrilled by* a strange sensation that she had never before experienced. They entered a little wood, where the trees grew so closely together that their foliage* blocked out* the sunlight.

"See, we could sit down over there," said Jeanne, looking around her as they walked on. Two trees had died, and through the break in the foliage fell a ray of sunlight. Insects darted* among the wildflowers that grew in the patch of light. Jeanne and the vicomte sat down with their heads in the shadow and their feet in the sun.

"How lovely the country is!" said Jeanne. "Sometimes I wish I were a bee or a butterfly so that I might bury myself in the flowers."

They began quietly talking about their own habits and tastes. He said he was tired of his useless life and disgusted with* society, where one never found any truth or sincerity. Their glances met often and it seemed to them that new feelings were entering their hearts, making them ready to love.

When they returned they found that the baron had gone for a walk. They waited for him at the inn, where he did not appear till five o'clock.

---

let out of school 학교를 파한 alight 불타고 있는 fly 파리 knock away 때려서 쫓아 버리다 shriek out loud 비명을 크게 지르다 take a nap 선잠을 자다 be thrilled by …으로 짜릿한 흥분을 느끼다 foliage (초목의) 잎 block out 차단하다 dart (화살처럼) 날아가다 disgusted with …에 정떨어진

Then they started for home. The boat glided* along so smoothly that it hardly seemed to be moving. They were all silent for a long while, but at last Jeanne spoke.

"How I would like to travel!" she said.

"Yes, but it would be rather dull traveling alone," said the vicomte. "You want a companion to enjoy and discuss your experiences with."

"That is true," she answered thoughtfully. "But I like to go for long walks alone. When there is no one with me I dream wonderful dreams."

"But two people can plan a happy future," he said, looking her full in the face.

She looked away. What did he mean? Then she said slowly, "I would like to go to Italy, and to Greece, and to Corsica. It must be so wild and so beautiful there."

He said he preferred Switzerland, for its chalets* and lakes.

"No," she said. "I would like to go to a country with little or no history like Corsica, or to one with a very ancient culture like Greece. It must be so interesting to see the places where such great and noble deeds* were done."

"Well, for my part, I would like to go to

England," he said.

Then they discussed every country from the poles* to the equator.* But they came to the conclusion that* the most beautiful land in the world was France.

By now, the sun was sinking and the wind had died out.* Lastique got out the oars and began rowing. The twilight* was very short, and the sky soon became dark and studded with stars. Jeanne and the vicomte sat side-by-side watching the boat's wake* and enjoying the cool night air. His fingers were resting against* Jeanne's hand, which was lying on the seat. She did not move it away. The slight contact made her feel happy and yet confused.

When she went to her room, Jeanne felt so emotional that the smallest thing would have made her cry. She wanted to kiss someone or something and suddenly remembered an old doll she had in a drawer. She took it out and covered its painted cheeks with warm kisses. Then, still

---

glide 미끄러지다, 미끄러지듯 움직이다 chalet (스위스 목동의) 오두막, 산장 deed 행위, 업적, 공적 pole 극, 극지 equator 적도 come to the conclusion that …이라는 결론에 이르다 die out 차차 소멸하다 twilight 여명, 황혼 wake (배가) 지나간 자국, 항적 rest against …에 기대어 있다

holding it in her arms, she began to think. Was he the husband she thought about so often, and had fate sent him to her? Was he really the one man created especially for her? She did not yet experience that profound stirring* of her whole soul, which she believed to be love. But she thought she was beginning to love him because she always was thinking of him. Her heart throbbed* when he was near. She blushed* when she met his glance, and the sound of his voice thrilled her.

That night she hardly slept at all. Each day her longing for* love became greater. One evening her father said to her, "You must look very pretty tomorrow morning, Jeanne."

"Why, Papa?" she asked.

"That's a secret," replied the baron.

When she came down the next morning, she found the drawing-room table covered with bon-bon* boxes. There was an enormous bouquet* on a chair. A cart entered the courtyard with *Lerat, Confectioner and Contractor for Wedding breakfasts* on it. Ludivine, with the aid of a scullery*-maid, took from it a great many flat baskets, which smelled delicious.

The vicomte came in soon after. His tight coat was closely fastened,* except on the chest, where it opened to show the lace of his shirt-frill.* A fine cravat,* wound many times around his neck, forced him to hold up his handsome dark head. He looked different, and Jeanne stared at him as though she had never seen him before. She thought he looked a perfect gentleman, a great nobleman from head to foot.

He bowed, and asked with a smile, "Well, are you ready?"

"What do you mean?" stammered* Jeanne. "What is it all about?"

"Oh, you will know soon," answered the baron.

The baroness came downstairs just as the carriage drew up* before the door. As usual, she was leaning on Rosalie, who seemed struck with admiration at the vicomte's elegant appearance. The baron saw this and murmured, "I say, Vicomte, I think our maid Rosalie likes the look of you."

---

stirring 흥분, 감동 throb (심장이) 두근두근하다, 고동치다 blush 얼굴을 붉히다 longing for …에 대한 갈망(열망) bon-bon 봉봉(속에 과일, 호두 따위를 넣은 과자) bouquet 꽃다발 scullery 식기실 fasten 죄다, 잠그다 frill 주름장식 cravat 넥타이 stammer 말을 더듬다 draw up (차, 마차 따위가) 멈추다

The vicomte blushed and pretended not to hear what the baron said. He picked up the big bouquet and presented it to Jeanne. She took it, feeling still more astonished, and all four got into the carriage.

"Really, Madame, it looks like a wedding!" exclaimed Ludivine.

When they reached Yport they got out of the carriage and walked through the village. The sailors, dressed in new clothes, came out of the houses and touched their hats.* They shook the baron by the hand,* and followed behind them, forming a procession.* The vicomte walked in front with Jeanne on his arm. At the church, the procession stopped. A choirboy* came out carrying a great silver cross, followed by another boy carrying the holy water. Behind them came three old choristers,* followed by the priest in a shawl with a gold cross on it. He saluted* the baron's party with a smile and a nod. Then, with his lips moving in prayer, he followed the choirboys down to the sea. On the beach, a crowd was waiting round a new boat decorated all over with flowers. Its mast, sail, and ropes were covered with long ribbons, and its name, JEANNE, was on the stern* in gilt letters.

Old Lastique came forward to meet the procession. He was the master of this boat, which had been built on the baron's orders. Everyone knelt while the three old choristers sang at the top of their voices.* The singing stopped and the priest said some Latin words. Then he walked all round the boat sprinkling* it with holy water. He stopped in front of Jeanne and the vicomte. The young man's handsome face was quite calm, but Jeanne felt as though she would faint. The dream that had haunted* her for so long seemed all at once to have become a reality. She had heard this ceremony compared to a wedding. The priest was there uttering blessings. Surely she was being married! Did the vicomte feel the nervous trembling of her fingers? Did he understand? Did he guess? Was he also under the influence of a love-dream? He pressed her hand, gently at first, then harder and harder till he hurt her. Then, without changing the expression of his

---

touch one's hat 모자에 손을 대어 인사하다   shake... by the hand …와 악수하다   procession 행렬   choirboy 소년 성가대원   chorister 성가대원   salute 인사하다   stern 고물, 선미   at the top of one's voice 목청껏 소리를 질러   sprinkle 흩뿌리다   haunt (생각, 악몽 등이) 괴롭히다, 시달리게 하다

Chapter 3 | 41

face, he spoke very distinctly.

"Oh, Jeanne, if you liked, this might be our betrothal!*" he said.

She slowly bent her head with a movement that perhaps meant, "yes." Some drops of holy water fell on their hands and the ceremony was over. The women rose from their knees, and everyone began to hurry away.* A lunch was waiting for all of them at Les Peuples and the thought of it made their mouths water.* Sixty sailors and peasants sat down to the long table laid in the courtyard under the apple trees. The baroness sat at the middle of the table beside the priest from Yport. Opposite her was the baron, seated between the mayor and his wife.

Jeanne was silent but her heart was filled with joy. At last she asked the vicomte, who was sitting beside her, "What is your Christian name?*"

"Julien," he replied. "Didn't you know?"

She did not answer him.

When lunch was over, they left the courtyard to the sailors and went to the other side of the house. The baroness began to take her exercise, leaning on the baron. Jeanne and Julien walked down to the wood. All at once he took her hands in his.

"Tell me," he said, "will you be my wife?" She hung her head. "Do not keep me in suspense,* I beg you," he said.

Jeanne slowly raised her eyes towards his, and in that look he read her answer.

Chapter 4

The baron went into Jeanne's room one morning soon after the christening* of the boat. She was still in bed.

"Monsieur le Vicomte de Lamare has asked for your hand in marriage,*" he said. "We told him we must think over his proposal before we could give him answer. Your mother and I have no objection to the marriage, but we don't want to force you into it. You are much wealthier than he is, but when happiness is at stake* the question

---

betrothal 약혼 hurry away 급히 가버리다 make one's mouth water 군침을 흘리게 하다 Christian name (성에 대해) 이름 keep... in suspense …의 마음을 졸이게 하다 christen (배 따위에) 이름을 붙이다 ask for one's hand in marriage 청혼하다 at stake 문제가 되어, 위험에 처하여

of money is unimportant. We like him, but the question is, do you?"

"I am quite willing to marry him, Papa," she stammered, blushing to the roots of her hair.*

The baron looked into her eyes. "I thought so," he said.

All that day, Jeanne hardly knew what she was doing. The vicomte came about six o'clock and found her sitting with her mother under the plane tree.* Jeanne's heart beat wildly as the young man came calmly towards them. He kissed the baroness's fingers. Then he raised Jeanne's trembling hand to his lips and kissed it tenderly. With that, the happy betrothal time began. It was decided that they would be married in six weeks' time, on the 15th of August. They would start on their wedding tour almost immediately afterwards. When Jeanne was asked which country she would like to visit, she chose Corsica. They waited for the time of their marriage without much impatience.* Both of them vaguely* desired more passionate embraces but were satisfied with a slight caress,* or a loving look. No one was to be asked to the wedding except Aunt Lison, the baroness's sister, who was a boarder* in a convent at Versailles.

On the morning of the wedding day, Jeanne had no time to think. She was only conscious of a great sense of emptiness* within her. She did not come to her senses* till she was going through the marriage service. Married! She was married! Everything that had happened since dawn seemed a dream, and everything seemed different. She felt stunned at the change. Last night she had been a girl and now she was a woman. She had started on her journey to the future with all its imagined joys and happiness. She was at last going to realize her dreams.

After the ceremony, breakfast was served for the family, the Abbé Picot, and the guests. Then everyone went into the garden and walked up and down the baroness's path till dinner was ready. From the other side of the chateau came the noisy laughter of the peasants drinking cider* under the apple trees. Jeanne and Julien went through the wood, and at the top of the slope

---

blush to the roots of one's hair 귀밑까지 빨개지다 plane tree 플라타너스 impatience 성급함, 조급함 vaguely 막연히, 어렴풋이 caress 애무 boarder 하숙인, 기숙생 emptiness 공허, 덧없음 come to one's senses 의식을 회복하다, 정신차리다 cider 사과주

they stood silently looking at the sea. It was rather chilly, even though this was the middle of August. They crossed the plain to find shelter* in the wooded* valley leading to Yport. Beneath the trees, he gently put his arm round her waist. She did not say anything, but her heart throbbed, and her breath came quickly. Julien's mouth brushed her ear.

"Tonight you will be my little wife," he said.

She did not understand him. Was she not already his wife? Then he began to drop little kisses on her forehead and her neck. She was startled* and yet delighted by these kisses. When they reached the end of the wood, Jeanne stopped. She was a little confused at finding herself so far from home.

"What will everyone think?" she said. "Let us go back."

Julien withdrew* his arm from her waist, and as they turned round they came face to face.* Suddenly he placed his hands on her shoulders, and kissed her passionately. It thrilled her whole being and gave her such a strange shock that she almost fell to the ground.* She wildly pushed him from her.

"Let us go back. Let us go back," she stammered.

He did not answer, but took her hand and they walked back to the house in silence. At dusk* they sat down to a simple dinner with their guests. It was about nine o'clock when the last of the dishes were cleared and the coffee was served. Out of doors, under the apple trees, the dancing had just begun. Two big barrels,* one of wine and the other of cider, provided drink for the peasants. Bread, butter, cheese, onions and sausages were laid on a table for them.

After dinner the newly married couple and their guests mingled with* the peasants for a little while. Then the guests took their leave.* A few minutes late, the baron and his wife had a little quarrel in a low voice. The baroness seemed to be refusing something her husband was asking her to do. At last she whispered, "No, my dear, I cannot. I wouldn't know how to begin."

---

shelter 피난처, 은신처 wooded 수목이 우거진 startled 깜짝 놀란 withdraw 뒤로 빼다, 움츠리다 face to face 얼굴을 마주보고 fall to the ground 땅에 넘어지다 at dusk 해질 무렵에 barrel (가운데가 불룩한) 통 mingle with …와 섞이다, …와 어울리다 take one's leave 작별을 고하다

The baron abruptly left her, and went up to Jeanne.

"Will you come for a walk with me, my child?" he said.

"If you like, Papa," she answered, feeling a little uneasy.

As soon as they were outside the door, the baron pressed his daughter's arm and patted* her hand. For some minutes they walked on in silence. At last, he spoke.

"My darling child," he said, "I do not know how much you already know about the laws of nature. There are some things that are carefully hidden from children and from girls especially. Girls ought to remain pure-minded* and innocent until their parents place them in the arms of* their husband. It is his duty to educate his wife about the sweet secrets of life. But girls are often shocked at first by what happens between a man and his wife. Then they refuse their husband what is his right according to both human and natural laws. I cannot tell you any more, my darling, but remember this. You belong entirely to your husband."

She began to tremble, and was overcome by* a

sense that something terrible was about to happen. When she and her father went inside they stopped in surprise at the drawing-room door. The baroness was sobbing* on Julien's shoulder and begging him to be gentle with her darling child. The baron hurried forward. "Oh, do not let us have any tears," he said.

He took hold of* his wife and seated her in an armchair. Then he turned towards Jeanne.

"Now then, my dear, kiss your mother and go to bed," he said.

Jeanne, who now felt like crying* herself, quickly kissed her parents and ran away. The baron and his wife were left alone with Julien. They all three felt very awkward, and could think of nothing to say. At last, the baron began to talk about the journey the young couple would take in a few days.

Meanwhile, Jeanne was in her room being undressed* by Rosalie, who was weeping silently. But Jeanne did not notice her foster sister's

---

pat 가볍게 두드리다 pure-minded 마음이 순수한 place A in the arms of B A를 B에게 맡기다 be overcome by …에 압도당하다, …에 짓눌리다 sob 흐느끼다 take hold of …을 잡다(쥐다) feel like ...ing …하고 싶다 undress …의 옷을 벗기다

tears. Everything in her life seemed turned upside down.* A strange idea came to her. Did she really love her husband? He suddenly seemed like a stranger she hardly knew. Three months ago she had not known of his existence, and now she was his wife. How had it happened?

When she was in her nightdress,* she slipped into bed. The chilly sheets increased the sensation of cold and sadness and loneliness that had overcome her. Rosalie went away, still sobbing, and Jeanne lay still under the covers. There came three soft knocks at the door. She made no answer.* There was another knock, and then the door-handle was turned. She hid her head under the covers as if a thief had come into her room. Then she heard the sound of boots and felt someone touch the bed. She gave a little cry* and uncovered her head. Julien was standing beside the bed looking at her with a smile.

"Oh, how you frightened me!" she said.

"Didn't you expect me?" he asked.

She made no answer, feeling horribly ashamed of being seen in bed by this man. They did not know what to say or do next. He gently took her hand and kissed it. Then he knelt by the bed and murmured in a soft voice, "Will you love me?"

She felt reassured,* and raised her head.

"I love you already," she said with a smile.

He took his wife's little slender* fingers in his mouth.

"Will you give me a proof of your love?" he asked.

The question frightened her but, remembering her father's words, she answered, "I am yours, my dear."

He covered her hand with damp* kisses, and, slowly rising, he bent towards her. Suddenly he threw one arm across the bed, and slipped his other arm under the pillow. Then he asked in a low whisper,

"Will you make room for* me beside you?"

She was suddenly afraid and stammered, "Oh, not yet, I beg you."

He seemed disappointed and spoke abruptly. "Why not now, since we must come to it sooner or later?"

---

turned upside down 뒤집힌 nightdress 잠옷, 파자마 make an answer 대답하다 give a cry 외치다 reassured 안심한 slender 가느다란, 날씬한 damp 축축한, 습기 찬 make room for …에게 자리를 내주다(양보하다)

She did not like him for saying that, but she said, for the second time, "I am yours, dear."

He went into his dressing room,* and she could hear him taking his clothes off. She turned away from the dressing room and shut her eyes when she heard him coming toward the bed. She almost leapt out of bed when she felt a cold, hairy* leg slide* against hers. She hid her face in her hands and moved right to the edge of the bed away from him. She was almost crying with fear and horror. He took her in his arms, although her back was turned to him, and kissed her neck. She was filled with a horrible dread* and did not move. Then she felt his strong hands caressing* her. She gasped* at this brutal touch, and felt an intense longing to escape. Soon he lay still, and she could feel the warmth of his body against her back. At last he seemed to get impatient. In a sad voice he said, "Will you not be my little wife?"

"Am I not your wife already?" she said.

"Come now, my dear, don't try to make a fool of* me," he answered in a bad tempered* tone.

She felt very sorry when she heard him speak like that and turned towards him to ask his pardon.* He passionately seized her in his arms and began kissing her face and neck. She had taken her hands from her face and lay still, making no response. Her thoughts were so confused that she could understand nothing, until suddenly she felt a sharp pain. She began to moan* and struggle in his arms. Then she was conscious of nothing more until she felt him raining* grateful kisses on her lips. Later, he made other attempts, which she repelled* with horror. As she struggled, she felt against her chest the thick hair she had already felt against her leg. It filled her with dismay.

At last he grew tired of her rejection, and lay still on his back. She had expected something so different. She could only think, "That is what he calls being his wife. That is it, that is it."

For a long time she lay quietly, feeling very miserable. Julien did not speak or move so she slowly turned her head towards him. He was asleep, with his mouth half open and his face quite calm. She could hardly believe it. How

---

dressing room 옷방, 분장실 hairy 털이 많은 slide 미끄러지다 dread 공포, 두려움 caress 애무하다 gasp 헐떡거리다 make a fool of …을 놀리다 tempered …기질의, …성미의 ask one's pardon …에게 용서를 빌다 moan 신음하다 rain (빗발치듯) 퍼붓다 repel 퇴짜 놓다, 거부하다

could he sleep on such a night? She would rather* he had struck her or bruised* her with his terrible caresses till she had lost consciousness.* She leant on her elbow, and bent towards him to listen to his breath. It sometimes sounded like a snore as it passed through his lips.

Daylight came. Julien opened his eyes, yawned, stretched his arms* and looked at his wife. He smiled and asked, "Have you slept well, dear?"

"Oh, yes," she replied. "Have you?"

"I slept very well indeed," he answered, turning and kissing her. Then he began to talk, telling her about his plans for the future. She listened to him without understanding much of what he said. Eight o'clock struck. "We must get up," he said. "We will look stupid if we stay in bed late today."

When he had finished dressing, he helped his wife dress and would not let her call Rosalie. Then he went downstairs. Jeanne did not go down till lunchtime. The day passed exactly the same as usual. Nothing extraordinary happened except that there was an extra man in the house.

Chapter 5

Four days after the wedding, the carriage in which they were to travel to Marseilles arrived. After the horror of that first night, Jeanne became accustomed to* Julien's kisses and caresses. But their more intimate* relations still revolted* her. Just as the carriage was leaving, the baroness put a heavy purse in her daughter's hand.

"That is for any little thing you may want to buy," she said.

"How much did your mother give you?" asked Julien in the evening.

Jeanne had forgotten all about it, so she opened it and found there were two thousand francs in gold.*

At the end of a week they arrived at Marseilles, where the heat was terrible. The next day they

---

would rather 차라리 …하는 편이 낫다고 여기다   bruise …에게 타박상을 입히다
lose consciousness 의식을 잃다   stretch one's arms 기지개를 켜다
become accustomed to …에 익숙해지다   intimate 친밀한, (성적으로) 깊은 관계의   revolt 불쾌감(반감)을 일으키다   in gold 금화로

boarded* a little boat and started for Corsica. Jeanne could hardly believe she was going to the birthplace of Napoleon, with its bandits* and its mountains.

Two days later, the boat finally reached Ajaccio. It was a little town at the foot of* the mountains, with a few small boats lying at anchor* in the harbor. Four or five rowboats* came beside the boat to take off the passengers. Julien asked his wife in a low tone, "A franc is enough, isn't it, to give the steward?"

The whole week he had been constantly asking her this question, which she hated.

"When you don't know what is enough, give too much," she answered, a little impatiently.

He haggled* with everyone, landlords and hotel-waiters, cabmen and shopmen. She trembled when the bills were brought, for she knew that he would begin bargaining.* She saw the scornful looks of the servants as her husband left his small fee in their hands. It made her blush to the roots of her hair.

They went to a big empty hotel standing at the corner of a vast square, and ordered lunch. When they had finished dessert, Jeanne got up to go for a walk about the town. Julien took her in his arms and whispered tenderly in her ear, "Shall we go upstairs for a little while, my sweet?"

"Go upstairs?" she said, with surprise. "But I'm not at all tired."

He pressed her to him. "Don't you understand? For two days..."

She blushed crimson.* "You cannot ask for a bedroom in the middle of the day. Oh, Julien, don't say anything about it now. Please don't. What would everyone think?"

"Do you think I care what people say or think?" he said.

He rang the bell. She said nothing more, but sat with downcast* eyes, disgusted at her husband's desires. She always submitted to* him with a feeling of shame and degradation.* Her senses were not aroused* by his caresses but he treated her as if she shared all his passions. When the waiter answered the bell, Julien asked him to show them to their room. The waiter did not

---

board (배, 비행기에) 타다 bandit 산적, 도적 at the foot of (산의) 기슭에
at anchor 정박 중인 rowboat 노로 젓는 배 haggle 옥신각신하다 bargain 흥정하다 crimson 진홍색의, 새빨간 downcast 눈을 내리뜬 submit to …에게 복종하다 degradation (지위의) 격하, 타락, 퇴폐 arouse 자극하다

understand, and said that the room would be ready by the evening. Julien lost patience.*

"Get it ready at once," he said. "We are tired from the journey and want to rest."

A slight smile crept* over the waiter's face, and Jeanne would have liked to run away.

When they came downstairs again, an hour later, she felt embarrassed as she passed the servants. She was annoyed with Julien for not understanding her feelings. For the first time, she understood that two people could never understand each other perfectly.

They stayed three days in the hot little town. Then they planned the places they wanted to visit and decided to hire some horses. They started one morning at daybreak on two little Corsican horses accompanied by a guide mounted* on a mule.* The mule also carried some provisions* because there were no inns in this wild country. At first the road ran along the bay,* but soon it turned into a shallow valley leading to the mountains. The road sloped* gradually upwards, winding round the mountains. At last they saw the summit.* There was a tiny village there, which seemed to cling to* the side of the mountain.

Jeanne got tired of going at a walking pace. "Let us gallop* a little," she said, whipping up* her horse. She could not hear her husband behind her and turned to see where he was. She burst out laughing. He was pale with fright* and

While on their honeymoon, Jeanne sometimes enjoyed riding a horse at full gallop.

---

lose patience 인내심을 잃다 creep 서서히 퍼지다 mount (말, 자전거 따위에) 올라타다 mule 노새 provision 식량, 양식, 필수품 bay 작은 만(灣) slope 비탈지다 summit (산의) 정상 cling to …에 착 달라붙다 gallop 말을 타고 전속력으로 달리다 whip up (말을) 채찍질하여 뛰게 하다 fright 공포, 경악

holding onto his horse's mane* as it galloped behind her. She slowed her horse and they trotted gently along the road until they began to get hungry. The guide caught up with* them and took them to a cool mountain spring. They dismounted* and rested the horses while they ate lunch. Evening was approaching when they arrived at Piana. They had to ask for hospitality and Jeanne trembled with joy as they waited for the door to open in answer to Julien's knock. A young couple welcomed them inside and that night they slept on a straw mattress in the couple's spare room.

At sunrise they started off again, and soon they stopped opposite an outcrop* of crimson rocks. These wonderful rocks were nine hundred feet high and looked like trees, plants, animals, and men. Jeanne could not speak, her heart was too full, but she took Julien's hand and pressed it. Then they came to another bay surrounded by a wall of blood-red* granite*. Jeanne exclaimed, "Oh, Julien!" and that was all she could say.

From here, the road was bad and Julien suggested that they walk. Jeanne wished to be alone with him, so the guide went on with the mule and horses. After a while they became very thirsty, and, seeing a damp track, they followed it. It led them to a tiny spring flowing into a small hollow* pipe. Jeanne knelt down to drink and Julien followed her example.* As she was slowly enjoying the cool water, he put his arm around her and tried to take her place at the end of the pipe. In the struggle between their lips, they would hold the pipe in their mouths for a few seconds. Then as they let it go, the stream flowed on again and splashed* their faces and necks, and their clothes. Then Jeanne filled her mouth with water and made Julien understand that he was to drink from her lips. He tilted* his head back and as he drank the water from her mouth, he was filled with desire. Jeanne leant on his shoulder with unusual affection. Her heart throbbed and her eyes, filled with tears, looked softer. "Julien, I love you!" she whispered. She lay down and hid her shame-stricken* face in her hands. He lay down beside her and pressed her

---

mane (말, 사자의) 갈기 catch up with …을 따라잡다 dismount (말 따위에서) 내리다 outcrop (지층 따위의) 노출(부) blood-red 핏빛의 granite 화강암 hollow 속이 빈 follow one's example …을 본받다(따라 하다) splash (물 따위가) …에 튀기다 tilt 기울이다 shame-stricken 부끄러워 어쩔 줄 모르는

passionately to him. She lay nervously* waiting. All at once she gave a loud cry as though thunderstruck* by the sensation she had invited.

Jeanne was so exhausted that it was a long time before they reached the top of the mountain. And it was evening when they got to Evisa. They went straight to the house of Paoli Palabretti, a relation* of the guide's. Paoli showed them their room. He was expressing his pleasure at receiving them, when a clear voice interrupted him. A dark little woman, with big black eyes, a sun-kissed* skin, and a slender waist, hurried forward. She kissed Jeanne and shook Julien by the hand. "Good-day, Madame, good-day, Monsieur. Are you quite well?" she said. She took their hats and shawls and told her husband to take them for a walk until dinner was ready. As they walked, Paoli told them some of the history of the village. They learned that his brother was a famous bandit. Then they went in to dinner, and the little woman treated them as if she had known them for twenty years.

Jeanne was afraid that she would not again experience the strange shock she had felt in Julien's arms beside the fountain. When they were alone in their room she was still afraid his kisses would fail to* move* her. But she was soon reassured, and that was her first night of love. The next day she could hardly bear to* leave this humble house, where a new happiness had come to her.

The rest of her journey was like a dream. She no longer saw the country or the people or the places where they stopped — she had eyes only for Julien. When they got to Bastia the guide had to be paid. Julien said to Jeanne, "Since you haven't used the two thousand francs your mother gave you, I might as well* carry them. They will be safer in my pocket."

They went to Leghorn, Florence, and Genoa. Then, one windy morning, they found themselves again at Marseilles. It was the fifteenth of October, and they had been away from Les Peuples two months. The cold wind chilled* Jeanne and made her feel sad. And there had been a change in Julien's behavior toward her.

---

nervously 초조하게 thunderstruck 벼락맞은, 깜짝 놀란 relation 친척 sun-kissed (피부를) 태양에 그을린 fail to …하지 못하다 move …의 마음을 움직이다, 감동(흥분)시키다 bear to …하는 것을 참다 might as well …하는 편이 낫다 chill 춥게 하다, 오싹하게 하다

He seemed tired and indifferent,* and she had a vague sense of being surrounded by evil. She persuaded him to stay at Marseilles four days longer, but at last they had to go. They intended to buy all the things they wanted for their housekeeping* at Paris. Jeanne was looking forward to buying all sorts of things for Les Peuples, thanks to* her mother's present. The day after they reached Paris, she said to Julien, "Will you give me mamma's money, dear? I want to buy some things."

He looked annoyed. "How much do you want?" he asked.

"Oh, whatever* you like," she answered in surprise.

"I will give you a hundred francs," he answered, "and don't waste it."

She did not know what to say, she felt so amazed and confused.

"But I gave you that money to take care of for me," she said.

"Yes, exactly," he said. "What does it matter* whether it's in your pocket or mine now that we share everything? I am not refusing you the money, am I? I'm going to give you a hundred francs."

She took the five pieces of gold without another word. A week later they started for Les Peuples.

Chapter 6

When they reached the chateau, the baron and baroness and all the servants were waiting outside to welcome them home. The baroness cried while Jeanne wiped away* a tear. Her father walked backwards and forwards nervously. Then they all went into the drawing room and sat beside the fire. The baron and baroness wanted to know everything about the newlyweds'* journey. In half-an-hour, Jeanne had described everything. Then she went to unpack* with Rosalie, who was in a state of* great excitement. When everything had been put away* in its

---

indifferent 냉담한, 무관심한 housekeeping 살림살이, 가사 thanks to ⋯덕분에 whatever ⋯하는 건 무엇이든 matter 중요하다, 상관이 있다 wipe away 닦아내다 newlyweds 신혼부부 unpack (짐을) 풀다, 끄르다 in a state of ⋯상태에 처한 put... away (물건 따위를) 치워 두다

proper place, Rosalie left her alone.

Jeanne sat down, feeling a little tired. She wondered what she could do next. She did not want to go down to the drawing room again. She thought of going for a walk, but it was miserable out of doors.* Then the thought flashed across her mind* that, now, there never would be anything for her to do. She rose and went to lean her forehead against the cold windowpane.* After a while she made up her mind to go out. The avenues were soaked* by the autumn rains and covered with a thick carpet* of dead leaves. Jeanne walked slowly along the baroness's avenue, toward the wood. Then she sat down on the slope where Julien had first told his love. She was too sad even to think. All she wanted was to go to bed and sleep, so that she might escape from this miserable day. She went indoors and found her mother dozing beside the fire. The baron and Julien had gone for a walk and came in soon after Jeanne.

Dinner seemed very long that evening. No one spoke, and Julien did not pay the least attention to his wife. In the drawing room after dinner, Jeanne dozed beside the fire opposite the baroness who was asleep. She wondered if she would ever become content with a pleasureless, listless* life like her mother. The baron came over to the fireplace, and held his hands to the blaze* to warm them.

"My child," he said, "the hearth with all one's family around it is the happiest spot on earth. There is no place like it. But don't you think we had all better go to bed? You must both be quite worn out."

For the first time since her marriage, Jeanne slept alone. She and Julien had agreed to have separate rooms from now on. But she had become used to his presence beside her and for a long time she lay awake, listening to the howling* wind. In the morning, the bright light falling on her bed woke her. She ran to the window and saw that the poplars had been stripped of* their remaining leaves. Through the bare trees appeared the long, green line of the sea, covered with white-crested* waves. Jeanne

---

out of doors 집 밖에서 flash across one's mind (생각이) …에게 퍼뜩 떠오르다 windowpane 창유리 soak 흠뻑 젖게 하다 carpet (융단을 깔아놓은 듯한) 넓은 면 listless 생기 없는, 무기력한 blaze 불꽃, 화염 howl 울부짖다 be stripped of (나뭇잎 등이) 떨어지다 white-crested 하얀 물마루의

dressed herself, and because she had nothing better to do, went to visit the farmers. The Martins were very surprised to see her. Madame Martin kissed her on both cheeks, and insisted that she drink a little glass of noyau.[*] Then she went over to the other farm. The Couillards were also very surprised when she came in. The farmer's wife kissed her, and insisted on her drinking a little glass of cassis.[*]

After that she went back to the chateau and went in to breakfast. And that day passed like the previous one, only it was cold instead of damp. The other days of the week were like the first two, and all the weeks of the month were like the first one. Little by little,[*] Jeanne slowly became resigned to[*] her life, and performed her simple, regular occupations with care. She had no desire for society or the excitement of the world. All her dreams and illusions had faded away.[*]

Her relations with Julien had completely changed. He hardly ever took any notice of her or even spoke to her. All his love seemed to have disappeared and it was very seldom that he shared her bed at night. He had taken over[*] the management of the estate and had cut down every expense. He looked and dressed like a well-to-do farmer. He had stopped shaving, and his long, untrimmed* beard made him look quite plain. After each meal, he drank four or five small glasses of brandy. When Jeanne suggested he drink a little less, he said roughly, "Leave me alone!" She never tried to reason with* him again. It was as if they had never lain in each other's arms after a night of love. Had she been mistaken about her love for him, and his for her?

It was decided that the baron and baroness would spend a few months in their Rouen house in the next year. This would leave the young couple to get accustomed to the place where they were to pass their lives. The baron and baroness were to leave the chateau on the ninth of January. Jeanne wanted them to stay longer, but Julien did not and would do nothing to persuade them to stay.

---

noyau 누아요(브랜디에 복숭아씨를 넣어 향미를 가한 리큐어) cassis 까막까치밥나무(blakcurrant)의 일종, 이 나무 열매로 담근 리큐어 little by little 조금씩, 점점 resigned to …에 체념한, 단념한 fade away 사라지다 take over …을 떠맡다 untrimmed 다듬지 않은 reason with …을 설득하다, …와 의논하다

Chapter 7

Every day after lunch, Jeanne played several games of cards with Julien while he smoked his pipe and drank brandy. When they had finished playing, Jeanne went upstairs to her bedroom. She would sit by the window sewing, while the wind and rain beat against the panes.* She had nothing else to do. Julien had taken the entire management of the house into his hands to satisfy his longing for authority and economy. He was exceedingly stingy.* He never gave the servants anything more than their exact wages and never allowed any food that was not strictly necessary. Jeanne had been brought up in a family where money was of no importance.* As far as her parents were concerned,* money had no purpose except to be spent. But now Julien kept saying to her, "Will you never be cured of *throwing money away?"

Jeanne would sometimes find herself dreaming as she used to do before she was married. But then she would think, "Ah, that is all over and done with* now." And then a tear would fall on her fingers as they pushed the needle through the fabric. Rosalie, who used to be so gay and lively, gradually changed also. Her plump* round cheeks had lost their bright color, and her skin was muddy and dark. Jeanne often asked her if she were ill, but Rosalie always answered with a faint blush, "No, Madame." Instead of walking lightly as she had always done, she now dragged herself* painfully from room to room. She seemed not even to care how she looked.

On one cold, white morning Jeanne was sitting by her bedroom fire, while Rosalie was slowly making the bed. All at once Jeanne heard a sigh of pain behind her.

Without turning her head, she asked, "What is the matter with you, Rosalie?"

The maid answered as she always did, "Nothing, Madame," but her voice seemed to die away* as she spoke.

A few moments later, Jeanne noticed that she

---

pane 창유리(= windowpane)　stingy 인색한　of no importance 하찮은, 중요하지 않은　as far as... be concerned ···에 관한 한　be cured of (병이) 낫다, (버릇을) 고치다　all over and done with ···이 전부 끝난　plump 포동포동한　drag oneself 발을 끌며 걷다　die away (바람, 소리 등이) 점차 잠잠해지다

could not hear the girl moving.

"Rosalie!" she called. There was no answer. She cried in a louder tone, "Rosalie!" Again she received no answer. She was just stretching out* her hand to ring the bell, when she heard a low moan close beside her. She stood up in terror.* Rosalie was sitting on the floor with her back against the bed, her legs stretched stiffly* out. Jeanne rushed to her side.

"Oh, Rosalie! What is the matter? What is it?" she asked in a frightened voice.

The maid did not answer, but gasped for breath, as if tortured by some terrible pain. Then, stiffening* every muscle in her body, she slipped down on her back. All at once, something stirred underneath her dress, which clung tightly round her legs. Jeanne heard a strange, gushing* noise and then came a long low wail* of pain. It was the first cry of suffering of a child entering the world.

She rushed to the top of the stairs, crying, "Julien! Julien!"

"What do you want?" he answered, from below.

She gasped out, "It's Rosalie who..." Before

she could say any more Julien was rushing up the stairs two at a time. He dashed into the bedroom and raised the girl's clothes. There lay a shriveled* little infant, feebly* whining* and trying to move its limbs.* He got up with an evil look on his face, and pushed his distracted* wife out of the room.

"This is no place for you," he said. "Go away and send me Ludivine and old Simon."

Jeanne went down to the kitchen trembling all over, to deliver her husband's message. Then she went into the drawing room, where a fire was never lit now that her parents were away. Soon she saw Simon run out of the house, and come back five minutes after with the village midwife.* Next she heard a noise on the stairs that sounded as if they were carrying a body. Then Julien came to tell her that she could go back to her room. She went upstairs and sat down again before her bedroom fire, trembling as if she had just witnessed some terrible accident.

---

stretch out …을 잡으려 손을 뻗다 in terror 깜짝 놀라 stiffly 뻣뻣하게 stiffen 뻣뻣해지다 gush (액체, 소리 등이) 세차게 흘러나오다, 분출하다 wail 울부짖음, 통곡 shrivel 오그라들다, 줄어들다 feebly 희미하게 whine 흐느끼다 limb 팔다리, 사지 distracted 미친 듯한, 심란한 midwife 산파

"How is she?" she asked.

Julien, apparently in a great rage,* was walking about the room in a nervous way. He did not answer his wife for some moments, but at last he stopped pacing.*

"Well, what do you mean to do with this girl?" he asked.

Jeanne looked at her husband as if she did not understand his question.

"What do you mean?" she said. "I don't know."

"Well, we can't keep that child in the house," he said.

Jeanne looked puzzled, and sat in silence for some time.

"But, my dear, surely it could be sent out to a wet nurse* somewhere?" she said at last.

He hardly let her finish her sentence.

"And who'll pay for it?" he said. "Will you?"

"But surely the father will take care of it," she said. "And if he marries Rosalie, everything will be all right."

"The father!" said Julien, roughly, "the father! Do you know who the father is? Of course you don't. Very well, then!"

Jeanne began to get troubled.* "But we will ask

her his name and force him to marry her."

Julien had become calmer, and was again walking about the room.

"My dear girl," he replied, "I don't believe she will tell you or me the man's name. Besides, suppose* he won't marry her? You must see that we can't keep a girl and her illegitimate* child in our house."

"Then the man must be a villain,*" said Jeanne. "But we will find out who he is, and he will have us to deal with instead of that poor girl."

Julien got very red.* "But what will we do until we know who he is?" he asked.

She did not know what to suggest, so she asked Julien what he thought was the best thing to do. He gave his opinion very promptly.

"Oh, I would give her some money, and let her and her brat* go to the devil.*"

"We will never do that," said Jeanne. "Rosalie is my foster sister, and we have grown up together. She has made a mistake, it is true, but I will

---

in a rage 격노하여 pace (초조하여) 서성거리다 wet nurse 유모 troubled 근심스러운, 불안한 suppose 만약 …라면 어떻게 하겠는가 illegitimate 사생의, 서출의 villain 악인, 악당 get(turn) red 얼굴이 빨개지다 brat (경멸적으로) 애새끼, 꼬마녀석 go to the devil 파멸하다, (명령형으로) 꺼져버려!

never turn her away* for that. And, if there is no other way out of the difficulty, I will bring up the child myself."

"And what about our reputation?" cried Julien. "People would say that we encouraged vice* and sheltered* prostitutes.* Respectable people would never come near us. What can you be thinking of? You must be mad!"

"I will never have Rosalie turned out," said Jeanne quietly. "If you will not keep her here, my mother will take her back again. But we are sure to find out the name of the father."

At that, he went out of the room, too angry to talk to her any longer. "Women are all fools!" he shouted.

In the afternoon Jeanne went up to see Rosalie. She was lying in bed with the midwife watching over her. As soon as she saw Jeanne, Rosalie began to sob violently, and hid her face under the bed covers. The nurse pulled the sheet away, and Rosalie made no further resistance,* though the tears still ran down her cheeks. The room was very cold with only a small fire in the grate,* and the child was crying. Jeanne did not dare make any reference to* the little one, for fear of* causing another burst* of tears. She held Rosalie's hand and kept repeating, "It won't matter. It won't matter." Then she whispered, "We'll take good care of it. You may be sure of that," and ran quickly from the room.

After that, Jeanne went up every day to see Rosalie. The child was put out to a wet nurse, and Julien would hardly speak to his wife. He could not forgive her for refusing to send Rosalie away.* One day he returned to the subject, but Jeanne showed him a letter from her mother. The baroness said that if they would not keep Rosalie at Les Peuples she was to be sent to Rouen.

"Your mother's as great a fool as you are," cried Julien. But he did not say any more about sending Rosalie away. A fortnight* later, Rosalie was able to get up and perform her duties again.

One morning Jeanne made her sit down, and took both her hands in hers.

"Now, then, Rosalie, tell me all about it," she said.

---

turn... away …을 쫓아버리다 vice 악, 부도덕 shelter 보호하다, 피난처를 제공하다 prostitute 매춘부 make resistance 반항하다 grate (벽난로의) 쇠살대 make reference to …에 대해 언급하다 for fear of …을 우려하여 burst (눈물, 웃음 등의 감정의) 폭발 send... away …을 내쫓다 fortnight 2주일

Rosalie began to tremble. "All about what, Madame?" she said timidly.*

"Who is the father of your child?" asked Jeanne.

A look of despair came over Rosalie's face, and she struggled to* free her hands.

"It is true you have been weak," said Jeanne, "but you are not the first woman this has happened to. If the father of the child marries you, no one will think anything more about it. We would employ him, and he could live here with

Jeanne asked, "Who is the father of your child?"

you."

Rosalie moaned as if she were being tortured.*

"I can quite understand how ashamed you feel," said Jeanne, "but I am not angry. I wish to know this man's name for your own good.* I fear he means to abandon* you and I want to prevent that. Julien will see him, and we will make him marry you. We will ensure* that he makes you happy."

This time Rosalie succeeded in wrenching her hands away* from Jeanne's, and she rushed from the room.

"I have tried to make Rosalie tell me her seducer*'s name," said Jeanne to her husband at dinner that evening, "but I did not succeed. See if she will tell you, so that we may force the wretch* to marry her."

"Don't talk to me about that," he said angrily. "You wanted to keep this girl and you have done so. But I don't wish to hear any more about her."

He seemed more irritable* since the birth of

---

timidly 겁을 먹고 struggle to ⋯하려고 안간힘을 쓰다 torture 고문하다, 괴롭히다 for one's own good ⋯을 위하여 abandon 버리다 ensure 책임지다, 확실하게 하다 wrench... away ⋯을 비틀어 빼내다 seducer 유혹자 wretch 철면피, 비열한 사람 irritable 화를 잘 내는

Rosalie's child than he had been before. He shouted at Jeanne whenever he spoke to her. But in spite of his bad temper,* Julien had resumed his marital* duties. It was seldom now that he let three nights pass without accompanying his wife to her room.

Rosalie was soon well again and her spirits improved, but she always seemed frightened. Jeanne tried twice more to make her name her seducer, but she would not. At the same time, Julien became better tempered. Jeanne began to cherish* vague hopes that their relations would continue to improve. She regained* a little of her former gaiety,* but she often felt very unwell, though she never mentioned it. Jeanne thought the severe weather was the cause of her ill health, and she longed for the warm spring breezes. Sometimes the very idea of food disgusted her, and she could eat nothing. At other times she vomited* after every meal. She had violent palpitations* of the heart, and she lived in a constant state of nervous excitement.

One evening, when the temperatures were lower than ever, Julien shivered* as he left the dinner table. The dining room was never sufficiently heated because he was so careful with the wood. He rubbed his hands together. "It's too cold to sleep alone tonight, isn't it, darling?" he whispered.

Jeanne threw her arms round his neck, but she felt so ill that she begged him to let her sleep alone.

"Just as you please, my dear," he said. "If you are ill, you must take care of yourself."

He ordered a fire to be lit in his own room then he kissed Jeanne on the forehead and said goodnight.

Jeanne lay shaking in her bed with cold. Twice she got up to put more logs on the fire but nothing seemed to make her any warmer. There were nervous twitchings* in her legs, which made her toss and turn* restlessly from side to side. As the cold crept higher and higher up her limbs, she was seized with a terrible fear. She was certain she was going to die. In her terror, she jumped out of bed and rang for Rosalie. No one came.

---

bad temper 성마른 기질 marital 결혼의, 결혼생활의 cherish (소망, 야심 따위를) 마음에 품다 regain 회복하다, 되찾다 gaiety 명랑, 쾌활 vomit 토하다 palpitation (심장의) 고동, 두근거림 shiver (추위로) 떨다 twitching 경련, 발작 toss and turn (잠자리에서) 뒤치락거리다

She rang again, and again waited for an answer, shivering and half-frozen. She waited in vain.* Perhaps Rosalie was sleeping too heavily for the bell to arouse her. Jeanne rushed out onto the landing* without putting anything around her, and with bare feet. She went up the dark stairs and opened Rosalie's door. She found the maid's bed empty and quite cold, as if no one had slept in it that night. "Surely she hasn't gone out in such weather as this," she thought.

Her heart began to beat violently. She went downstairs to wake Julien, her legs giving way* under her as she walked. She threw open* her husband's door, and hurried across the room. She felt that she was dying and would become unconscious before she could see him again. Suddenly she stopped with a shriek.* By the light of the dying fire she saw Rosalie's head on the pillow beside her husband's. At her cry they both started up,* but she was already fleeing from the room. Julien called after her. "Jeanne! Jeanne!"

She ran down the stairs. On the last step she sat down, unable to think or make sense of* what she had seen. Julien had jumped out of bed, and was hastily dressing himself. She heard him moving about, and she started up to escape from him. He came downstairs, crying, "Jeanne, do listen to me!"

No, she would not listen. She would not let him touch her. She dashed into* the dining room as if a murderer were pursuing her, and crouched down* under the table. The door opened, and Julien came in with a light in his hand, still calling her name. She ran into the kitchen and flung open the door and rushed out into the night. Her bare legs sank into the snow up to her knees, and this gave her new strength. Although she had nothing on* but her nightdress she did not feel the bitter cold. She was in too much emotional pain for any physical sensations to reach her brain. She ran on and on, looking as white as the snow-covered earth. She did not stop once to take breath, but rushed on without knowing or thinking of what she was doing. Suddenly she found herself at the edge of the cliff. She stopped short,* and then crouched down in the snow. She

---

in vain 헛되이, 공연히 landing 층계참 give way 맥이 풀리다 throw (fling) open (문을) 확 열어젖히다 shriek 비명 start up 벌떡 일어나다 make sense of 이해하다 dash into …으로 돌진하다 crouch down 웅크리고 앉다 have... on (옷 따위를) 걸치고(입고) 있다 stop short 갑자기 멈추다

began to tremble. Things that had happened a long time before came into her memory. She remembered the night they went sailing in Lastique's boat. It had been that night when she first felt love for him. She remembered Corsica, then her thoughts went still farther back to the night of her arrival at Les Peuples. She had spent that night dreaming such happy dreams. And now, now! Her life was ruined. There were no joys in store for* her. Surely it would be better to die now, at once.

She heard a voice in the distance* crying, "This way! This way! Here are her footmarks!"

It was Julien looking for her. Oh! she could not, she would not, see him again! Never again! She could hear the faint sound of the waves as they broke on the rocks below. She stood up to throw herself over the cliff, and moaned out the last cry of the dying? "Mother!" Then the thought of her parents' grief when they heard of her death flashed across her mind. She fell feebly* back on the snow, and Julien and old Simon came up, with the house servant, Marius behind them holding a lantern. They carried her indoors. Then she was put to bed, and rubbed with hot flannels,* and then she was conscious of nothing more. She had fearful dreams and did not know she was delirious.* She imagined someone held her down,* and that strong arms were thrown around her to prevent her moving. She could not see anyone. She had no idea of* the time that all this lasted.* She only knew that it seemed a very long while. At last she awoke, feeling tired and aching, and yet better than she had been. She felt very, very weak. She looked round, and was not surprised to see her mother sitting by her bed. Beside her was a stout* man whom she did not know. She had forgotten how old she was, and thought she was a little child again. Her memory was entirely gone.

"See, she is conscious," said the stout man. The baroness began to cry, and the big man said, "Come,* come, Madame la Baronne. I assure you there is no longer any danger, but you must not talk to her. Just let her sleep."

It seemed to Jeanne that she lay for a long time

---

in store for (운명 등이) …에게 닥치려 하는, 예비되어 있는 in the distance 멀리서 feebly 힘없이, 무기력하게 flannel 플란넬 천 delirious 정신착란의, 헛소리를 하는 hold down 누르다 have no idea of …에 대해 전혀 모르다 last 계속(지속)되다 stout 뚱뚱한 come (감탄사처럼 사용하여) 자자, 그만, 진정해

in a doze.* She had a vague idea that the past contained something dreadful, so she lay still without trying to recall* anything. But one day, when she opened her eyes she saw Julien standing beside the bed, and she remembered what had happened. She threw back the sheets and sprang out of bed to escape from him. But she was too weak to stand and as soon as her feet touched the floor she fell to the ground. Julien hurried to her aid,* but when he attempted to raise her, she shrieked* and rolled from side to side. The door opened, and Aunt Lison and the nurse hurried in, followed by the baron and his wife. They put Jeanne to bed again and she closed her eyes and pretended to* be asleep. She wished to think without being disturbed. Her mother and aunt asked from time to time* if she knew them but she did not reply. In the evening they went away, leaving her to the care of* the nurse. She could not sleep all that night as, little by little, all the facts came back to her. Then she tried to decide what she should do. She must have been very ill or her mother and the baron would not have been sent for. But what had Julien told them? Did her parents know everything? And where was

Rosalie? The only thing she could do was to go back to Rouen with her father and mother. They could all live there together, and it would be just as if she had not been married.

The next day she listened to all that went on around her, but she did not let on[*] that she had recovered. Towards evening, when no one but the baroness was in her room, Jeanne whispered to her.

"Mother, dear!" She was surprised to hear how changed her own voice was.

The baroness took her daughter's hands. "My child! My dear little Jeanne! Do you know me, my dear?"

"Yes, mother," said Jeanne. "But you mustn't cry. I want to talk to you seriously. Did Julien tell you why I ran out into the snow?"

"Yes, my darling," said the baroness. "You have had a very dangerous fever.[*]"

"That was not the reason," said Jeanne. "I had the fever afterwards. I ran away because I found

---

in a doze 꾸벅꾸벅 졸면서   recall 생각해내다, 떠올리다   hurry to one's aid 서둘러 …을 도우러 가다   shriek 비명을 지르다   pretend to …하는 체하다 from time to time 가끔씩   leave A to the care of B A를 B에게 맡겨 보살피게 하다   let on …인 체하다   fever 열, 열병

Rosalie in his bed."

The baroness thought she was still delirious, and tried to soothe* her. "There, there, my darling," she said. "Try to go to sleep."

But Jeanne would not be quieted.* "I am not talking nonsense,*" she said. "I felt very ill one night, and I got up and went to Julien's room. I saw Rosalie lying beside him. My grief nearly drove me mad* and I ran out into the snow, meaning to throw myself over the cliff."

"Yes, darling, you have been ill," said the baroness.

"I see you don't believe me," said Jeanne, angrily. "Go and find Papa. Perhaps he'll understand that I am speaking the truth."

The baroness rose to her feet,* and slowly left the room, supporting herself with two sticks. She came back in a few minutes with the baron. They sat down by the bedside, and Jeanne began to speak in her weak voice. She told them all about Julien's harshness,* his greed,* and what she had seen before she ran out into the snow. The baron could see that her mind was not wandering, but he hardly knew what to say or think. He affectionately* took her hand.

"Listen, my dear," he said. "We must not do anything rash.* Don't let us say anything till we have thought it over.* Will you promise me to wait until we have decided what to do?"

"Very well," she answered, "but I will not stay here after I get well." Then she added, "Where is Rosalie now?"

"You will not see her any more," replied the baron.

But she persisted. "Where is she?" she asked. "I want to know."

The baron admitted that she was still in the house, but said he would send her away at once.

When he left Jeanne's room, his heart was full of pity for his child and anger against her husband. He went to find Julien, and said to him sternly,* "Monsieur, I have come to ask for an explanation of your behavior to my daughter. You have not only been false to her, but you have deceived* her with her foster sister, a servant. That makes your conduct even worse."

---

soothe 달래다, 진정시키다   quiet 진정시키다, 안심시키다   talk nonsense 허튼 소리를 하다   drive... mad …을 미치게 하다   rise to one's feet 일어서다   harshness 무자비함, 가혹함   greed 탐욕   affectionately 다정히   rash 경솔한   think... over …을 곰곰이 생각하다   sternly 단호히   deceive 속이다

Julien swore he was innocent of* such a thing. What proof was there? Jeanne was just recovering from brain fever, and her thoughts were still confused. She had rushed out into the snow one night at the beginning of her illness in a fit of* delirium.* Julien got very angry and threatened the baron with a lawsuit* if he did not withdraw his accusation. The baron was confused by Julien's denial* and began to make excuses and to beg his pardon.

Jeanne did not seem annoyed when she heard what her husband had said.

"He is telling a lie, Papa," she said quietly, "but we will force him to admit the truth."

For two days she lay silent and on the third morning she asked for Rosalie. The baron refused but Jeanne insisted and became very upset. The baron sent for* the doctor. When the doctor came, Jeanne burst into tears and shrieked, "I will see her! I will see her!"

The doctor took her hand and said in a low voice, "Calm down, Madame. Any violent emotion might have very serious results just now. You are with child.*"

Jeanne's tears ceased* immediately. Even as the

doctor spoke she fancied she could feel a movement within her. She lay still, paying no attention to what was being said or done around her. She could not sleep that night. It seemed so strange to think that within her was another life, and she felt sorry because it was Julien's child.

The next morning she sent for the baron.

"Papa, dear," she said, "I have made up my mind to know the whole truth, especially now. I will know it, and you must let me do as I like, because of my condition. Fetch* the priest. He must be here to make Rosalie tell the truth. Then you must send her up to me, and you and mamma must come too. But don't let Julien know what is going on."

The priest came about an hour afterwards. A few minutes later, the bedroom door flew open. There stood Rosalie, crying, while the baron tried to push her inside. At last he gave her a sudden shake,* and threw her into the room with a jerk.* She stood in the middle of the room with

---

be innocent of ⋯죄에 대해 결백하다 in a fit of ⋯발작을 일으켜 delirium 정신착란 lawsuit 소송 denial 부인, 거부 send for ⋯을 데리러 (사람을) 보내다 be with child 임신하다 cease 멈추다 fetch 불러오다 give... a sudden shake ⋯을 갑자기 흔들다 with a jerk (갑작스런 동작으로) 홱 하고

her face in her hands, sobbing violently.

"There is no need for me to question you," said Jeanne. "Your tears in my presence* are proof of your guilt. But I wish to know everything. You see that the priest is here, so you understand you will have to answer as if you were at confession.*"

Rosalie made no answer, but her sobs became almost shrieks. The baron, losing all patience with her, seized her hands, and threw her on her knees beside the bed

"Why don't you say something?" he cried. "Answer."

Jeanne was leaning over the side of the bed, looking at the girl. "Is it perfectly true that I found you in Julien's bed?" she asked.

"Yes, Madame," sobbed Rosalie. At that the baroness burst into tears also, and the sound of her sobs mingled with* the maid's.

"How long had that gone on?" asked Jeanne, her eyes fixed on* the maid.

"Ever since he came here," stammered Rosalie.

"Since he came here," repeated Jeanne. "Do you mean since he first came to the house?"

"Yes, Madame," said Rosalie.

"But how did it happen?" cried Jeanne. "Did he force you, or did you give yourself to him? How could you do such a thing?"

"I don't know," said Rosalie. "The day he dined* here for the first time, he came up to my room. He had hidden in the garret* and I dared not cry out for fear of what everyone would say. He got into my bed and he said he liked me. I never said anything about it because I thought he was nice."

"But your child? Is it his?" cried Jeanne.

"Yes, Madame," answered Rosalie, between her sobs.

The tears rose to Jeanne's eyes and flowed down her cheeks. So Rosalie's child had the same father as her own!

"After we returned from our wedding tour," she said, "when did he begin again?"

"The night you came back," said Rosalie.

Each word stabbed at* Jeanne's heart. He had actually left her for this girl the night of their

---

in one's presence ⋯의 앞에서(면전에서)　at confession 고해성사 중인
mingle with ⋯와 섞이다　fix on (시선 따위를) ⋯에 고정시키다　dine 정찬(만찬)을 들다　garret 다락방　stab at (단검 따위로) ⋯을 찌르다

return to Les Peuples! That was why he had let her sleep alone. She had heard enough now.

"Go away! go away!" she shouted. "Take her away, Papa! Carry her out of the room!"

The baron seized Rosalie by the shoulders, dragged her to the door and threw her into the passage. When he came back, looking whiter even than his daughter, the priest spoke.

"Well, you know, all the girls round here are the same," he said. "It is a very bad state of things, but it can't be helped. We must allow for* the weakness of human nature. They never marry until they are pregnant.*" And he added with a smile. "One might almost call it a local custom."

"I don't care about the girl," interrupted the baron. "It's Julien's conduct which is unforgiveable, and I shall certainly take my daughter away with me." He paced the room, getting more and more angry with every step. "I cannot forgive the way he has deceived my daughter! He's a wretch, a villain, and I will tell him so to his face. I'll horsewhip* him within an inch of his life.*"

"Come now, Monsieur le Baron," said the priest. "He has only done the same as everyone else. I'm sure you don't know many husbands who are faithful to their wives, do you? I bet you've played your little games too. Why, of course you have! And you may have made the acquaintance of* some little maid just like Rosalie. Every man is the same. And your escapades* didn't make your wife unhappy, or lessen* your affection for her, did they?"

The baron stood still in confusion. It was true that he had done the same, and done it as often as he could. His wife's presence in the house had never made any difference when the servants were pretty. And was he a villain because of that? Then why should he judge Julien's conduct so severely?

Though her tears were hardly dried, the idea of her husband's pranks* brought a slight smile to the baroness's lips. She was one of those good-natured, sentimental women to whom love adventures are an essential part of life.

Jeanne lay back exhausted. She had plunged into* marriage, into this pit from which there was

---

allow for …을 참작하다 pregnant 임신한 horsewhip 채찍질하다, 호되게 벌주다 within an inch of one's life …가 거의 죽을 지경까지 make the acquaintance of …와 사귀다 escapade 분방한 행동, 탈선 행위 lessen 적게 하다, 줄이다 prank (짓궂은) 장난, 농담 plunge into …에 뛰어들다

no escape. She must bear all this misery, this grief, this despair, because, like Rosalie, she had thought Julien was nice.

Just then the door was flung violently open and Julien came in, looking wild with rage. He had seen Rosalie moaning on the landing, and guessed that she had been forced to speak.

"What is it? What's the matter?" he asked.

The baron dared say nothing after the priest's argument. The baroness only wept more bitterly than before. Jeanne raised herself and looked at the man who was causing her so much sorrow.

"We know all about your shameful* conduct ever since the day you first came here," she said. "We know that Rosalie's child is yours, and that it and the child I am carrying will be brothers." She hid herself under the bedclothes and sobbed bitterly.

Julien stood open-mouthed,* not knowing what to say or do.

"Come, come, my dear young lady," said the priest, "you mustn't give way* like that. Be reasonable."

He rose, went to the bedside, and laid his warm hand on Jeanne's forehead. His simple touch seemed to soothe her and she felt calmer at once.

"Madame, we must always forgive," said the good-natured priest. "You feel grief now but God, in His mercy, has also sent you a great joy. He has permitted you to have hopes of becoming a mother. This child will console you for all your trouble and in its name I beg you to forgive Monsieur Julien. It will be a fresh tie* between you. Can you harden* your heart against the father of your unborn* child?"

Jeanne was too weak to feel either anger or resentment* and made no answer. The priest drew Julien close to the bed and placed his hand in his wife's. The two hands were united* for an instant.* Then Julien, not daring to* embrace Jeanne, kissed his mother-in-law. He took the baron by the arm, and they went out of the room to go and smoke a cigar.

The tired invalid* went to sleep and the baroness and the priest began to chat in low

---

shameful 부끄러운   open-mouthed (어이가 없어) 입을 벌리고   give way 낙심하다, (마음이) 꺾이다   tie 끈, 인연, 유대   harden 단단하게 하다, (마음을) 무감각하게 하다   unborn 태어나지 않은   resentment 분노   unite 결합시키다   for an instant 잠시, 한순간   dare to 감히 …하다   invalid 병자, 환자

tones.

"You give Rosalie the farm at Barville," said the priest, after some discussion, "and I will find her a good, honest husband."

The baroness was smiling now, though two tears still lingered* on her cheeks. "Barville is worth twenty thousand francs, at the very least,*" she said. "But you understand that it will belong to the child, although the parents will have it as long as they live."

Chapter 8

The time of the birth of Jeanne's child was near. She waited for the birth without any impatience or curiosity. Her recent sorrows had taken away* all pleasure from the thought of becoming a mother. Spring was close at hand* and yellow primroses* were already blossoming. Rosalie had left the house, and a big, strongly-built* woman had been hired to replace her. It was she who now supported the baroness in her walks along the avenue. Jeanne was depressed and in constant pain and leant on* her father's arm when she went out. On her other side walked Aunt Lison, holding her niece's hand. They would walk for hours without speaking a word. While they were out, Julien, who had suddenly become very fond of riding, went all over the country on horseback.* The baron, his wife, and the vicomte, paid a visit to* the Fourvilles. Julien already seemed to know them very well, though no one at the chateau knew exactly how he had met them. They also called on* the Brisevilles, and those two visits were the only break in their dull, monotonous* life.

One afternoon, about four o'clock, two people on horseback trotted up to the chateau. Julien rushed into his wife's room in great excitement.

"Hurry downstairs," he exclaimed. "Here are the Fourvilles. They have come to make a neighborly call because they know the condition you are in. Say I am out but that I will be in soon. I am just going to change my coat."

---

linger 남아 있다   at the very least 적어도   take away 빼앗아가다   close at hand 가까운   primrose 앵초   strongly-built 건장한 체격의   lean on …에 기대다   on horseback 말을 타고   pay a visit to …을 방문하다   call on …을 방문하다   monotonous 단조로운

Jeanne went downstairs and found a large man with a big, red moustache, in the drawing room. With him was a pale, pretty woman with a sad-looking face and dull blonde hair. They introduced themselves to Jeanne.

"Monsieur de Lamare, whom we have met several times, told us you are unwell," said the woman. "We thought we would not put off* coming to see you any longer. I have already had the pleasure of a visit from your mother and the baron." She spoke easily in a refined, familiar way, and Jeanne loved her at once.

"In her I might, indeed, find a friend," she thought.

Unlike his wife, the Comte de Fourville seemed as out of place* in a drawing room as a bull in a china* shop. When he sat down, he seemed unsure about where to place his hands. First he rested them on his knees, then on the arms of his chair. Finally he joined them as if in prayer.

When Julien came in, he was so changed in appearance* that Jeanne stared at him in surprise. He had shaved himself and looked as handsome and charming as when he was wooing* her. He made himself as amiable* and fascinating as he had been before his marriage. He pressed the hand of the comte, and kissed the hand of the comtesse, which made her blush. When the Fourvilles were leaving, the comtesse asked Julien if he would ride with them on Thursday. Julien replied that he would be pleased to do so.

At that, the comtesse turned and took Jeanne's hand. "When you are well again we must all go for long rides together," she said. Then she gracefully* caught up the skirt of her riding habit* and sprang into the saddle as lightly as a bird. Her husband leapt on his huge horse, looking completely at ease* as soon as he was mounted.

"What charming people," said Julien, as soon as they were out of sight.* "We are lucky to have made their acquaintance."

"The little comtesse is delightful," answered Jeanne. "I am sure I'll like her. How did you get to know them?"

---

put off 연기하다 out of place 어울리지 않는, 어색한 a bull in a china 서투른 사람, 난폭한 사람 in appearance 외관상 woo 구애(구혼)하다 amiable 붙임성 있는, 상냥한 gracefully 우아하게 habit (여성용) 승마복 at ease 편안한, 느긋한 out of sight 보이지 않는

"I met them at the Brisevilles," said Julien. "The husband is a little rough, but he is a true gentleman. He is passionately fond of shooting."

Nothing else happened until the end of July. Then, one Tuesday evening, as they were all sitting outdoors, Jeanne suddenly put both her hands to her side with a cry. A sharp pain had shot through* her and at once died away. In about ten minutes came another one. It was not so severe but it lasted much longer than the first. Her father and husband almost carried her indoors. The child was not expected until September but old Simon galloped off to get the doctor. He came about midnight with the midwife and at once recognized the signs of a premature birth.* The pain had eased a little, but Jeanne felt cold and faint and she thought she was going to die. The room was full of people. The baroness lay back in an armchair gasping for breath. The baron ran to and fro,* fetching* all kinds of things and completely losing his head.* Julien walked up and down looking very troubled, but really feeling quite calm. Every now and then Jeanne gave a low moan. For two hours, it seemed as if the child would not be born after all. But about daybreak the pains recommenced and soon became almost intolerable. As the cries of pain burst from Jeanne, she thought of Rosalie who had hardly even moaned. Her maid's bastard child* had been born without any of the torture she was suffering. She thought in angry astonishment how fate seemed to favor the wicked.*

In the intervals of relief her eyes were fixed on Julien. She saw that he cared no more about her suffering than he had about Rosalie's. The pain was so agonizing that she thought, "I am going to die! I am dying!" And her soul was filled with a furious hatred. She strained* every muscle in a supreme effort to rid herself of* her awful burden. And suddenly she felt as if her whole inside were pouring away* from her, and her suffering suddenly became less. The midwife and the doctor bent over her and took something away. She heard the feeble whine of the newborn child. It filled her ears and seemed to enter her poor,

---

shoot through 쏜살같이 관통하다 premature birth 조산, 조산아 to and fro 왔다갔다, 이리저리 fetch 가서 가져오다 lose one's head 이성을 잃다 bastard child 사생아 the wicked 사악한 사람(들) strain 긴장시키다 rid A of B A에게서 B를 제거하다 pour away 쏟아지다

exhausted body till it reached her very soul. With the child was born a new joy in her heart. In one second she had been delivered from* that terrible pain and made happier than she had ever been before. She wanted to see her child. It had no hair or nails because it had come before its time. But when she saw this tiny, barely-formed human being, her heart overflowed* with happiness.

From that time her child was her only concern. She insisted on having the cot* close to her bed. When she could get up, she sat by the window rocking the cradle with her foot. She was jealous of the wet nurse and wanted to tear her child from* the quiet peasant woman's arms. The only thing she could talk about was the baby's clothes. She took no notice of* what was being said around her as she turned and twisted some tiny garment about in her hands. "Don't you think he will look lovely in that?" she was always asking. Her mother and the baron smiled at her overwhelming* affection for the child. But Julien would exclaim, impatiently, "What a nuisance* she is with that brat!" He was half-jealous of the infant who now held the first place in the house. Jeanne could hardly bear to be away from her baby. She even sat watching him all night as he lay sleeping in his cradle. This constant anxiety began to affect her health. The lack of sleep weakened her and she grew thinner and thinner. At last the doctor ordered the child to be separated from her. Each night the baby slept with his nurse, and each night Jeanne went to the door of the nurse's room. There she sat and listened to make sure he was sleeping quietly. Julien found her one night as he was coming in late from dining at the Fourvilles. After that she was locked into* her room every evening to force her to stay in bed.

The child was to be named Pierre Simon Paul, but they would call him Paul. At the end of August, he was christened.* The baron was named godfather, and Aunt Lison, godmother. One evening, after dinner, the priest called at the chateau. He asked the baron and baroness if he could speak to them in private for a few moments. They walked slowly down the avenue talking as they went, while Julien was left

---

be delivered from ···에서 해방되다(벗어나다) overflow 넘쳐 흐르다 cot 아기 침대 tear A from B A를 B에게서 떼어놓다 take no notice of ···을 무시하다 overwhelming 압도적인, 굉장한 nuisance 성가신 것(일) be locked into ···안에 갇히다 christen 세례하여 기독교도로 만들다

behind with Jeanne. He offered to accompany the priest when he went away, and they walked off towards the church. It was a cool evening, and the others soon went into the house. They were all beginning to feel a little drowsy* when Julien came in, looking very angry. He shouted at the baron as soon as he entered the room.

"You must be mad to give twenty thousand francs to that girl!"

They were all too surprised to answer.

"I can't understand how you can be such fools!" he continued. "But I suppose you will keep on spending money till we haven't a penny left!"

The baron, recovering himself a little, tried to interrupt his son-in-law.

"Be quiet!" he exclaimed. "Don't you see that your wife is in the room?"

"I don't care if she is," answered Julien, stamping his foot.* "Besides, she ought to know about it. You are giving away her rightful inheritance.*"

Jeanne had listened to her husband in amazement, utterly at a loss to know what it was all about. "Whatever is the matter?" she asked.

Then Julien turned to her, expecting her to side with* him. He told her that her parents were trying to arrange a marriage for Rosalie. The maid's child was to have the farm at Barville, which was worth twenty thousand francs. And he kept repeating, "Your parents must be mad, my dear, raving mad!* Twenty thousand francs! Twenty thousand francs! They can't be in their right senses!* Twenty thousand francs for a bastard!"

Jeanne listened to him quite calmly. She felt neither anger nor sorrow at his meanness.* She was indifferent to everything that did not concern her child.

The baron was choking with* anger, and at last he spoke loudly, with a stamp of his foot.

"Really, this is too much!" he cried. "Whose fault is it that this girl has to have a dowry?* You seem to forget who is her child's father. No doubt you would abandon it altogether if you had your way!*"

Julien gazed at the baron for a few moments in silent surprise.

"But fifteen hundred francs would have been

---

drowsy 졸리는 stamp one's feet 발을 구르다 inheritance 유산 side with …을 편들다 raving mad 완전히 미친 in one's right senses 제정신인 meanness 비열함, 치사함 choke with (분노 따위로) 목이 메이다, 말문이 막히다 dowry 지참금 have one's way 마음대로 하다

more than enough to give her," he said. "All the peasant girls have children before they marry. What does it matter who they have them by? And if you give Rosalie a farm worth twenty thousand francs, everybody will wonder why. You should think a little more about our name and position."

He spoke in a calm, cool way as if he were sure of his logic* and the strength of his argument. The baron could find nothing to say in reply.*

"But fortunately, nothing is settled," continued Julien. "I know the man who is going to marry her and he is an honest fellow. I will see to* the matter myself."

With that he went out of the room, wishing to avoid any further discussion. As soon as the door had closed after his son-in-law, the baron exclaimed, "Oh, this is more than I can stand!*"

Jeanne, catching sight of* her father's horrified* expression, burst into a clear laugh.*

"Papa!" she cried. "Did you hear the tone in which he said 'twenty thousand francs!'"

The baroness quivered* with laughter as she saw Jeanne's gaiety, and thought of her son-in-law's furious face. She giggled* at his attempt to

The baron cried, "This is too much!
Whose fault is it that this girl has to have a dowry?"

---

logic 논리, 조리 in reply 대답으로 see to 유의(주의)하다, 조치하다 stand 참다, 견디다 catch sight of …을 찾아내다, …을 언뜻 보다 horrified 충격 받은, 겁 먹은 burst into a laugh 웃음을 터뜨리다 quiver 떨다, 흔들리다 giggle 낄낄 웃다

prevent this money, which was not his, being given to the girl he had seduced. Finally the baron began to giggle, and they all laughed till they ached* as they had in the happy days of old.*

Two days after this scene, when Julien had gone out for a ride,* a tall, young fellow arrived at the chateau. Jeanne and her parents were sitting outside beneath the plane tree. The young man took off his cap and bowed as he came towards them.

"I'm at your service,* Monsieur le Baron, Madame and company," he said. "My name is Desire Lecoq."

"What do you want?" asked the baron.

The young man hesitated, and then said, "The priest has spoken to me about your maid, Rosalie."

Jeanne, guessing what he had come about, got up and went away with her child in her arms.

"Sit down," said the baron.

The peasant* took the seat and then waited silently for the baron to speak.

"Then you are going to marry Rosalie?" asked the baron.

"That depends,*" said the young man. "Perhaps

I am and perhaps I'm not. It depends."

All this beating about the bush* irritated the baron.

"Can't you give a straightforward* answer?" he exclaimed. "Have you come to say you will marry the girl or not?"

The man looked at his feet as though he expected to find the answer there.

"If it's as the priest says," he replied, "I'll have her. But if it's as Monsieur Julien says, I won't."

"What did Monsieur Julien tell you?" asked the baron.

"Monsieur Julien told me that I would have fifteen hundred francs," said the young peasant. "But the priest told me I would have twenty thousand. I'll have her for twenty thousand, but I won't for fifteen hundred."

The baroness was amused and began to shake with laughter as she sat in her armchair. Her laughter surprised the peasant, who looked at her suspiciously* as he waited for an answer.

---

ache 아프다 of old 옛날의, 옛적의 go out for a ride 말을 타러 나가다 I'm at your service. 문안 드립니다., 분부만 내리십시오. peasant 농부 That depends. 사정(형편)에 따라 다르다. beat about the bush 에둘러(빙빙 돌려) 말하다 straightforward 솔직한, 정직한 suspiciously 의심의 눈초리로

"I have told the priest that you will have the farm at Barville," said the baron. "It is worth twenty thousand francs. You will have it for life* and then it is to become the child's. That is all I have to say on the matter, and I always keep my word.* Now is your answer yes or no?"

A satisfied smile broke over the man's face.

"Oh, then, I don't say no," he replied. "When the priest told me about it in the first place, I said yes at once. But then Monsieur Julien said it was only fifteen hundred francs. So I said to myself, 'I must find out the truth' and so I came here."

"When will you marry her?" asked the baron.

The question aroused the peasant's suspicions.

"Couldn't I have it put down in writing* first?" he asked.

"Why, isn't the marriage-contract* good enough for you?" said the baron angrily.

"But until I get that I'd like it written down on paper," said the peasant.

"Give a plain answer, now at once," said the baron. "If you don't want to marry the girl, say so. I know someone else who would be glad of the chance."

The idea of twenty thousand francs slipping

from* his hands startled the peasant.

"Agreed, Monsieur le Baron!" he said, holding out his hand. "It's done, and there's no going* back from the bargain."

The baron took his hand and called to the cook. "Ludivine! Bring a bottle of wine."

The wine was drunk and then the peasant went away. Julien was told nothing of this visit. The drawing up* of the marriage-contract was kept a secret. The banns were published* and Rosalie was married on the Monday morning. At the church a neighbor stood behind the bride and bridegroom with a child in her arms as an omen* of good luck.

When Julien heard of the marriage, he had a violent quarrel with the baron and baroness. They decided to shorten their visit at Les Peuples and go back to Rouen. Jeanne was sorry but she did not grieve* as she had before when her parents went away. Now all her hopes and thoughts were centered on her son.

---

for life 평생 keep one's word 약속을 지키다 in writing 문서로 marriage-contract 혼인계약 slip from …에서 빠져 나가다 there is no ...ing …하기란 불가능하다 draw up (문서를) 작성하다 publish(ask) the banns 교회에서 결혼을 예고하다 omen 징조, 전조 grieve 몹시 슬퍼하다

Chapter 9

When Jeanne was quite well again, she decided to return the Fourvilles' visit,* and also call on the Marquis de Coutelier. Julien had just bought another carriage and they used it for the first time one bright December morning. After driving for two hours across the Normandy plains they descended to a little valley. Then the road took a sharp turn* and the Chateau de la Vrillette came in sight.* It was a handsome building, with brick frames round the windows, and small towers roofed* in slate. The carriage had to pass over an old drawbridge* and under an archway* before it drew up at the front entrance. Julien pointed out all the beauties of the mansion to Jeanne as if he were familiar with every nook and cranny* of it. The hall door opened and the fair-haired comtesse came to meet her visitors with a smile. She took both Jeanne's hands in hers and led her into the drawing room. She seated Jeanne in a comfortable chair, then sat beside her. Julien smiled and chatted in an easy, familiar way. He and the comtesse talked about the rides they had taken together. She laughed a little at his bad horsemanship,* and called him 'The Tottering* Knight.' He laughed too and called her 'The Amazon Queen.'

A few minutes later the comte came in, followed by two dogs. He seemed more at ease in his own house, and was delighted to see Julien and Jeanne. He ordered the fire to be made up, and sweet wine and biscuits to be brought.

"Of course you will dine with us," he exclaimed.

Jeanne refused the invitation, thinking of Paul. Julien made a sign of impatience, so she consented to stay. They spent a delightful afternoon examining the estate and boating on the lake. The comte rowed and Jeanne let her hand trail* in the water, enjoying the icy coolness. Julien and the comtesse sat smiling in silence in the stern of the boat, as if they were too happy to talk. The evening came on and they all went in to

---

return one's visit 답방하다   take a sharp turn 급격히 휘어지다   come in sight 눈에 들어오다   roof …에 지붕을 이다   drawbridge 도개교   archway 아치 길   every nook and cranny 구석구석   horsemanship 승마술   totter 비틀비틀 걷다   trail 질질 끌리다(끌다)

the big drawing room where an enormous fire was blazing.* The room seemed to be filled with an atmosphere of warmth and comfort. The comte took up his wife in his strong arms like a child, and gave her two hearty* kisses on her cheeks. Jeanne could not help smiling at this good-natured giant and glanced at Julien. He was standing in the doorway with his eyes fixed on the comte. His face was very pale. Jeanne was frightened by the expression on his face and asked if he were feeling ill.

"Nothing, leave me alone," he answered. "I only feel cold."

"What a good-hearted man the comte is," said Jeanne, as she and Julien drove home.

"Yes," answered Julien, "but he shows too much affection for his wife."

One week later, they called on the Couteliers. They were the highest ranked family in the province. Their chateau, built in the reign of Louis XIV, lay in a magnificent park surrounded by walls. A uniformed* servant showed the visitors into a large, beautifully decorated room. A few minutes later, the marquis* and marquise* came in, the latter with her hair powdered. They were people who had a strict etiquette for everything, and whose feelings seemed false, like their words. They both talked without waiting for an answer. Both behaved as if they were undertaking* a duty imposed on* them by their superior* birth. Jeanne and Julien tried to make themselves agreeable,* though they felt ill at ease.* The marquise ended their visit by stopping the conversation, like a queen ending an audience.

"I don't think we'll call on anyone else, unless you want to," said Julien, as they went home. "The Fourvilles are the only friends I want." Jeanne agreed with him.

December passed slowly. Jeanne's thoughts were too full of Paul for her ever to feel bored. She would hold him in her arms covering him with passionate kisses. When she was offering the baby's face to Julien for a kiss, she would say, "You never kiss him. You hardly seem to love him."

Julien would touch the infant's smooth fore-

---

blaze 타오르다 hearty 애정 어린, 열렬한 uniformed 제복 차림의 marquis 후작 marquise 후작 부인 undertake (임무, 일을) 떠맡다, 수행하다 impose A on B A(의무, 세금, 벌 따위)를 B에게 지우다(과하다) superior 우수한, 상류의 agreeable 상냥한, 사근사근한 ill at ease 불안한, 안절부절못하는

head with his lips. Then he would go quickly out of the room, almost as though the child disgusted him.

The mayor, the doctor, and the priest came to dinner occasionally. Sometimes the Fourvilles came. They had become very intimate* with Jeanne and her husband. The comte seemed to worship* Paul. He nursed the child on his knees from the time he entered Les Peuples to the time he left. He would tickle* the child's nose with the ends of his long moustache, and kissed him almost as passionately as Jeanne. It was the great disappointment of his life that he had no children.

March was bright, dry, and almost mild. The comtesse again proposed that they should all go for some rides together. Jeanne was only too pleased at the idea and agreed to it at once. They always rode in pairs with the comtesse and Julien leading the way,* and the comte and Jeanne behind. The latter couple talked easily and quietly as they rode along. They were each attracted by the other's straightforward ways and kindly heart and had become fast friends. Julien and the comtesse talked in whispers alternated* by noisy bursts of laughter. They looked in each other's eyes to read the things their lips did not say. Often they would break into a gallop,* as if they wished to escape alone to some country far-away.

All through the following month the comtesse came to Les Peuples as often as she could. She seemed to have found some unknown source of happiness. Her husband seemed to worship her.

"We are happier now than we have ever been before," he said, one evening, to Jeanne. "Gilberte has never been so affectionate* as she is now. I was never sure that she loved me, but now I know she does."

Julien had changed for the better,* too. Their friendship seemed to have brought peace and happiness to both families.

The spring was exceptionally warm and Jeanne spent hours daydreaming in the sunshine. All the tender incidents of her first hours of love came back to her. This did not, however, lead to any

---

intimate 친밀한 worship 숭배하다, 열렬히 좋아하다 tickle 간질이다 lead the way 선두에 서다, 길을 안내하다 alternate 번갈아 일어나다, 교체하다 break into a gallop (말을 타고) 갑자기 속력을 내기 시작하다 affectionate 애정 어린 change for the better (날씨, 병 따위가) 좋아지다, 개선되다

renewal of affection for her husband. All that had been completely destroyed. She liked to be alone in the warm sunshine to enjoy these vague, peaceful dreams. One morning she was half dozing in the sunlight when she remembered that sunlit space in the little wood near Étretat. It was there that she had first felt thrilled by the presence[*] of the man who loved her. It was there that he had for the first time timidly hinted at his hopes. She felt an urge to visit the wood. Julien had gone out at daybreak, so she had the Martins saddle up[*] the little white horse, and set off.[*] It was one of those calm days when there is not a leaf or a blade[*] of grass stirring.

She went down into the valley leading to the sea and went slowly towards the wood. The sunlight poured down through the foliage,[*] which was not, as yet,[*] very thick. Jeanne wandered along the little paths but she was unable to find the spot where she had sat with Julien. She turned into a long alley[*] and, at the other end of it, saw two horses fastened[*] to a tree. She recognized them at once. They were Gilberte's and Julien's. Tired of being alone and pleased at this unexpected meeting, she trotted[*] quickly up to them, and called aloud.* There was no answer. On the grass, which looked as if someone had rested there, lay a woman's glove and two whips. Julien and Gilberte had evidently sat down and then gone farther on, leaving the horses tied to the tree. Jeanne wondered what they could be doing. She dismounted and leant against the

Jeanne wondered what her husband and
Gilberte could be doing in the wood.

---

presence 존재함, 실재함 saddle up (말에) 안장을 얹다 set off 출발하다
blade 칼날, (벼, 잔디의 칼날 같은) 잎 foliage (집합적) 잎, 무성한 잎 as yet 아
직까지 alley 오솔길, 좁은 길 fasten 묶다, 동여매다 trot (말 등이) 빠른 걸음으
로 가다 aloud 소리 내어, 큰 소리로

trunk of a tree. She waited for twenty minutes. She stood quite motionless,* and two little birds flew down onto the grass close by her. One of them hopped* around the other, fluttering* his outstretched* wings, and chirping.* All at once they coupled.* Jeanne watched them, as surprised as if she had never known of such a thing before. Then she thought, "Oh, of course! It is springtime." Then came another thought — a suspicion. She looked again at the glove, the whips and the two horses standing riderless. Then she sprang onto her horse with an intense longing to leave that place.

She started back to Les Peuples at a gallop.* How was it that she had never noticed anything before? How was it that Julien's frequent absence from home and his better temper had told her nothing? Now she understood the bliss* Gilberte seemed to be living in, which had so pleased the comte. She was shocked but she felt neither jealousy nor hatred, only contempt. She did not think about Julien at all, for nothing that he could do would have astonished her. But the treachery* of the comtesse, who had deceived her friend as well as her husband, hurt her deeply. So everyone was treacherous, and untrue* and faithless! Her eyes filled with tears. She resolved to* say nothing more about her discovery. Her heart would be dead to everyone but Paul and her parents, although she would wear a smiling face.

When Julien came in to dinner, he was in a very good temper and full of plans for his wife's pleasure. He suggested inviting her parents to stay, and Jeanne almost forgave him for his infidelity.* She longed to see the two people she loved best after Paul. She wrote to them that evening and received a reply a few days later. They would come on the twentieth of May. It was then the seventh, and Jeanne awaited their arrival with intense impatience. Besides her natural desire to see her parents, she felt it would be such a relief to have near her two honest hearts. She had learnt to hide her feelings, to meet the comtesse with an outstretched hand and a smiling face. But her misery increased along with her

---

motionless 움직이지 않는   hop 깡충깡충 뛰어다니다   flutter (새가) 퍼덕거리다
outstretched 뻗친, 펼친   chirp (새가) 지저귀다   couple (동물이) 교미하다
at a gallop 전속력으로   bliss 기쁨, 행복   treachery 배반, 배신   untrue 진실(성실)하지 않은   resolve to …하기로 결심하다   infidelity 부정(不貞), 간통

contempt for her fellow men. Every day some village scandal reached her ears and filled her with still greater disgust and scorn for human frailty.* The Couillards' daughter had just had a child and was therefore going to be married. The Martins' servant, who was only fifteen years old was pregnant too, as was an older lame, poverty-stricken* widow. Jeanne was continually hearing of the misconduct of some girl or some married woman with a family. This warm spring seemed to revive* the passions of mankind, but to Jeanne these desires were revolting* and hateful. She was angry with Gilberte, but not for robbing her of* her husband. The comtesse was not of the same class as the peasants who could not resist their brutal desires. How could she have fallen into the same sin?

When Jeanne's parents arrived, she was more pleased to see them than she had ever been before. But when she saw her mother, she was overcome with* surprise and grief. The baroness looked ten years older than when she had left Les Peuples six months before. She struggled for breath and her skin was a strange, unnatural color. The baron, who saw her every day, had not noticed the gradual* change in his wife. When she had complained about her breathing and the heavy feeling about her heart, he answered,

"Oh, no, my dear. You have always been like this."

Jeanne went to her own room and cried bitterly when she had taken her parents upstairs. Then she went to her father and said, with her eyes full of tears, "Oh, how changed Mother is! What is the matter with her? Do tell me what is the matter with her!"

"Do you think she is changed?" asked the baron in surprise. "It must be your imagination. To me she seems just the same as she has always been. She is not any worse."

"Your mother is in a bad way,*" said Julien. "I think it may be serious."

Jeanne burst into tears.

"Oh, good gracious!*" said Julien irritably. "I don't say that she is dangerously ill. You always see so much more than is meant. She is changed,

---

frailty 연약함, 무름 poverty-stricken 가난에 찌든 revive 소생시키다, 되살리다 revolting 역겨운 rob A of B A에게서 B를 강탈하다 be overcome with (슬픔 따위에) 짓눌리다, 무기력해지다 gradual 점진적인 in a bad way (병이) 위중한 good gracious! (놀람을 나타내어) 이런, 아뿔싸!

that's all. It's only natural at her age."

In a week, Jeanne was accustomed to* her mother's altered* appearance and thought no more about it. A few days after his arrival, the baron was called away* on business.* The baroness soon began to get better. Jeanne forgot about Julien and Gilberte's treachery and was almost perfectly happy. The weather was splendid. One afternoon Jeanne went into the fields with Paul in her arms. She thought about her child's future. What would he be? Sometimes she hoped he would become a great and famous man. Sometimes she felt she would rather he remained with her. Suddenly she heard someone call her, and, looking up, she saw Marius running towards her.

"Madame!" he cried, when he was near enough to be heard. "Madame la Baronne is very ill."

Jeanne ran quickly towards the house. There was quite a crowd of servants standing under the plane tree. In the midst of* them, the baroness lay on the ground. Her face was black and her eyes were closed and her chest was motionless. The child's nurse was standing there. She took him from his mother's arms, and carried him away.

"How did it happen? What made her fall?" asked Jeanne. "Send for the doctor immediately."

As she turned she saw the priest.

"She ought to be undressed* and put to bed," he said.

Joseph Couillard, old Simon, and Ludivine brought an armchair from the drawing room. The baroness was placed in it and carried slowly indoors and laid on her bed. Joseph Couillard hurried off* for the doctor. For two hours, Jeanne and the priest sat beside the lifeless* body. Jeanne sobbed aloud as she knelt beside the bed. When the door opened to admit the doctor, she rushed to meet him, trying to tell him all the details.

"She was walking and she seemed quite well. She had eaten some soup and eggs for lunch, and quite suddenly she fell and turned black, like she is now. She has not moved since. Is it anything serious? Do you think there is any danger?"

---

be accustomed to ⋯에 익숙해지다 alter 바꾸다, 변경하다 call away 불러내 자리를 뜨게 하다 on business 볼일로 in the midst of ⋯의 가운데에 undress ⋯의 옷을 벗기다 hurry off 급히 떠나다 lifeless 생명이 없는, 죽은, 생기를 잃은

"I am very much afraid that she is dead," said the doctor. "Be brave."

Jeanne opened her arms, and threw herself on her mother's body. Julien came in. He made no sign of grief or pity, but looked annoyed.*

"I expected it," he whispered. "I knew she could not live long."

He drew out* his handkerchief, wiped his eyes and knelt down beside the bed and crossed himself.*

Jeanne was nearly mad with grief and they had to drag her away* from her mother's body. She was not allowed to go back into the room for an hour. By then, it was almost evening. Julien and the priest were standing near one of the windows, talking in whispers. The priest went to Jeanne and spoke of her dead mother's good life. He offered to pass the night in prayers beside the body but Jeanne refused his offer. She wanted to be alone with her mother.

"But you can't do that," said Julien, "we will watch beside her together."

She shook her head.

"Let her do as she wants," whispered the doctor. "The nurse can stay in the next room."

"Let someone go for Papa, immediately," she said.

When the priest and the others had left the room, Jeanne sank into* a sort of daze.* When he had dined, Julien came upstairs, sat down and did not say anything. After some time he rose and went over to his wife.

"Do you still want to be left alone?" he asked.

"Oh, yes. Please leave me," she answered.

He kissed her on the forehead and went away. Jeanne closed the door and opened both windows. She went back to the bed. Her mother was no longer swollen* as she had been when she died. She looked as if she were sleeping more peacefully than ever before. Memories of her early childhood came crowding into* Jeanne's mind. She thought of all her mother's ways, her affectionate words, the way she used to move, the wrinkles* round her eyes when she laughed. As she gazed at* the dead body she kept repeating, with horror, "She is dead, she is dead." She

---

annoyed 성난, 짜증난 draw out 꺼내다, 끌어내다 cross oneself 성호를 긋다 drag away 질질 끌어내다 sink into ⋯로 빠져들다 daze 멍한 상태, 망연자실 swollen 부푼, 부어오른 crowd into ⋯으로 한꺼번에 몰려들다 wrinkle 주름(살) gaze at ⋯을 응시하다, ⋯을 뚫어지게 보다

would never move, never speak, never laugh, and never say, "Good morning, Jeannette" again. She would never sit opposite* her husband at the dinner table again. She was dead. She would be enclosed in a coffin,* placed beneath the ground, and they would never see her again. It could not be possible! She fell on her knees in despair, wringing her hands* and pressing her lips to the bed. "Oh, Mother, Mother!" she cried, in a broken voice. She rushed to the window to breathe the fresh air. Tears came into her eyes as she looked out into the clear, calm night. After a few minutes, she sat beside the bed again and held her mother's dead hand. Where was her mother's soul now that it had left this still, cold body? Had it returned to God? It might be very near. Perhaps it was in this room, hovering* around the body it had left. At this thought, Jeanne fancied she felt a breath, as if a spirit had passed by her. Her blood ran cold* with terror. She did not dare turn round to look behind her, and she sat motionless, her heart beating wildly. At that moment an insect began a buzzing,* noisy flight, and Jeanne trembled from head to foot at the sound. Then, as she recognized the noise, she rose and looked around. Her eyes fell on the desk where her mother kept her old letters and souvenirs.

As she looked at it she thought it would please her mother if she read these letters. She knew it was the correspondence* of her grandfather and grandmother, whom she had never known. She opened the desk and took out the letters. They had been carefully tied into ten little packets,* which were laid side by side. She untied the first packet and began to read. They were all full of foolish, loving phrases, and news about people Jeanne had never known. As she finished reading them, Jeanne threw the letters on the foot of the bed. She untied another packet. These were in another handwriting. The first began, 'I cannot live without your kisses. I love you madly.' There was nothing more, not even a signature. Jeanne turned the paper over, unable to understand it. It was addressed clearly enough to* 'Madame la Baronne Le Perthuis des Vauds.' She

---

opposite 반대편에   coffin 관   wring one's hands (절망 따위로) 양손을 맞잡고 비틀다   hover 공중을 맴돌다   one's blood run cold (공포 따위로) 오싹해지다   buzzing 웅웅거리는   correspondence 편지, 서신   packet (편지 등의) 한 묶음(다발)   be addressed to 편지를 …앞으로 보내다

opened the next letter. 'Come tonight as soon as he has gone out. We shall have at least one hour together. I adore* you.' A third said, 'I have passed a night of longing and anguish. I fancied you in my arms, your mouth quivering beneath mine, your eyes looking into my eyes. And then I realized that, at this very moment, you are sleeping beside him, at the mercy of* his caresses.'

Jeanne stopped in amazement. What did it all mean? To whom were these words of love addressed? She read on, finding in every letter the same phrases and, at the end, always the five words: 'Above all, burn this letter.'

At last she came to an ordinary note, merely accepting an invitation to dinner. It was signed 'Paul d'Ennemare.' That was the man of whom the baron still spoke as "my poor old Paul," and whose wife had been the baroness's dearest friend! Then Jeanne realized that he had been her mother's lover! With a sudden gesture of loathing,* she threw down the letters and ran to the window, weeping bitterly. All her strength seemed to have left her. She sank on the ground and sobbed in despair. She would have crouched* there the whole night if she had not heard someone moving in the next room. Perhaps it was her father! And all these letters were lying* on the bed and on the floor! He had only to come in and open one, and he would know all! She seized* all the old, yellow papers and threw them into the fireplace. Then she took a candle and set fire to* the heap* of papers. When there was nothing left but a heap of ashes in the bottom of the grate, Jeanne went and sat by the window. The tears streamed* from her eyes, and, hiding her face in her hands, she moaned, "Oh, poor Mamma! poor Mamma!"

The next day the funeral took place. Jeanne pressed her lips to her mother's clammy* forehead for the last time. She saw the coffin fastened down, and then went to await the people who were to attend the funeral. Gilberte arrived first, and threw herself into Jeanne's arms, sobbing violently. The carriages began to drive up, and she heard voices in the hall. The room grad-

---

adore 흠모하다 at the mercy of …의 마음대로, …에 좌우되어 loathing 강한 혐오, 질색 crouch 웅크리다, 쪼그리고 앉다 lie (물건이) 놓여(널려) 있다 seize 잡다, 움켜쥐다 set fire to …에 불을 붙이다 heap (쌓인) 더미, 무더기 stream 흐르다, (눈물이) 흘러내리다 clammy 차고 끈적끈적한, 냉습한

ually filled with women Jeanne did not know. She suddenly saw Aunt Lison and she gave her such an affectionate embrace, that the old woman was nearly overcome. Julien came in dressed in mourning.* He seemed very busy and very pleased that all these people had come. He whispered some questions to his wife about the arrangements. Then he went away again, bowing to the ladies as he passed down the room. Aunt Lison and the Comtesse Gilberte stayed with Jeanne while the burial* was taking place. The comtesse repeatedly kissed and hugged her. And when the Comte de Fourville came to take his wife home, he wept as if he had lost his own mother.

Chapter 10

The next few days were very sad, as they always are after a death. In addition to her natural grief, Jeanne had to bear the pain of her discovery. She was always thinking of it, and the terrible secret increased her former misery. She felt that she could never put her trust or confidence in* anyone again. The baron soon went away, hoping to find relief from his grief in a change of scene. The household at Les Peuples resumed its quiet, regular life again. Then Paul fell ill,* and Jeanne passed twelve days in an agony* of fear. She was unable to sleep and scarcely touched food. The boy recovered, but the thought that he might die remained with her. What would she do if he did? What would become of* her? Gradually there came a vague longing for another child, and soon she could think of nothing else. She had always imagined she should like two children, a boy and a girl. But since Rosalie had been sent away she had lived apart from* her husband. It seemed impossible to renew their former relations and his affections were centered elsewhere. And the mere thought of having to submit to* his caresses again made her shudder* with disgust.

She made up her mind, at last, to tell the Abbé

---

mourning 상복, 상장(喪章) burial 매장 put one's trust(confidence) in …을 신뢰(신용)하다 fall ill 병들다 agony 고통, 고뇌 become of (what, whatever를 주어로 하여) …은 어떻게 되는가 apart from …와 떨어져 submit to …에 복종하다(따르다) shudder 떨다, 몸서리치다

Picot her difficulty, under the seal of confession.*
She went to him one day and found him in his little garden. She talked to him for a few minutes about one thing and another, then said, "Monsieur l'Abbé, I want to ask your advice."

They sat down, and she began to speak. "Monsieur l'Abbé, I want to have another child. I am quite alone in life now. My father and my husband do not agree. My mother is dead, and I almost lost my son to sickness," she whispered with a shudder. "What would have become of me if he had died?"

The priest looked at her in bewilderment.* "There, there" he said. "Come to the point.*"

"I want to have another child," she repeated. "But since that trouble with the maid, my husband and I live quite apart."

"Leave it all in my hands, and I will speak to Monsieur Julien," he said.

She did not know what to say. She wished that she could refuse his help but she did not dare say anything.

"Thank you, Monsieur l'Abbé," she stammered, and then she hurried away.

The next week passed by for Jeanne in an

agony of doubts and fears. Then one evening, Julien watched her all through dinner with a smile on his lips. After dinner they walked up and down the baroness's avenue, and he whispered in her ear, "Then we are going to be friends again?"

She made no answer, and kept her eyes fixed on the ground.

"For my part, I am only too pleased," continued Julien. "I would have suggested it before, but I was afraid of displeasing* you."

They went indoors in silence and he followed her to her room. To him this renewal of their former relations was a duty, though not an unpleasant one. She submitted to his embraces as a disgusting, painful necessity. She decided to put an end to* them forever as soon as she became pregnant. Soon, however, she found that her husband's caresses were not like they used to be.

"Why don't you give yourself up to* me completely as you used to do?" she whispered one

---

under the seal of confession 고해성사의 비밀 엄수를 조건으로 in bewilderment 당황하여 come to the point 본론에 들어가다, 핵심을 파악하다 displease …을 불쾌하게 하다 put an end to …을 끝내다 give oneself up to 자신을 완전히 …에게 맡기다, …에 몰두(전념)하다

night.

"To keep you out of the family way,* of course," he answered.

She started.* "Don't you wish for any more children?"

"What did you say?" he exclaimed. "Are you in your right senses? Another child? I should think not! We've already got one too many.* Another child! No, thank you!"

She took him in her arms and pressed her lips to his. "Oh! I beg you," she said, "make me a mother once more."

"Don't be so foolish," he replied angrily. "I won't listen to any more of this nonsense."

She said no more, but she resolved to trick him into* giving her the happiness she desired. She tried every means to make him lose control over himself,* but she never once succeeded.

She went again to the Abbé Picot.

"My husband does not want any more children," she said.

He reflected for a few moments, then spoke in a calm* tone. "My dear child," he said. "The only thing you can do is to make your husband believe you are pregnant. Then he will cease*

Julien exclaimed, "Are you in your right senses? Another child? No, thank you!"

---

out of the family way 임신을 못하여 *cf.* in the family way 임신하여   start 깜짝 놀라다   get(have) one too many 이미 너무 많다(과하다), 과음하다   trick A into B A를 속여서 B하게 하다   lose control over oneself 자제력을 잃다   calm 침착한, 고요한   cease 그만두다, 중지하다

his precautions,* and you will become so in reality."

"But suppose he does not believe me?" she said.

"Tell everyone that you are pregnant," said the priest. "When he sees that everyone else believes it, he will soon believe it himself. You will be doing no wrong.* The Church does not permit any connection between man and woman, except for the purpose of procreation.*"

Jeanne followed the priest's advice, and, a fortnight later, told Julien she thought she was pregnant.

"It isn't possible! You can't be!" he cried.

She gave him her reasons for thinking so.

"Bah!" he answered. "You wait a little while."

Every morning he asked, "Well?"

And each time she replied, "I am certain that I am pregnant."

He also began to think so and his surprise was only equaled* by his annoyance. He kept saying,

"Well, I can't understand it. I don't know how it can have happened."

At the end of a month she began to tell people the news, but she said nothing about it to the comtesse. At the very first suspicion of his wife's pregnancy, Julien had ceased to touch her. Then he made up his mind to make the best of* it, and began to visit his wife's room again. Everything happened as the priest had predicted, and Jeanne became pregnant. Then she closed her door to her husband forever. She felt almost happy. She could hardly believe that it was barely two months since her mother had died. Now her wounded* heart was nearly healed,* and her grief had been replaced by a vague sadness. It seemed impossible that any other disaster could happen now. Her children would grow up and surround her in her old age with their affection. Her husband could go his way* while she went hers.

Towards the end of September the Abbé Picot came to the chateau, to introduce his successor, the Abbé Tolbiac. The Abbé Picot had been appointed Dean* of Goderville. Jeanne was sad at the thought of* his departure. The abbé was sad, too.

---

precaution 조심, 예방   do no wrong 죄를 범하지 않다   procreation 생식, 출산   equal …와 필적하다   make the best of …을 최대한 이용하다, …을 감수하다   wounded 상처 입은   heal 치유하다, 아물다   go one's way 자신의 길을 가다   dean 주임(수석) 사제   at the thought of …을 생각하면

"I have been here eighteen years," he said, "and it grieves me to go to another place. Of course, the men have little religion and the women are not as moral* as they might be. And the girls never dream of being married until they are with child. But still, I love the place."

The new priest was small, thin, and very young. He seemed impatient as he listened to Abbé Picot's speech, and his face turned red.

"I'll soon change that," he said abruptly, as soon as the other priest had finished speaking.

Abbé Picot looked at him with a faint smile.

"Listen, l'Abbé" he said. "You will have to chain up* your parishioners if you want to prevent that sort of thing."

"We shall see," answered the little priest sharply.

Abbé Picot smiled and slowly took a pinch* of snuff.* "Age and experience will alter your views, l'Abbé. If they don't, you will lose the few good Christians you have. When I see a girl come to Mass with a waist bigger than it ought to be, I think, 'Well, she is going to give me another soul to look after.*' Then I try to find someone to marry her. You can't prevent them doing wrong, but you can find the father of the child and make him marry the mother. Marry them, l'Abbé, and don't trouble yourself about anything else."

"I don't agree with you," answered the new priest.

A week later, the Abbé Tolbiac called on Jeanne again. He begged her to attend Mass on Sundays.

"You and I are at the head of the parish," he said, "and we ought to set a good example.* And, if we wish to have any influence, we must be united. If the church and the chateau support each other, the peasants will fear and obey us."

Jeanne did not wish to quarrel with the priest, so she promised to be more attentive* to the services. She did not really intend to become a regular churchgoer,* but gradually, she fell into the habit. In a short time, she was entirely under the influence of the delicate-looking, strong-willed* priest. His contempt for every luxury and sensu-

---

moral 도덕적인, 품행이 방정한 chain up …을 사슬로 매다, …을 속박하다
pinch 한줌, 한 자밤 snuff 코담배 look after 돌보다 set a good example 모범을 보이다 attentive 주의 깊은, 마음을 쓰는 churchgoer 교회에 다니는 사람, 신자 strong-willed 의지가 강한, 완고한

ality, and his love of God, made Jeanne compare him to the early martyrs.* She, who had already suffered so much, let herself be completely ruled by him. As she knelt in the confessional* she felt small and weak before this priest, who looked about fifteen years old.

The thing above all others that roused* his anger and indignation was physical love. Every Sunday he condemned it from the pulpit,* trembling with rage and stamping his foot in anger. The grown-up girls and the young fellows smiled at each other across the aisle while he spoke. The old peasants, who liked to joke about such matters, expressed their disapproval of him to their wives and sons after the service. Soon he was detested* by the whole countryside. The priest refused to grant absolution* to the girls whose chastity* was not immaculate.* He began to watch for lovers. On moonlit nights, he hunted for* young couples behind the barns and among the long grass on the hillsides. One night he found two who did not stop their lovemaking even in his presence. They were strolling along with their arms round one another, kissing each other as they walked.

"Will you stop that, you vagabonds?*" cried the abbé.

"You mind your own business, Monsieur l'Abbé," replied the lad. "This has nothing to do with you."

The abbé picked up some stones and threw them at the couple as he might have done at stray dogs. They both ran off, laughing. The next Sunday, the priest mentioned them by name before the whole congregation.* All the young fellows soon stopped attending Mass.

The priest dined at the chateau every Thursday, but he often went there on other days to talk to Jeanne. Julien treated him with great respect.

"That's the sort of priest I like," he said. And he set a good example by attending church and frequently confessing. He went almost every day to visit the Fourvilles. Sometimes, he would hunt with the comte, but most often he rode with the comtesse, regardless of* the weather.

"They are mad about riding," said the comte,

---

martyr 순교자   confessional 고해실   rouse (감정을) 일으키다   pulpit 설교단, 강단   detest 혐오하다   absolution 면죄(免罪), 사면(赦免)   chastity 순결, 정숙   immaculate 깨끗한, 순결한   hunt for …을 찾다   vagabond 부랑자, 건달   congregation (종교적) 집회, 회중   regardless of …에 상관없이

"but the exercise does my wife good."

The baron returned to Les Peuples about the middle of November. He had aged and was so low-spirited* that he seemed like a different man. But he was fonder than ever of his daughter. Jeanne told him nothing about her religious enthusiasm or her friendship with the Abbé Tolbiac. But the first time the baron saw the priest he felt an immediate and strong dislike for him. That evening, Jeanne asked her father what he thought of the priest.

"I believe he is a very dangerous man," said the baron.

When the peasants told the baron about the young priest's harshness, his dislike changed to a violent hatred. He worshiped nature and hated the Catholic conception of an angry, vengeful* God who ruled over man. The baron believed that reproduction* was a great law of nature, and should be respected as a sacred* and divine* act. He at once began to speak against this priest who opposed the laws of nature and creation. This saddened Jeanne, and she prayed to God and begged her father not to oppose the priest. But the baron always answered, "It is everyone's right and duty to fight against such men. They are not human. They understand nothing of life, and their conduct is entirely influenced by their beliefs, which are contrary to* nature."

The priest had at once seen that the baron was his enemy. But he felt sure that, in the battle for Jeanne's respect and loyalty,* he would win in the end.* By chance* he had discovered the affair* between Julien and Gilberte, and he intended to break it off. One day, he asked Jeanne to help him destroy the wickedness* that was in her own family. She asked him what he meant.

"I cannot tell you yet," he replied, "but I will see you again soon."

He came again in a few days and let Jeanne know that he had learned about Julien's affair with Gilberte. He asked for her help to end it.

"You can prevent this sin," said the priest. "What do you intend to do?"

"What do you wish me to do, Monsieur

---

low-spirited 우울한, 기운 없는   vengeful 앙심(복수심)을 품은   reproduction 생식, 번식   sacred 신성한, 성스러운   divine 신의, 신성한   contrary to ⋯와 상반되는   loyalty 충성, 헌신   in the end 결국   by chance 우연히   affair (불륜 관계의) 정사   wickedness 사악함, 부도덕함

l'Abbé?" she murmured. "He has deceived me before with a servant. He doesn't love me now. He ill-treats* me if I do not please him, so what can I do?"

"Then you consent to adultery* under your own roof!" cried the priest. "Are you a Christian woman? Are you not a wife and a mother? You must do anything rather than allow this sin to continue. Anything, I tell you. Leave him."

"But I have no money, Monsieur l'Abbé," she replied. "And I am not brave now like I used to be. Besides, how can I leave without any proof of what you are saying?"

"You are a coward, Madame," said the priest. "I thought you were a different woman, but you are unworthy of God's mercy."

She fell on her knees. "Oh! Do not abandon me, I implore* you. Advise me what to do."

"Open Monsieur de Fourville's eyes to the truth," he said. "It is his duty to end this affair."

"But he would kill them, Monsieur l'Abbé!" cried Jeanne. "And should I be the one to tell him? Oh, not that! Never, never!"

"Then you are more guilty than they are," cried the priest. "You have forgiven your husband's sin! My place is no longer here." He turned to go, trembling all over* with anger.

She followed him, ready to give in,* and beginning to promise, but he would not listen to her.

He turned left to reach the road by way of* the Couillards' farm. In the middle of the farmyard, some children were standing around the kennel* of the dog, Mirza. The baron was there too but when he saw the priest he walked away toward the barn. The priest went to see what it was that interested the children so deeply. The dog was giving birth* in the dirt outside her kennel. Five little pups* were already crawling* round the mother, who gently licked* them as she lay on her side. Just as the priest looked over the children's heads, a sixth pup appeared. When they saw it, all the boys and girls clapped their hands,* crying, "There's another! There's another!" They watched these pups being born as they might have watched the apples falling from a tree.

---

ill-treat 냉대하다, 학대하다 adultery 간통, 불륜 implore 애원(간청)하다
tremble all over 온몸을 덜덜 떨다 give in 굴복하다 by way of …을 지나서, …을 경유하여 kennel 개집 give birth (새끼를) 낳다 pup 새끼, 강아지
crawl 기어다니다 lick 핥다 clap one's hands 손뼉을(박수를) 치다

Abbé Tolbiac stood still for a moment in horrified surprise. Then he raised his umbrella and began to beat the children around their heads. They ran off, and the abbé was left alone with the dog, which was painfully trying to rise. Before she could stand up, he knocked her back again, and began to hit her with all his strength. The animal moaned pitifully under these blows from which there was no escape. At last the priest's umbrella broke. Then he jumped on the dog, and stamped and crushed her underfoot[*] in a frenzy of anger. Another pup was born beneath his feet before he killed the mother with a last furious kick. The mangled body lay quivering as the whining pups began awkwardly groping for[*] their mother's teats.[*]

Jeanne watched this happen, frozen in horror. But the baron returned and seized the abbé by the throat. He punched him and then carried him to the fence and threw him out into the road. When he turned round, the baron saw Jeanne kneeling among the pups, sobbing. He strode[*] up to her, waving his arms wildly. "There!" he exclaimed. "What do you think of that wretch, now?"

The noise had brought the farm people to the spot.

"Could one have believed that a man would be so cruel as that!" said Couillard's wife.

Jeanne took the pups home, determined to raise them by hand. She tried to give them some milk, but three out of seven died the next day. Then old Simon went all over the neighborhood trying to find a foster mother* for the others. He could not get a dog, but he brought back a cat. Three more pups died, and the seventh was given to the cat. She immediately lay down on her side to suckle* it. The pup was weaned* a fortnight later, and Jeanne fed* it herself with a feeding bottle.* She named it Toto, but the baron rechristened* it Massacre.*

The priest did not go to see Jeanne again. The next Sunday he cursed* and threatened the baron and those who lived at the chateau. He began to make thinly disguised accusations about Julien's latest affair. At last, Julien wrote a letter to the

---

crush... underfoot ⋯을 발로 짓밟다   grope for 더듬어 ⋯을 찾다   teat (동물의) 젖꼭지   stride 성큼성큼 걷다   foster mother 양모, 유모   suckle 젖을 먹이다   wean 젖을 떼다   feed ⋯에게 먹이를 주다   feeding bottle 젖병   rechristen 다시 이름을 붙이다   massacre 대학살   curse 저주하다

Archbishop.* The Abbé Tolbiac was instructed by his superiors to stop his accusations and threats. The priest fell silent and began to take long solitary walks. Gilberte and Julien saw him whenever they were out riding. Spring had arrived and their affair had become more passionate and urgent. They found a shepherd's shelter, a hut on wheels, where they could be alone. They tethered* their horses outside and felt quite secure in the hut, which had a view of the whole countryside. One evening as they were leaving their shelter, they saw the priest sitting on the hillside.

"We must hide our horses in that ravine* next time," said Julien. After that, they always tied their horses up in the valley, among the bushes.

Jeanne was sitting by the fire reading one afternoon when she saw the comte running towards the chateau. The day was windy and wet and hail* fell at intervals.* She hurried downstairs to meet him, and when she saw him close, she thought he must have gone mad.* He was pale and breathing hard, and his eyes were rolling from side to side.

"My wife is here, isn't she?" he gasped.*

The comte learned about her wife's affair with Julien and hurried towards the shepherd's shelter, a hut on wheels.

Archbishop 대주교 tether (소, 말 따위를) 밧줄로 매놓다 ravine 협곡, 계곡
hail 우박, 싸락눈 at intervals 때때로, 이따금 go mad 미치다 gasp 숨을
헐떡거리다

"No," answered Jeanne. "I have not seen her at all today."

The comte dropped into a chair, as if his legs had no strength to support him. He took off his cap, and passed his handkerchief several times across his forehead. Then he started to his feet,* and went towards Jeanne with outstretched hands. But suddenly he stopped and stared at her.

"But it is your husband... you also..." he muttered. Then he turned and rushed out towards the sea. Jeanne ran after* him, calling him and begging him to stop.

"He knows all!" she thought, in terror. "What will he do? Oh, pray heaven he may not find them!"

The comte ran straight on* without any hesitation towards the cliff. The rain and hail continued to fall. Jeanne stood on the slope beyond the wood, and watched him as long as he was in sight. Then, when she could see him no longer, she went indoors again, tortured with fear and anxiety.

When he reached the edge of the cliff, the comte turned to the right and began to run.

There, ahead of him in the distance, was the shepherd's hut, with two horses tethered outside. The lovers had no fear of anyone seeing them on such a day as this. As soon as he caught sight of the animals, the comte threw himself flat* on the ground, and dragged himself along on his hands and knees.* He crawled to the lonely hut, and hid himself beneath it. He slowly cut the reins that tethered the horses and the two animals cantered* off into the rain and hail. Then the comte put his eye to the slit* at the bottom of the door, and remained motionless. Some time passed. Then he suddenly leapt to his feet,* covered with mud from head to foot. He fastened the bolt that secured the door of hut on the outside. Then he seized the shafts* of the hut and shook it with all his might. After a moment he began to drag it along, bending nearly double in his tremendous effort. He dragged it toward the almost vertical* slope to the valley. He could hear the occupants desperately shouting and trying to burst open the

---

start to one's feet 벌떡 일어나다   run after …의 뒤를 쫓다   run straight on 계속 달리다   throw oneself flat 납작 엎드리다   on one's hands and knees 기어서   canter (말이) 보통 구보로 달리다   slit 긴 구멍(틈)   leap to one's feet 후닥닥 일어나다   shaft (수레의) 채, 자루   vertical 수직의

Chapter 10 | 155

door. At the edge of the slope, the comte let go of* the shafts, and it began to run down towards the valley. At first it moved slowly, but its speed increased as it went until soon it was rushing down the hill. Its shafts bumped along* the ground and it leaped over and dashed against the obstacles in its path. It rolled on and on until it reached the edge of the last ravine, where it fell to the earth and smashed like an eggshell.

An old beggar, who had seen it falling went to the nearest farmhouse for help. The farm people ran to the spot the beggar pointed out. Beneath the fragments* of the hut, they found two bruised* and mangled* corpses. Still, the farmers could recognize them, and they began to wonder about the cause of the accident.

"What could they have been doing in the cabin?" said a woman.

The old beggar replied that apparently they had taken refuge* from the weather. It must have been the strong wind that had blown the hut down into the valley. After a discussion, the peasants decided to carry the bodies back to their homes. Perhaps they would get a reward* for their trouble. They found two carts and soon set off, one traveling to the right, the other to the left.

When the comte had seen the hut set off on its terrible journey, he had fled away* through the rain and the wind. He had run on and on* for several hours across the country like a madman. At nightfall, he found himself at his own chateau. The servants were anxiously awaiting his return and told him that the two horses had just returned without their riders. "Some accident must have happened to my wife and the vicomte," said the comte in a broken voice. "Let everyone go and look for them."

Hours later, when he was informed that his wife was dead, the comte experienced an intense relief. From the moment his madness left him, he had been haunted by the thought of what she might have suffered.

In the meantime,* the other cart had arrived at Les Peuples. Jeanne saw it in the distance and understood at once what had happened. The

---

let go of (쥐었던 것을) 놓다 bump along 덜컹거리며 나아가다 fragment 파편, 부서진 조각 bruise 타박상을 입히다 mangle 난도질하다 take refuge 피난(피신)하다 reward 보상 flee away 멀리 도망치다 on and on 계속, 쉬지 않고 in the meantime 그 동안에

shock was so great that she fell unconscious to the ground. When she came to,* she found her father bathing* her forehead with vinegar.*

"Do you know what has happened?" he asked hesitatingly.

"Yes, father," she whispered.

That evening she gave birth to a dead child — a girl. She did not see or hear anything of Julien's funeral. She was in a fever and delirious when he was buried.

Chapter 11

Jeanne was confined to* her room, close to death,* for three months. But gradually health and strength returned to her. Her father and Aunt Lison had come to live at the chateau, and they nursed her day and night. She had never asked the details of Julien's death. Why should she? Did she not already know enough? Everyone except herself thought it had been an accident. She never revealed to anyone the terrible secret of her husband's adultery, and of the comte's visit the day of his death. Her soul was filled with the sweet, tender memories of the few short hours of bliss she owed to her husband. She forgot about his faults and his harshness and unfaithfulness.*

As time wore on* Jeanne devoted herself entirely to* her son. The years passed in quiet monotony.* The priest remained at the church, but hardly anyone ever attended his services. He never bowed to Jeanne if he met her, and she never went to church. Aunt Lison could not understand how anyone could stay away from* church. Whenever Lison was quite alone with Paul, she talked to him, in whispers, about God. She feared that the baron would not like her talking about such things to the boy. Paul listened to her with a faint interest when she related* the miracles that had been performed in the old times. One day, however, he startled her by saying that God is everywhere, except in church. Lison discovered that he had been discussing

---

come to 정신이 들다　bathe 적시다, 씻다　vinegar 식초　be confined to …에 틀어박혀 있다　close to death 거의 죽을 뻔한　unfaithfulness 부정(不貞), 불충　wear on (시간이) 흐르다　devote oneself to …에 헌신(전념)하다　monotony 단조로움　stay away from …을 멀리 하다　relate 이야기하다

with his grandfather the things she had told him about her religion.

By the time Paul was ten years old, his mother looked forty. He was strong, noisy, and boldly climbed the trees, but his education had been neglected. Jeanne lived in constant anxiety about his health. When the boy was twelve years old, a great difficulty arose about his first communion.* Jeanne sent him to catechism* classes, but he misbehaved.* After that Jeanne taught him his catechism herself, but the Abbé Tolbiac refused to admit him to communion. He said the boy had not been properly prepared. The following year he refused him again. Jeanne then decided to bring the boy up in the Christian faith, but not in the Catholic Church. When he came of age,* he would decide his religion for himself. The peasants could not forgive Jeanne for this. Although they did not go to Mass, they made sure their children's religious upbringing* was all it should be. Not one of them would have dared to bring a child up outside the common faith.* Jeanne was quite conscious of their disapproval, but she did not care.

The baron began to instruct Paul in Latin. As

soon as lessons were over the boy went into the garden with his mother and aunt. They were all very fond of gardening, and took great pleasure and interest in* watching the seeds they had sown come up and blossom. Paul devoted himself mainly to raising salad plants. He dug, watered,* weeded,* and planted, and made Lison and his mother work like laborers.

At fifteen, Paul had grown tall, but he was still an ignorant, foolish child. All he had was the company of two women and his good-tempered old grandfather, whose thinking was far behind the times.* At last one evening the baron said it was time for the boy to go to college.* Aunt Lison withdrew into a dark corner in horror at the idea, and Jeanne began to sob.

"Why does he want to know so much?" she replied. "We will bring him up to be a country gentleman. He will pass his life happily in this house. What more can he want?"

The baron shook his head. "What will you say

---

communion 영성체, 성찬식　catechism 교리문답　misbehave 품행이 나쁘다　come of age 성년이 되다　upbringing 양육, 교육　faith 신앙　take pleasure in …하는 것을 즐기다　water (식물에) 물을 주다　weed 풀을 뽑다　behind the times 시대에 뒤진　college (영국, 캐나다의) 사립 중등학교

to him if he comes to you in a few years and asks why you condemned* him to this dull life?"

After much discussion, they decided to send Paul to the college at Le Havre at the beginning of the next term. During the summer he was more spoilt* by his mother and aunt than ever. Then one October morning, after a sleepless night, the baron, Jeanne, and Aunt Lison went with Paul to settle him into college. Jeanne and Aunt Lison passed the whole day unpacking his things and arranging them in his room. They all went on the pier* for the rest of the afternoon and watched the ships entering and leaving the harbor. At nightfall, they went to a restaurant for dinner but they were too unhappy to eat. After dinner they walked slowly back to the college. Boys of all ages were arriving, some accompanied by their parents, others by servants. A great many were crying, and the big, dim courtyard was filled with the sound of tears. When the time came to say goodbye, Jeanne and Paul clung to* each other as if they could not part.* The baron felt he too was giving way, so he hastened* the farewells, and took his daughter from the college. They drove back to Les Peuples in a silence that was only broken by an occasional sob.

Jeanne wept the whole of the following day, and the next she ordered the carriage and drove to Le Havre. Paul seemed to have recovered from the separation already. It was the first time he had ever had any companions of his own age.* As he sat beside his mother, he fidgeted* on his chair and longed to run out and play. Every other day* Jeanne went to see him and on Sundays she took him out. At last the headmaster* begged her not to come so often. She ignored his request. Then he warned her that if she persisted in interrupting Paul's work, he would be dismissed* from the college. Jeanne stopped her visits but lived in a constant state of nervous anxiety. She began to take long walks about the country. Sometimes she sat on the cliff the whole afternoon watching the sea.

Every time she saw her son, it seemed to Jeanne as if ten years had passed since she had seen him last. Every month he became more of a

---

condemn 운명짓다 spoil (응석을 받아줘 아이를) 버려놓다 pier 부두, 선창
cling to …에게 달라붙다, 껴안다 part 헤어지다 hasten 재촉하다 of one's
own age …와 같은 나이의 fidget 안절부절못하다, 안달하다 every other
day 하루 걸러 headmaster (사립학교의) 교장 dismiss 퇴학시키다

Chapter 11 | 163

man, and every month she became more aged.* Her father looked like her brother, and Aunt Lison might now have been taken for* her elder sister. Paul did not study very hard and was nearly twenty when he reached his final year. He had grown into a tall, fair youth, with whiskered* cheeks and a small moustache.* He rode over to Les Peuples every Sunday and accomplished the journey in two hours.

One Saturday morning she received a letter from Paul to say he would not come to Les Peuples the following day. He had been invited to a party by some of his college friends. The whole of Sunday, Jeanne was tortured by a sense of evil. When Thursday came, she was unable to bear it any longer, and went to Le Havre. Paul seemed different. He seemed more spirited,* and his words and tones were more manly.

"We are going on another excursion* next Sunday, so I won't come to Les Peuples," he said. Jeanne felt as surprised and stunned as if he had told her he was going to America. But after some thought she realized, for the first time, that he was grown up. He was no longer hers and was now going to live his own life, independently of his family at the chateau. Over the next three months, Paul came only occasionally to Les Peuples. Even when he was there, it was clear that he longed to get away* again as soon as possible.

One morning, a shabbily* dressed old man came to the chateau. He spoke with a German accent and asked for Madame la Vicomtesse. He was shown in and after greeting Jeanne explained that he was a moneylender.* He had lent money to Paul to settle a gambling debt. Now he required payment. Jeanne rang for the baron who understood at once what the old man wanted. The bill was for fifteen hundred francs. He paid the man a thousand francs and said, "Don't let me see you here again." The man thanked him, bowed, and went away.

Jeanne and the baron at once went to Le Havre, where they learnt that Paul had not been in college for a month. Jeanne and her father were dismayed when they heard this news. The headmas-

---

aged 늙은 take A for B A를 B로 잘못 알다 whisker 구레나룻 moustache 콧수염 spirited 생기 있는, 활발한 excursion 소풍, 유람 get away 떠나다, 도망치다 shabbily 초라하게, 허름하게 moneylender 대금업자

ter took them to a magistrate* who arranged for the police to look for the young man. Jeanne and the baron slept at a hotel that night. The next day Paul was discovered at the house of a prostitute. His mother and grandfather took him back with them to Les Peuples. Before the end of the week they found out that during the last three months, Paul had run up* debts amounting to* fifteen thousand francs. The creditors* had not gone to his relations about the money, because they knew the boy would soon be of age.*

Paul was asked for no explanation and was not punished. Jeanne and the baron hoped to reform* him by showing him kindness. But Paul became irritable and lived an aimless* life. He often went sailing, but was not allowed a horse, in case he rode back to Le Havre. The baron worried about Paul's neglected studies, and even Jeanne began to wonder what they were to do with him. One evening he did not come home. They inquired at Yport and found that he had gone out in a boat with two sailors. When the boat returned to port, Paul was not on board.* He had ordered the sailors to take him to Le Havre, and had landed* there. The police looked for him in vain. He was nowhere to be found, and the woman who had hidden him once before had disappeared also. In Paul's room at Les Peuples two letters were found from her. She had written to tell Paul that she had obtained enough money for a journey to England.

Jeanne, the baron and Aunt Lison lived on sadly at the chateau. Jeanne's hair, which had been gray before, was now quite white. She sometimes asked herself what she had done to make fate treat her so cruelly. One day she received a letter from the Abbé Tolbiac. He wrote:

> Madame, the hand of God has been laid heavily upon you. You refused to give your son to Him, and He has delivered him to a prostitute. God's mercy is infinite, and perhaps he will pardon you if you throw yourself at his feet.* I am his humble servant, and I will open his door

---

magistrate 치안판사　run up (지출, 빚 등을) 늘리다　amount to 금액이 …달하다　creditor 채권자　be of age 성년이 되다　reform 행실을 고치다, 개심시키다　aimless 목적(목적) 없는　on board 승선하여　land (탈것에서) 내리다
throw oneself at one's feet …의 발치에 꿇어앉다, 엎드려 애원하다

to you when you come and knock.

Jeanne sat for a long time with this letter lying open on her knees. Perhaps the priest's words were true. Was it possible that God could be vindictive* and jealous like men? She felt fearful and one evening, when it was dark, she ran to the vicarage.* There she knelt at the foot of the fragile-looking priest to ask for absolution. He only promised her a semi-pardon. God could not shower all his favors on a house that sheltered* such a man as the baron.

"Still, you will soon receive a proof of the divine mercy," said the priest.

Two days later, Jeanne received a letter from her son. He wrote:

> My dear Mother, do not worry about me. I am in London and in good health,* but in great need of* money. We haven't a penny left, and some days we have to go without food. The woman with me, who I love with all my heart,* has spent all she had. You will understand that I am bound in honor* to* pay her back* at the very first opportu-

Jeanne did not stop to consider that her son had written for no other reason than to ask for money.

---

vindictive 복수심이 있는 vicarage 사제관, 목사관 shelter 보호하다, 머물게 하다 in good health 건강하여 in need of …을 필요로 하여 with all one's heart 진심으로, 충심으로 in honor 도의상 be bound to …할 의무가 있다 pay back …에게 (돈을) 갚다

nity. I will soon be of age, but it would be very good of you if you would advance* me fifteen thousand francs of what I will inherit from* Papa. Mother dear, I hope soon to see you again, but in the meantime, I send much love to grandfather, Aunt Lison.

Your son,
Vicomte Paul de Lamare

She did not stop to consider that he had written for no other reason than to ask her for money. He had written to her! She ran to show the letter to the baron, the tears streaming from her eyes. Aunt Lison was called, and they reread the letter, again and again.

"Now he has written, he will come back," said Jeanne. "I am sure he will come back."

"Still, he left us for this creature,*" said the baron. "And he must love her better than he does us, because he did not hesitate to choose between her and his home."

The words sent a pang* of anguish* through Jeanne's heart. She felt the fierce, deadly* hatred of a jealous mother against the woman who had robbed her of her son. Suddenly she felt she would rather lose her son than share him with this other woman. All her joy and delight vanished.* The fifteen thousand francs were sent, and for five months nothing more was heard of Paul. At the end of that time a lawyer came to the chateau to see about* Paul's inheritance. Jeanne and the baron gave in to* all his demands without any dispute. They even gave up the interest in the estate to which Jeanne had a right for her lifetime. When he returned to Paris, Paul found that he possessed a hundred and twenty thousand francs.

During the next six months they received only four short letters from him, giving news of his life. He never mentioned his mistress.* The three lonely people at the chateau could think of no way to rescue Paul from his present life. They would have gone to Paris, but they knew that would do no good.

---

advance 선불하다, 가불하다 inherit from …로부터 (재산 따위를) 물려받다 creature (경멸, 친밀감을 나타내어) 사람, 녀석, 계집 pang 고통, 아픔 anguish (심신의) 고통, 비통함, 격통 deadly 치명적인 vanish 사라지다 see about …을 조사하다 give in to …에 굴복하다[따르다] mistress 정부(情婦), 애인

"We must let his passion wear itself out,*" said the baron. "Sooner or later he will return to us of his own accord."

A long time passed without any news from Paul. Then, one morning they received a desperate letter which terrified them. Paul wrote:

> My dear Mother, I am ruined. I will have no choice left but to blow out* my brains if you do not help me. A speculation* which had every chance of success has gone wrong, and I owe eighty-five thousand francs. It means dishonor, ruin, and the destruction of all my future if I do not pay. I say again, rather than survive the disgrace,* I will blow my brains out. I should, perhaps, have done so already, had it not been for the brave and hopeful words of a woman, of whom I never speak. She is my guardian angel. I send you my very best love, dear mother. Goodbye, perhaps forever.
>
> Paul

Enclosed* in the letter was a bundle of business papers giving the details of this unfortunate speculation. The baron answered by return post* that they would help as much as they could. Then he mortgaged some property and forwarded* the money to Paul. The young man wrote back three letters full of thanks, and said they might expect to see him very soon. But he did not come, and another year passed away. Then they received a brief letter saying he was again in London and starting a steamboat* company. It was to trade under the name of 'Paul Delamare & Co.' Three months later the company went into liquidation.* When the news reached Les Peuples, Jeanne had a hysterical fit which lasted several hours. The baron went to Le Havre and found that the Delamare Company owed two hundred and fifty thousand francs. He mortgaged more property, and borrowed a large sum on Les Peuples and the two adjoining* farms. One evening, he was going through some final for-

---

wear out (닳아) 없어지다 blow out 터뜨리다, 날려버리다 speculation 투기
disgrace 불명예, 치욕 enclose 동봉하다 by return post(mail) 우편을 받는 즉시, 직급 답신으로 forward 전송(발송)하다 steamboat 기선, 증기선
go into liquidation (회사가) 파산하다 adjoin 인접하다

malities* in a lawyer's office, when he suddenly fell to the ground. A messenger was at once sent to Jeanne, but her father died before she could arrive. The shock was so great that it seemed to stun Jeanne and she could not realize her loss. The body was taken back to Les Peuples, but the Abbé Tolbiac refused to conduct a Christian burial.* The burial took place at night without any ceremony whatever.

Then Jeanne fell into a state of such utter depression that she took no interest in anything. Paul, who was still in hiding* in England, heard of his grandfather's death, and wrote to say he should have come. His letter concluded, 'Now that you have rescued me from my difficulties, Mother dear, I shall return to France, and come to see you.'

Towards the end of that winter Aunt Lison, who was now sixty-eight, had a severe attack* of bronchitis.* It turned to inflammation* of the lungs, and she quietly died. "I will ask the good God to have mercy on* you, my poor little Jeanne," were the last words she uttered.

At Lison's grave, Jeanne sank to the ground,* longing for death to take her so that she might cease to suffer. As she fell, a big, strong peasant woman caught her in her arms. She took her back to the chateau, and Jeanne let herself be put to bed by this stranger. At once she fell asleep. It was the middle of the night when she again opened her eyes. In the armchair beside the bed a woman lay sleeping. Jeanne thought she had seen the woman's face before, but she could not remember when or where. She softly got out of bed, and went on tiptoe[*] to look at the sleeping woman. Just then the stranger opened her eyes and saw Jeanne standing beside her. She stood up and they faced each other.

"Who are you?" asked Jeanne.

The woman made no answer, but picked Jeanne up and carried her back to bed. She gently laid her down, and began to cover her cheeks with kisses, while the tears streamed from her eyes.

"My poor mistress!" sobbed the woman. "Don't you know me?"

"Rosalie!" cried Jeanne, throwing her arms

---

formalities 정식(공식) 절차 Christian burial 교회장(葬) be in hiding 숨어 살다 attack 발병, 발작 bronchitis 기관지염 inflammation 염증 have mercy on …에게 자비를 베풀다 sink to the ground 땅에 풀썩 주저앉다 on tiptoe 발끝으로, 발소리를 죽이고

round the woman's neck and kissing her.

Rosalie dried* her eyes first. "Come now," she said, "you must be good and not catch cold.*"

She remade the bed* and put the pillow back under the head of her former mistress.

"Why have you come back?" asked Jeanne.

"Do you think I was going to leave you to live all alone now?" said Rosalie.

Jeanne gazed at Rosalie. "I would never have known you again," she said. "You have altered* very much, though not so much as I have."

"Yes, you have changed, and more than you ought to have done," said Rosalie.

"Well, have you been happy?" asked Jeanne after a long pause.

"Oh, yes," said Rosalie. "I've been happier than you, that's certain."

"Well, and now you are a widow too, aren't you?" said Jeanne. "Have you any other children?"

"No, Madame," said Rosalie.

"And are you satisfied with your son?" asked Jeanne.

"Yes, Madame," said Rosalie. "He's a good lad, and a hard-working one. He married about six months ago, and he is going to have the farm now I have come back to you."

"Then you will not leave me again?" murmured Jeanne.

"No fear,* Madame," answered Rosalie. "I've arranged all about that."

Jeanne sat up* in bed. "Tell me all about your life, and everything that has happened to you," she said. "I feel as if it would do me good* to hear it."

Rosalie drew up a chair, sat down, and began to talk about herself and her life.

"Oh, I'm well off* now," she said, finally. "I needn't be afraid of anything. But I owe it all to you. So I'm not going to take any wages. No! I won't! So, if you don't choose to have me on those terms,* I'll go away again."

"But you do not mean to serve me for nothing?" said Jeanne.

"Yes, I do, Madame," said Rosalie. "Why, I've almost as much as you have yourself. Do you

---

dry (눈물을) 닦아내다, 훔치다　catch cold 감기에 걸리다　remake the bed 잠자리를 재정돈하다　alter 변하다, (사람이) 쇠약해지다, 늙다　No fear. 염려(걱정) 마라.　sit up 일어나 앉다, 똑바로 앉다　do one good …에게 이롭다, 건강에 좋다　well off 부유한, 유복한　terms (계약 따위의) 조건, 조항

know how much you will have after all these loans* and mortgages* have been paid? You don't know, do you? Well, you haven't even ten thousand francs a year. But I'm going to put everything right.*"

Jeanne took both the servant's hands in hers. "I have never had any luck," she said slowly. "Everything has gone the wrong way* with me. My whole life has been ruined by a cruel fate."

"You must not talk like that, Madame," said Rosalie, shaking her head. "You made an unhappy marriage, that's all. But people shouldn't marry before they know anything about their future husbands."

They went on* talking about themselves and their past loves like two old friends. When the day dawned,* they had hardly begun to say all they wanted to say.

Chapter 12

In less than a week Rosalie had everything and everybody in the chateau under her control.

Jeanne was very weak now, and her legs dragged along as the baroness's used to do. The maid supported her when she went out and their conversation was always about the past. Rosalie mentioned several times the interest* that was owed on the mortgages. She demanded the papers, but Jeanne had hidden them away.* She did not want Rosalie to know of Paul's dishonesty and business failures. So Rosalie went over to Fécamp each day for a week to get everything explained to her by a lawyer she knew. Then one evening after she had put her mistress to bed she sat down beside her.

"Now that you're in bed, Madame, we will have a little talk," she said. She told Jeanne that when all the debts were settled* she would have about seven or eight thousand francs a year.

"Well, Rosalie," said Jeanne, "I know I won't live to be very old, and I'll have enough until I die."

"Very likely you will, Madame," replied

---

loan 대부금, 융자금   mortgage 저당 융자금   put everything right 모든 것을 바로잡다   go the wrong way (일이) 잘못되다   go on ...ing 계속 ···하다   dawn 날이 새다   interest 이자, 이자율   hide away ···을 숨기다   settle (빚 따위를) 청산하다, 셈을 치르다

Rosalie, "but how about Paul? Don't you mean to leave him anything?"

Jeanne shuddered. "Don't ever speak to me about him. I can't bear to think about him."

"Yes, but I want to talk to you about him," said Rosalie. "He may be doing all sorts of foolish things now, but he won't always behave the same. He'll marry and then he'll want money to educate his children and to bring them up* properly. You must sell Les Peuples."

Jeanne sat up in bed. " Sell Les Peuples!" she said. "How can you think of such a thing? No! I will never sell the chateau!"

"But I say you will, Madame," said Rosalie, calmly, "because you must."

Then she explained her plans and her calculations.* She had already found a purchaser* for Les Peuples and the two adjoining farms. With the money she received from the sale of Les Peuples, Jeanne would pay off the mortgages. When they had been sold Jeanne would still have four farms at Saint-Léonard, which would bring in eight thousand three hundred francs a year. She would set aside* thirteen hundred for repairs and the upkeep* of the farms, which would leave seven thousand. Jeanne would have five thousand a year to live on and put two thousand aside for emergencies. "Everything else is gone, so there's an end of it," said Rosalie. "But, in future, I'll keep the money and Paul won't have another penny from you. You have paid his debts up to now,* but you won't pay any more. And now, goodnight, Madame." And away she went.

The idea of selling Les Peuples upset* Jeanne and she lay awake* the whole night.

"I'll never be able to go away from here," she said, when Rosalie came into the room next morning.

"You'll have to, Madame," said Rosalie. "The lawyer is coming today with the man who wants to buy the chateau. If you don't sell it, you won't have anything to call your own in four years' time."

"Oh, I cannot! I cannot!" moaned Jeanne. But an hour afterwards, she received a letter from Paul asking for ten thousand francs. What was to

---

bring up 양육하다, 키우다 calculation 계산 purchaser 구매자 set aside 따로 챙겨 두다 upkeep (토지, 가옥 등의) 유지비, 보존비 up to now 지금까지 upset 당황하게 하다, 어쩔 줄 모르게 하다 lie awake 깨어 있다, 잠을 안 자다

be done? Jeanne consulted Rosalie.

"What did I tell you, Madame?" said the maid. "Oh, you'd have been in a muddle* if I hadn't come back. You must refuse him."

Jeanne took Rosalie's advice and wrote back to her son.

> My dear son, I cannot help you any more. You have ruined me, and I must sell Les Peuples. But I will always have a home for you whenever you choose to return to your poor old mother, who has suffered so cruelly through you.
>
> Jeanne

A month later, Jeanne signed* the deed* of sale for the chateau. Then she bought a little villa in the hamlet* of Batteville, near Goderville. That evening, she met Rosalie's son, who had come to help with the packing* and moving. His name was Denis Lecoq. He greeted Jeanne in a friendly way, as if he had known her a long while. Jeanne's heart almost stood still as she looked at him. He had his mother's fair hair and blue eyes, but there was something in his face that reminded her of* Julien.

For some time the removal* occupied Jeanne's thoughts. The villa was much smaller than the chateau and she could not take everything with her. She opened and searched every drawer, and tried to connect every object with something that had happened in the past. One morning, Denis Lecoq came with his cart to take the first load of things to the villa. Rosalie went with him to make sure things were put in the right rooms. When she was alone, Jeanne went from room to room with tears streaming from her eyes. When she had gone all over the house, she went outside for a last look at the sea. For a long, long while, Jeanne stood on the cliff, thinking of all her sorrows and troubles. Rosalie returned to the chateau, enchanted with* the new house, but Jeanne wept the whole evening.

At length,* the last day in the chateau dawned. When Jeanne rose, she felt as tired and exhaust-

---

in a muddle 엉망이 되어, 당황하여　sign 서명하다　deed (차용증 따위의) 증서, 부동산 양도 증서　hamlet 작은 마을, 부락　packing 짐꾸리기　remind A of B A에게 B를 떠올리게 하다　removal 이사, 이동　enchanted with …에 매혹된(매료된)　at length 마침내, 이윽고

ed as if she had just been running a great distance. In the courtyard stood the open carriage in which Rosalie and her mistress were to travel. Ludivine and old Simon were to stay at the chateau until its new owner arrived. Then they were going to their relatives to live on* their savings and the pensions* Jeanne had given them. About eight o'clock a fine, cold rain began to fall.

"Rosalie," said Jeanne, "do you remember how it rained the day we left Rouen to come here..."

She broke off* abruptly, pressed her hands to her heart, and fell backwards in a sort of fit. For more than an hour she lay as if she were dead. Then, when she eventually recovered consciousness, she went into violent hysterics.* Gradually she became calmer, but this attack had left* her so weak that she could not rise to her feet. Rosalie, fearing another attack if they did not get her away at once, went for her son. Between them, they carried her to the carriage, and placed her on the seat. Rosalie got up beside her and covered her with a thick cloak and a blanket. Then she opened an umbrella over their heads and called to her son. "Let's get off, Denis!"

The young man climbed up beside his mother and started his horse off at a quick trot.*

As they turned the corner of the village, they saw someone walking up and down the road. It was the Abbé Tolbiac, apparently waiting to see their departure. He was holding up the hem of his cassock* with one hand to keep it out of the wet. When he saw the carriage coming he stopped and stood on one side to let it pass. Jeanne looked down to avoid meeting his eyes, while Rosalie, who had heard all about him furiously muttered,* "You brute,* you brute!"

Denis urged on his horse and then, just as they were passing the Abbé, he suddenly let the wheel of the carriage drop into a deep rut.* There was a splash and, in an instant, the priest was covered with mud from head to foot. Rosalie laughed and shook her fist at him as he stood wiping himself down with his big handkerchief.

---

live on …으로 살다   pension 연금, 생활보조금   break off (말을) 갑자기 중단하다   go into hysterics 히스테리를 일으키다   leave …상태가 되게 하다   at a trot 빠른 걸음으로   cassock 카속(성직자의 검정색 긴 옷)   mutter 중얼거리다   brute 짐승 같은 사람, 냉혹한 놈   rut 바퀴 자국

Chapter 13

After a two hours' drive the carriage drew up before a little brick house. It stood beside the highroad* in the middle of an orchard planted with pear* trees. An arbor* covered with honeysuckle* and clematis* stood at each corner of the garden, which was planted with vegetables. The garden and orchard were surrounded by a thick hedge, which divided them from the next farm. All around were fields and plains with farms scattered* here and there.

Jeanne wanted to rest as soon as they arrived. Rosalie, who wished to keep her from thinking, would not let her do so. The carpenter* from Goderville had come to help them put the place in order,* and they all began to arrange the furniture. The arrangement of the rooms took a long time. When night fell the house was still in a state of utter* disorder. Jeanne was tired out and fell asleep as soon as her head touched the pillow. The next few days, there was so much to do that she had no time to think or feel sad. The little house looked comfortable and pretty when it was all finished. One morning a clerk came over from the attorney* at Fécamp with three thousand six hundred francs. It was payment for the furniture left at Les Peuples. Jeanne felt a thrill of pleasure as she took the money. As soon as the man had gone, she hurried off to Goderville to send it to Paul. But on the road she met Rosalie coming back from market. The maid suspected that something had happened, although she did not at once guess the truth. She soon found it out, however, and she scolded her mistress at the top of her voice. Then she took Jeanne's right hand and led her back to the villa. As soon as they were indoors, Rosalie ordered the money to be given into her care.* Rosalie agreed to let Jeanne send the six hundred francs to Paul. A few days later, he wrote to thank his mother for the money.

Time went on but Jeanne could not get used to her new home. It seemed as if she could not

---

highroad 큰길, 대로 pear 배, 배나무 arbor 정자 honeysuckle 인동덩굴 clematis 으아릿속 식물 scatter 흩뿌리다, 흩어놓다 carpenter 목수 put in order …을 정돈하다 utter 완전한, 전적인 attorney 변호사 give A into one's care A를 …의 관리에 맡기다

breathe freely at Batteville, and she felt more alone and forsaken* than ever. She missed the sea with its salt breezes, its storms, and strong odors. Winter wore on, and Jeanne gave way more and more to hopelessness.* There was nothing to rouse* her from it. No one came to see her, and the road that passed before her door was almost deserted.* Every night Jeanne dreamt that she was again at Les Peuples. She thought she was there with her father and mother and Aunt Lison as in the old times. Paul was continually in her thoughts and she wondered what he was doing and if he ever thought of her. What tortured her more than anything else* was her jealousy of the woman who had taken her son. It was this hatred that stopped her from trying to find Paul. She could imagine her son's mistress meeting her at the door and asking, "What is your business here, Madame?" But by the time spring arrived, Jeanne felt so weary of* her life that she decided to make an attempt to regain her son. She wrote him a touching,* pitiful letter asking him to come back and live with her.

A few days later the following reply came:

My dear Mother, I would be happy to come and see you, but I have not a penny. Send me some money and I will come. I had been thinking of coming to speak to you about a plan that would permit me to do as you desire. I will never be able to repay* the selfless affection of the woman who has shared all my troubles. I ask your permission to marry her. Then we could all live together in your new house and you would forgive me. I am convinced that* you would give your consent at once, if you knew her. She is very lady-like and quiet, and I know you would like her. As for* me, I could not live without her.

Your son,
Vicomte Paul de Lamare

Jeanne was thunderstruck. "He does not love

---

forsaken 버림받은 hopelessness 절망 상태 rouse 일깨우다, 고무하다
deserted 인적이 끊긴, 황량한 more than anything else 그 무엇보다도
weary of …에 넌더리 나는 touching 감동적인 repay (돈을) 갚다 be convinced that …라고 확신하다 as for …에 관해서는

me," she murmured over and over to herself.

"He wants to marry her now," she said, when Rosalie came in.

"Oh! Madame, you surely will not consent to it," said Rosalie. "Paul can't bring that hussy* here."

"No, Rosalie, never," said Jeanne. "But since he won't come here, I will go to him. We will see which of us has the greater influence over* him."

She wrote to Paul at once, telling him that she was coming to Paris. She said she was prepared to meet him anywhere except at the house where he was living with that wretch. Then, while she awaited his reply, she began to make her preparations for* the journey. She and Rosalie went to Goderville and chose some fabric* for a new gown. Then they went to see Monsieur Roussel, the lawyer, to obtain some information about Paris. It was twenty-eight years since Jeanne had been to the capital. He gave them a great deal of advice and he recommended that Jeanne stay at the Hôtel de Normandie.

Every morning, for a fortnight, Jeanne went along the road to meet the postman, but there was no letter from Paul. Jeanne was certain that it was the woman who was preventing Paul from replying to her letter. She was determined not to wait any longer, but to start at once. She wanted to take Rosalie with her, but the maid would not go because of the expense.* She allowed her mistress to take only three hundred francs with her.

"If you want more money," she said, "write to me, and I'll tell the lawyer to forward you some. But if I give you more now, Monsieur Paul will have it all."

Rosalie and Denis took her to the station and helped her purchase her ticket and stow* her luggage. It was evening when she reached Paris.

A hotel doorman took her trunk, and she followed him, feeling frightened as she was pushed about* by crowds.

"Monsieur Roussel recommended that I stay here," she said when she reached the hotel office. The landlady informed Jeanne that she had never

---

hussy 말괄량이, 바람둥이 처녀　have influence over ⋯을 좌우할 힘(영향력)이 있다　make preparations for ⋯에 대한 준비를 갖추다　fabric 직물, 옷감　expense 비용, 경비　stow (짐, 물건을) 싣다, 실어 넣다　be pushed about 이리저리 떠밀리다

heard of Monsieur Roussel. A porter took her luggage and led the way* upstairs. Jeanne followed, feeling very depressed. She sat down at a little table in her room and ordered some soup and the wing of a chicken. She had eaten nothing since daybreak. She ate her supper and when she had finished, she went to the window and watched the crowded street. She would have gone out for a walk* but thought she would be sure to get lost.* She went to bed but she could not sleep.

As dawn approached she became more and more anxious* to see Paul. As soon as it was light, she got up and dressed. Paul lived in the Rue du Sauvage, and she decided to walk there. She could not find the street and wandered about, asking directions.* For a time she was entirely lost, then she saw the Seine and began to follow it. In about an hour she reached the dark, dirty lane called Rue du Sauvage. When she came to the number she was seeking, she stood before the door, unable to move another step. Paul was there, in that house! Her hands and knees trembled violently. It was some moments before she could enter and walk along the passage to the doorkeeper's box.

"Will you go and tell Monsieur Paul de Lamare that a friend of his mother's is waiting to see him?" she said.

"He does not live here now, Madame," answered the doorkeeper.

"Ah! Where is he living now?" she gasped.

"I do not know," said the doorkeeper.*

She felt stunned,* and it was some time before she could speak again.

"When did he leave?" she asked at last.

"A fortnight ago," he replied. "They just walked out of the house one evening and didn't come back. They owed money all over the neighborhood, so it's no surprise that they didn't leave an address."

"Listen," said Jeanne. "I am his mother, and I have come to look for him. Here are ten francs. If you hear anything from or about him, let me know at once at the Hôtel de Normandie. You will be well paid for your trouble.*"

---

lead the way 앞장서다, 길을 안내하다 go out for a walk 산책을 나가다
get lost 길을 잃다 anxious 몹시 …하고 싶은, 열망하는 ask directions 길을 묻다 doorkeeper 문지기, 수위 stunned 깜짝 놀란, 어리벙벙한 be well paid for one's trouble 수고비를 두둑이 받다

"You may depend upon* me, Madame," said the doorkeeper.

Jeanne left the house and hurried along the streets, but she did not care where she was going. She crossed the roads, regardless of the vehicles and the shouts of the drivers. At last she found herself in a public garden. She was too weary to walk any further so she dropped on a bench. She sat there a long while, unaware* that the tears were running down her cheeks. Passers-by* stopped to look at her. At last the bitter cold made her rise to go, but her legs would hardly carry her. She would have liked some soup, but she dared not go into a restaurant. She knew people could see she was in trouble,* and it made her feel timid and ashamed. In the end she went into a baker's shop, and bought a little crescent-shaped roll,* which she ate as she went along. She was very thirsty, but she did not know where to get anything to drink, so she went without.

When she reached her hotel, she passed the rest of the day sitting on a chair at the foot of the bed. In the evening she ate some soup and a little meat. Then she undressed and went to bed. The next morning she went to the police office to see if she could get any help to discover her son's whereabouts.* They told her they could not promise her anything, but that they would attend to* the matter. After she left the police office, she wandered about the streets, in the hopes of meeting her child. When she returned to the hotel in the evening, she was told that a man from Monsieur Paul had asked for her. He was coming again the next day. All the blood in her body seemed to suddenly rush to her heart and she could not close her eyes all night. Perhaps it was Paul himself!

About nine o'clock in the morning, there was a knock at her door. "Come in!" she cried, expecting her son to rush into her arms. But it was a stranger who entered. He began to apologize for* disturbing her and explained that he had come about some money Paul owed him. As he spoke she felt herself beginning to cry. She tried to hide her tears from the man by wiping them away* as

---

depend upon …을 믿다 unaware 모르는, 의식하지 못하는 passer-by 행인 be in trouble 곤경에 처해 있다 crescent-shaped roll 초승달 모양의 롤빵 whereabouts 소재, 행방 attend to …에 주의를 기울이다 apologize for …에 대해 사죄(사과)하다 wipe away (눈물 따위를) 닦아내다, 훔치다

soon as they reached the corners of her eyes. The man had heard about her from the concierge* at the Rue du Sauvage. He held out a paper to Jeanne. She saw '90 francs' written on it, and she paid the man. She did not go out at all that day, and the next morning more creditors appeared. She gave them all the money she had left, except twenty francs. Then she wrote and told Rosalie what had happened. Until her servant's answer came, she passed the days wandering aimlessly* about the streets. Her one desire was to get away from* this city and return to her little house. A few days before, she had felt so unhappy and lonely there. Now she was sure she could live nowhere else but in that little home. At last, one evening, she found a letter from Rosalie awaiting her with two hundred francs enclosed. The maid wrote:

> Come back as soon as possible, Madame Jeanne. I will send you nothing more. As for Monsieur Paul, I will go and fetch* him myself the next time we hear anything from him.

With best respects,* your servant,

Rosalie

Chapter 14

After her return from Paris, Jeanne would not go out or take any interest in* anything. She rose at the same hour every morning and looked out of the window to see what sort of day it was. Then she went downstairs and sat before the fire in the dining room. She stayed there the whole day staring at the flames* while she thought of all the sorrows she had experienced. She never moved, except to put more wood on the fire. She lived in the memories of the past, and she would think for hours of her girlhood* and her wedding tour in Corsica. The wild scenery that she had long forgotten suddenly appeared before her in the fire. She could always see the features* of

---

concierge 수위, 문지기 aimlessly 목적(목표) 없이 get away from …에서 벗어나다 fetch 데리고 오다 with best respects (편지 말미에 상투적으로 적는 말) 재배, 경백, 여불비례 take an interest in …에 흥미를(관심을) 가지다 flame 불길, 화염 girlhood 소녀 시절 feature 생김새, 이목구비

Jean Ravoli, the guide, and sometimes she fancied she could even hear his voice. At other times she thought of the peaceful years of Paul's childhood. She would try for hours to write in the air, with her finger, the letters that formed her son's name. Slowly she traced* them before the fire, and, thinking she had made a mistake, she began the letter over and over again. At last she would become so nervous that she had to give it up.* Rosalie often made her go out for a walk. But after twenty minutes or so Jeanne would say, "I cannot walk any further, Rosalie," and would sit down by the roadside. Soon movement of any kind became distasteful to her, and she stayed in bed as late as she could. At last she stayed in bed every day until Rosalie came in a temper* and dressed her almost by force.*

"I don't think anyone has had more misfortune* than I have had all my life," she was always saying.

"How would it be if you had to work for your bread?" Rosalie would ask. "That's what a great many people have to do. Then, when they get too old to work, they die of* poverty."

"But my son has forsaken me, and I am all

alone," Jeanne would reply.

That enraged* Rosalie. "And what if he has? How about those people whose children enlist in* the army or settle in America? Children always leave their parents sooner or later. And what if he were dead? What would you do then? Would that not be worse?"

Jeanne would say nothing after that.

She felt a little stronger when the first warm days of spring came. She went up to the attic* one morning to look for something, and found a box full of old calendars. She took them down to the dining room and began to lay them out* on the table in the right order of years. Suddenly she picked up the one she had taken with her from the convent to Les Peuples. For a long time she gazed at it and she began to shed* slow, bitter tears. Then the thought struck her that with the aid of these calendars she could recall everything she had ever done. She pinned* all the cards on the wall. Then she spent hours standing before

---

trace (선, 윤곽 따위를) 긋다, 그리다　give up 포기하다　in a temper 화를 내어
by force 강제로　misfortune 불행　die of (병, 노령 따위로) 죽다　enrage
몹시 화나게 하다　enlist in (군에) 입대하다　attic 고미다락방　lay out 펼쳐놓다
shed (피, 눈물 따위를) 흘리다　pin 핀으로 고정하다

one or other of them, thinking, "What did I do in that month?" She could recall her early years at Les Peuples, but most of the later years were a confused blur.

As summer approached Jeanne became very restless.* She could not keep still. She went in and out of the house twenty times a day. A daisy half hidden in the grass or a sunbeam falling through the leaves was enough to affect her. The sight of them brought back a faint memory of the emotions she had felt when, as a young girl, she had wandered dreamily through the fields. Although now there was nothing to look forward to,* the soft air gave her the same thrill as when all her life had lain before her. But this pleasure was always mixed with sorrow in her grief-crushed* soul and withered* heart.

One morning Rosalie went into her mistress's room earlier than usual. "Make haste and drink up* your coffee," she said as she placed the cup on the table. "Denis is waiting to take us to Les Peuples. I have to go over there on business."

Jeanne was so excited that she thought she would faint. She could hardly believe she was going to see her dear home once more. When they reached Étouvent, Jeanne could hardly breathe, her heart beat so quickly. They stopped at the Couillards' farm. Then, while Rosalie and her son went to attend to their business, the farmer asked Jeanne if she would like to go over the chateau, as the owner was away. He gave her the key and she went off alone. She had some difficulty opening the door because the key was rusty* but at last the lock gave way. The first thing Jeanne did was to run up to her own room. It had been hung* with a light paper and she hardly knew it. But when she opened one of the windows and looked out, she was moved almost to tears.* Everything was just as she remembered it. There was the thicket,* the elms,* the poplars, and the sea dotted with* sails. Then she walked through the vast, silent chateau as silently as if she were in a cemetery.

After a while, she heard Rosalie's voice outside, calling, "Madame Jeanne! Madame Jeanne! Lunch is waiting." She left the chateau with her

---

restless 불안한 look forward to …을 기대하다 grief-crushed 슬픔에 짓눌린 withered 시든, 활기 없는 drink up 다 마셔버리다 rusty 녹슨 hang (벽지를) 벽에 바르다 be moved to tears 감동하여 눈물이 나다 thicket 덤불, 잡목숲 elm 느릅나무 dotted with …로 점점이 흩어져 있는

head in a whirl.* She ate what was placed before her and listened to what was being said without understanding anything. Finally she got into the carriage and they set off for home. When she could no longer see the high roof of the chateau through the trees, something within her seemed to break. She felt that she had just said goodbye to her old home and her old life forever.

They went straight back to Batteville. As she was going indoors, Jeanne saw something white under the door. It was a letter, which the postman had placed there during their absence. She at once recognized Paul's handwriting and tore open the envelope. He wrote:

> My dear Mother, I have not written before because I did not want to bring you to Paris on a fruitless* errand.* I have been meaning to come and see you but at the moment* I am in great trouble and difficulty. My wife gave birth to a little girl three days ago, and now she is dying and I have not a penny. I do not know what to do with the child. The doorkeeper is trying to nourish* it with a feeding bottle as best

she can,* but I fear I will lose it. Could you take it? I cannot send it to a wet nurse as I have no money, and I do not know which way to turn. Please answer by return post.

Your loving son, Paul

Jeanne slumped into a chair with hardly enough strength left to call Rosalie. The maid came and they read the letter over again together.

"I'll go and fetch the child myself, Madame," said Rosalie at last. "We can't leave it to die."

"Very well, my girl, go," answered Jeanne.

"Put on your hat," said the maid, after a pause, "and we will go and see the lawyer at Godeville. If that woman is going to die, Paul must marry her for the sake of the child."

Jeanne put on her hat without a word. Her heart was overflowing* with joy, but she would not have allowed anyone to see it for the world.* It was one of those hateful joys of which people

---

in a whirl 빙빙 돌아, 혼란에 빠져 fruitless 열매를 맺지 않는, 보람없는, 무익한 errand 심부름, 용건 at the moment 현재, 당장에 nourish (사람, 동물을) 기르다, 영양분을 주다 as best... can …가 할 수 있는 한, 최선을 다해 overflow 넘치다, 넘쳐 흐르다 for the world (부정문에서) 결코, 절대로

are always ashamed. Her son's mistress was going to die.

The lawyer gave Rosalie detailed instructions, which the servant made him repeat two or three times. Then, when she was sure she knew exactly what to do, she started for Paris that night. Jeanne passed two days waiting in agony for a message from Rosalie. On the third morning, she received a short letter, saying she was coming back by that evening's train. In the afternoon, about three o'clock, a neighbor drove Jeanne to the Beuzeville railway station. She stood on the platform waiting impatiently. Then, all at once, she saw a cloud of white smoke, and the train appeared. Jeanne looked eagerly into every carriage window as the train slowed to a halt.* The doors opened and several people got out. At last, Rosalie appeared. She was carrying what looked like a bundle of clothing in her arms.

Jeanne would have stepped forward* to meet her, but the strength seemed to have left her legs. Rosalie saw her and came up in her usual, calm way.

"Good day, Madame," said the maid. "She died last night. They were married and here's the

Rosali said, "She died last night. They were married and here's the baby."

---

slow to a halt 속도를 서서히 늦추다가 멈추다   step forward 앞으로 나아가다

baby."

She held out[*] the child and Jeanne took it.

"Paul is coming after the funeral,[*]" said Rosalie, as they got into the carriage to go home. "I suppose he'll be here tomorrow by this train."

"Paul," murmured Jeanne, and then stopped without saying anything more.

All at once[*] she felt the heat from the tiny being[*] sleeping on her knees, and it moved her strangely. She pulled back the covering from the child she had not yet seen. As the light fell on her granddaughter's face, the little creature opened its blue eyes, and moved its lips. Jeanne hugged* it closely to her and began to cover its face with kisses.

"Come, come, Madame Jeanne," said Rosalie, "you'll make the child cry."

Then she added, as if she was responding to her own thoughts, "You see, life is never as happy or as miserable* as people seem to think."

---

hold out …을 뻗다, …을 내밀다   funeral 장례식   all at once 갑자기
being 존재, 생명   hug 껴안다   miserable 불행한, 비참한

명작
우리글로
다시읽기

A WOMAN'S LIFE
GUY DE MAUPASSANT

1장

P. 14 잔은 짐을 다 꾸린 후 창가로 다가갔다. 하지만 여전히 비가 그치지 않았다. 억수처럼 쏟아지는 비가 밤새도록 지붕과 창문을 두들겼다. 마치 낮게 드리워진 묵직한 구름들이 터져 버려 속에 있던 물을 전부 세상으로 쏟아내고 있는 것만 같았다. 잔은 한숨을 쉬었다. 떠나기에 그리 좋은 날이 아니었다.

잔은 어제 수녀원을 나왔다. 앞으로 흥미진진한 삶이 전개될 것이라는 생각에 그녀의 가슴은 행복감으로 벅차 올랐다. 하지만 날씨가 개지 않으면 아버지가 떠나기를 망설이지 않을까 하는 불안감이 들었다. 그녀는 구름이 조금이라도 걷히기를 바라며 아침부터 백 번이나 하늘을 올려다 보았다. 그때 방안을 둘러보던 그녀는 달력을 여행가방에 챙겨 넣는 걸 깜박했다는 것을 깨달았다. 그녀는 현재의 연도를 가리키는 1819라는 숫자가 금박으로 박혀 있는 작은 달력을 벽에서 떼어냈다. 그리고 연필을 들고 5월 2일에 이를 때까지 처음 넉 달을 지워나갔다. 그날은 그녀가 자유의 몸이 된 첫날이었다.

P. 15 문 밖에서 부르는 소리가 들렸다. "자네트!"

"들어오세요, 아버지." 그녀가 대답했다.

아버지가 들어왔다. 시몽 자크 르 페르튀 데 보 남작은 옛 귀족의 풍모를 지녔는데 좀 괴짜이긴 해도 선량한 사람이었다. 그는 루소를 열렬히 추종하는 사람이라 자연과 동물에 대해 유별난 애정을 가지고 있었다. 그의 가장 큰 장점이자 가장 큰 단점이라면 마음이 너무 넓다는 점이었다. 그는 사정이 어려운 사람을 볼 때마다 묻지도 않고 후하게 베풀곤 했다. 딸을 사랑하는 그는 딸이 행복하고 정직하고 친절한 사람으로 성장하도록 철저히 계획을 세워 교육을 시켰다. 잔은 12살까지 집에서 양육되었다. 그리고 나서 어머니의 눈물 어린 만류에도 불구하고 성심(聖心) 수녀원에 보내졌다. 그녀는 5년 동안 그곳에 갇힌 채 세상사와 단절되어 있었다. 그녀의 아버지는 그렇게 하면 딸이 17살이 되어 다시 자신의 품으로 돌아올 때 순박하고 순결하게 남아 있을 것이라고 생각했다. 그때 딸의 마음을 일깨워 삶의 여러 비밀을 알려주고 자신처럼 자연을 사랑하도록 가르치겠다는 생각을 품고 있었다. 한편 잔 자신은 늘 꿈꿔 오던 온갖 기쁨과 모험을 경험할 것이라는 기대감에 부풀어 있었다.

P. 16 수녀원에 들어간 이후로 그녀는 루앙을 벗어난 적이 거의 없었고 하루 이상 떠나 있었던 적은 단 한 번도 없었다. 이제 그녀는 이포르 근처의 절벽에 자리잡고 있는 유서 깊은 레푀플의 가족 저택에서 여름을 보낼 계획이었다. 그녀는 한시라도 빨리 전원의 자유를 만끽하고 싶었다.

열일곱 살의 잔은 키가 컸고 윤기 흐르는 금발에 푸른 눈, 그리고 크림색 피부를 지녔다. 몸매는 잘 발달해 있었지만 호리호리하고 유연했다. 그녀의 유쾌한 웃음소리를 들으면 주변 사람들도 덩달아 즐거워졌다.

그녀는 아버지에게 달려가 두 팔로 그의 목을 감싸 안고 키스를 했다.

"그럼, 이제 우리 떠나는 거예요?" 그녀가 물었다.

아버지는 미소를 지으며 창문 쪽을 가리키며 말했다. "이런 날씨에 어떻게 여행을 할 수 있겠니?"

"아이, 아버지, 제발 떠나요. 오후에는 날이 갤 거예요." 그녀가 간청했다.

"네 어머니가 그러자고 하지 않을 것 같구나. 하지만 네가 어머니를 설득한다면 아버지는 당장이라도 떠날 거야." 아버지가 말했다.

잔은 냅다 어머니의 방으로 달려갔고, 3분 뒤 방에서 뛰어나오며 이렇게 외쳤다.

P. 17 "아버지! 아버지! 어머니가 그렇게 하시겠대요. 어서 사람들에게 말에 마구를 매라고 하세요."

이윽고 남작 부인이 키가 껑충한 소녀와 남편의 부축을 받으며 천천히 계단을 내려왔다. 로잘리라는 이 소녀는 가족의 하녀로 어릴 때는 잔과 함께 젖을 먹고 자랐다. 그녀가 주로 하는 일은 남작 부인의 보행을 돕는 것이었다. 남작 부인은 심장비대증으로 고생했는데 그 병으로 체중이 불어났다. 지난 몇 년 동안 부인의 몸집은 거대해졌다. 부인은 시도 때도 없이 자신의 악화된 건강에 대해 한탄을 늘어놓곤 했다.

이 오래된 저택의 현관 층계에 다다른 남작 부인은 거친 숨을 몰아 쉬었다. 부인은 걸음을 멈추고 안뜰에 퍼붓는 비를 바라보았다.

"정말이지 이런 날씨에 떠나는 건 현명한 생각이 아니에요." 부인이 중얼거렸다.

남편이 미소를 지으며 말했다. "여보, 당신이 그러자고 했잖소."

부인이 다시 앞으로 걸음을 옮기기 시작했고 어렵사리 마차에 몸을 실었다. 마차의 용수철이 그녀의 무게에 눌려 휘어졌다.

P. 18 남작이 부인 옆에 앉았고, 잔과 로잘리도 말을 등지고 자리를 잡았다. 찬모인 뤼디빈이 그들의 무릎 위에 덮개를 둘러 주었다. 그리고 나서 그녀는 늙은 마부 시몽 옆자리에 올라탄 후 자신도 덮개로 몸을 감쌌다. 저택의 문을 닫기 위해 나온 문지기 부부가 작별인사를 했다. 남작은 그들에게 짐마차로 뒤따라올 짐에 대해 지시사항을 일러 주었다. 이윽고 시몽이 고삐를 휘두르자 마차가 구르기 시작했다.

P. 19 말들은 활기차게 부두로 달려 몽리부데의 긴 대로로 들어섰다. 그들은 곧 시골로 접어들었다. 마차 안에서는 모두 입을 다물고 있었다. 남작 부인은 머리를 쿠션에 기댄 채 몸을 뒤로 젖히고 두 눈을 감고 있었다. 남작은 슬픔에 잠긴 표정으로 젖은 들판을 내다보았고 로잘리는 생각에 잠겨 있었다. 하지만 잔은 한껏 신이 나서 노래라도 부르고 싶은 기분이었고, 후텁지근한 폭우도 그녀의 기분을 누그러뜨리지는 못했다.

남작 부인은 점차 잠에 빠져들었다. 부인의 두 뺨이 불룩해졌다가 반쯤 열린 입술 사이로 코고는 소리가 길게 흘러나왔다. 남편이 부인 쪽으로 몸을 기울여 부인의 손에 가죽지갑을 살짝 내려놓았다. 그 감촉 때문에 잠에서 깨어난 부인이 어리둥절한 표정으로 무릎에 놓인 물건을 내려다보았다. 지갑이 바닥에 떨어져 열리더니 속에 있던 금화와 지폐들이 마차 안 여기저기로 흩어졌다. 남작이 돈을 주워 모아 다시 아내의 무릎에 올려놓았다.

P. 20 "여기 있소, 여보. 그것이 엘르토 농장을 팔고 남은 돈의 전부요. 레푀플 저택을 보수할 비용을 마련하려고 그 농장을 팔았소. 앞으로 우리가 주로 거기서 지내게 될 테니 말이오." 그가 말했다.

부인은 6,400프랑을 세어 말없이 자신의 주머니에 넣었다. 이번에 처분한 농장은 그들이 부모로부터 물려받은 31개의 농장 중 아홉 번째로 판 것이었다. 하지만 그들에게는 아직 남은 소유지들에서 나오는 연 2만 프랑의 수입이 있었다. 그들은 유난을 떨며 살지 않았기 때문에 이 정도의 수입으로도 살아가는 데는 충분했을 것이다. 하지만 도에 넘친 자선 행위로 그들의 형편은 점차 악화되고 있었다. 돈은 녹아버리거나 사라지거나 흔적이 보이지 않았다. 어떻게 된 일일까? 아무도 알지 못했다. 그들이 삶에서 느끼는 큰 기쁨 중의 하나가 남에게 베푸는 일이었다. 그 점에 대해서라면 남작 부부는 감동적일 정도로 서로를 잘 이해하고 있었다.

"제 저택은 아름다운가요?" 잔이 물었다. 그녀는 언젠가는 그 소유지를 자신이 물려받으리라는 것을 알고 있었고, 결혼 후에도 그곳에서 살 계획이었다.

"곧 알게 될 거다, 얘야." 남작이 대답했다.

비는 점차 잦아들더니 금세 아주 가느다란 이슬비로 변했다. 그러다 갑자기 기다란 햇살이 들판에 쏟아졌다. 구름이 서서히 걷히더니 티없이 깊고 푸른 아름다운 하늘이 온 세상에 펼쳐졌다.

P. 21 여행은 계속되었고, 마침내 해가 떨어지더니 하늘에 별들이 총총히 박혔다. 이윽고 마차가 멈춰 섰고, 남녀 하인들이 등불을 하나씩 들고 일행을 맞이하러 나왔다. 드디어 레푀플에 도착한 것이다. 잔은 마차에서 뛰쳐나왔고 그녀의 아버지와 로잘리는 남작 부인을 거의 들어 옮기다시피 해서 안으로 데려갔다. 완전히 녹초가 된 부인은 희미한 목소리로 연신 이렇게 말했다. "아이고, 얘야! 난 어쩌면 좋냐?" 부인은 물 한모금도 입에 대지 않고 잠자리에 들더니 바로 곯아떨어졌다.

잔과 남작 단둘이 가벼운 저녁식사를 했다. 그러고 나서 그들은 저택을 구경했다. 이제 저택은 완전히 수리되고 개조되어 있었다. 위층에는 긴 복도를 중심으로 문 달린 10개의 방들이 죽 늘어서 있었다. 잔의 방은 그 중 오른쪽 끝에 있었다. 자신의 침대를 본 잔은 기쁨의 탄성을 질렀다. 침대 네 모서리는 떡갈나무로 조각된 새로 장식되어 있었다. 이 새들은 침대를 떠받치고 있어 마치 침대를 지키는 수호자들 같았다. 침대 씌우개와 천장 덮개는 고풍스런 짙은 푸른색 비단으로 만들었고 금실로 붓꽃 문양의 수를 놓았다.

P. 22 벽난로 선반에는 벌집 모양의 작은 청동 시계가 놓여 있었다. 날개를 에나멜로 칠한 작은 벌이 시계의 자그마한 추에 매달려 흔들리고 있었다. 시계가 11시를 치자 남작은 딸에게 키스하고 자신의 방으로 갔다. 잔은 마지막으로 한 번 더 방을 둘러본 후 촛불을 끄고 잠자리에 들었다.

그녀는 잠이 오기를 기다리며 한동안 가만히 누워 있었다. 하지만 잠이 오지 않았다. 결국 그녀는 잠자리에서 빠져 나왔다. 방을 가로질러 창문을 열고 밖을 내다보았다. 쾌청한 밤하늘 덕분에 그녀는 어렸을 때 사랑했던 시골 풍경을 한눈에 쉽게 알아볼 수 있었다. 저택 이름의 유래가 된 높다란 포플러 나무들이 밤하늘을 배경으로 윤곽을 드러내고 있었다. 그녀는 행복하고 평화로운 느낌에 젖어 들어 사랑을 꿈꾸기 시작했다. 사랑! 지난 2년 동안 그녀는 자신에게 사랑이 찾아올 때를 노심초사하며 기다려 왔다. 이제 사랑할 자유가 주어졌으니 남자를 만나기만 하면 된다. 남자를! 어떤 사람일까? 알 수 없었다. 생각해 본 적도 없었다. 그녀가 알고 있는 것이라곤 자신이 온 마음을 바쳐 그를 열렬히 사랑하리라는 것, 그리고 그 사람도 온 힘을 다해 그녀를 사랑하리라는 것뿐이었다. 묘한 관능적인 느낌이 머리부터 발까지 그녀의 몸을 휘감았다.

P. 23 그녀는 마치 자신의 꿈을 품에 꼭 끌어안기라도 하듯이, 자신도 모르게 두 팔로 가슴을 꼭 껴안았다. 그때 저택 뒤쪽에서 누가 밤길을 걷는 소리가 들렸다. 잔은 '어쩌면 그분일지도 몰라!' 하고 생각했다. 그녀는 나그네의 발걸음 소리에 열심히 귀를 기울였다. 하지만 그 사람이 지나가 버리자 서글퍼졌다. 잠시 후 그녀는 자신의 어리석은 생각에 웃음이 나왔다. 그리고 자신의 앞날에 대해 생각에 잠기기 시작했다. 그녀는 남편과 함께 바다가 내려다보이는 이 조용한 저택에서 살 것이다. 남편을 위해 아들 하나, 자신을 위해 딸 하나, 이렇게 아이 둘을 낳고서.

달이 바다 쪽으로 기울어지기 시작할 때까지 잔은 창가에서 공상에 잠겨 있었다. 공기가 차가워졌다. 동녘 수평선이 점점 밝아오더니 별들이 하늘에서 자취를 감추고 있었다. 행복감에 가슴이 벅찬 잔은 이글거리는 해가 바다에서 솟아오르는 광경을 바라보았다. 자신의 해돋이였다! 자신의 새벽이었다! 자신의 인생이 시작되었다! 그녀는 머리를 두 손에 떨구고 기쁨에 겨워 울었다. 이윽고 다시 고개를 들었을 때는 이미 새벽의 찬란한 색채가 사라져 있었다.

P. 24 마음이 진정되자 약간의 피곤과 한기가 느껴졌다. 그녀는 침대 위에 몸을 던지고 깊은 잠에 빠졌다. 8시에 아버지가 부르는 소리도 듣지 못했다. 그녀는 아버지가 방에 들어섰을 때에야 잠에서 깼다.

남작은 장차 딸의 소유가 될 저택의 개조된 모습을 딸에게 보여주고 싶었다. 부녀는 팔짱을 끼고 저택의 구석구석을 돌아보았다. 그리고 저택 부지를 감싸고 있는 포플러 가로수를 따라 천천히 걸었다. 정원 끝에는 아름다운 작은 숲이 있는데, 숲을 가로질러 작은 오솔길들이 구불구불 나 있었다.

아침식사 후 남작은 잔에게 함께 이포르 마을까지 산책을 가자고 했다. 그들이 길을 나선 지 얼마 되지 않아 이포르 마을이 시야에 들어왔다. 문간에 앉아 옷을 깁고 있던 여자들이 남작과 잔이 지나갈 때 고개를 들어 쳐다보았다. 소금기가 밴 바닷물 내음이 공기 중에 진동했다. 작은 오두막들의 문 밖에는 갈색 그물을 널어 말리고 있었는데, 그런 오두막마다 한 식구가 단칸방에서 복작대며 살고 있었다. 잔에게는 이 모든 것이 그저 새롭고 신기할 따름이었다.

두 사람은 모퉁이를 돌아 멈춰 서서 주위를 둘러보았다. 바다가 그들 앞에 펼쳐져 있었다. 해안선과 수평선 사이에는 하얀 돛단배들이 보였다.

P. 25 양 옆에는 높은 절벽이 솟아 있었다. 노르망디 지방 특유의 배들이 비스듬히 누워 있는 해변에서 잔물결이 부서졌다. 뱃사람 한 명이 생선을 팔기 위해 다가왔다. 잔은 가자미 한 마리를 사더니 집까지 직접 들고 가겠다고 고집을 피웠다. 그 뱃사람은 언제라도 뱃놀이를 하고 싶다면 자기가 안내하겠다고 했다. 그는 두 사람이 자신의 이름을 잊지 않도록 자신의 이름을 몇 번이나 되풀이 말했다. "라스티크, 조제펭 라스티크입니다." 남작은 그를 기억하겠다고 약속한 뒤 딸과 함께 다시 저택을 향해 걷기 시작했다. 생선이 너무 무거웠기 때문에 잔은 아버지의 지팡이를 생선의 아가미에 꿰어 양끝을 아버지와 함께 들고 갔다. 그들은 얼굴에 바람을 맞으며 즐겁게 언덕을 올라갔고 두 아이들처럼 수다를 떨었다.

2장

P. 26 즐겁고 자유로운 잔의 생활이 시작되었다. 그녀는 책을 읽고 공상하고 주변 시골을 마음껏 돌아다녔다. 그녀는 고요하고 아름다운 자연 속에서 혼자 있는 것을 좋아했다. 그리고 힘차고 대담하게 수영을 했고 위험이라는 것을 몰랐다. 또 바다 멀리까지 헤엄쳐 나아가 물에 누워 떠다니며 하늘을 바라보곤 했다. 너무 멀리 나가면 배가 와서 그녀를 해변으로 데려왔다. 저택으로 돌아올 때 그녀는 피곤하고 허기를 느꼈지만 입가에 미소를 머금었고 마음 속 기쁨이 넘쳤다.

남작은 자신의 여러 농장에서 대대적인 농업 개선을 해보려는 계획을 세우고 있었다. 새로운 농기계를 도입하고 특이한 외래종을 경작해 보고 싶어 했다. 그는 시간을 내어 자신의 생각을 믿으려 하지 않는 농부들과 이야기를 나누었다. 종종 이포르의 뱃사람들과 함께 바다로 나가 평범한 어부처럼 고기를 잡기도 했다. 식사 때마다 그는 자신의 모험담을 장황하게 떠들었다. 그러면 이에 대한 응수로 남작 부인은 남편에게 자신이 긴 포플러 가로수길을 몇 번이나 오르내렸는지 자랑했다.

P. 27 부인은 운동을 해야 한다는 의사의 권고를 받았기 때문에 로잘리의 팔에 기대어 하루에 몇 시간씩 산책을 했다. 부인은 젊은 시절에는 대단히 아름다웠고 갈대처럼 호리호리했었다. 그러다가 몸무게가 불어나고 거의 온종일 안락의자에서 꼼짝못하게 되자 사랑에 대한 공상에 빠졌다. 레푀플에 비가 내리는 날이면 부인은 방안에 틀어박혀 옛날 편지들을 들여다보며 지냈다. 부모님께 받은 편지나 약혼했을 때 남작에게 받은 편지, 그리고 이런 저런 사람들로부터 받은 편지가 있었다. 가끔 어머니와 함께 산책에 나설 때면, 잔은 어머니의 어린 시절 추억담을 들었다. 그녀는 어머니가 한때 품었던 생각과 희망이 자신의 그것과 다르지 않다는 것을 알고 적잖이 놀랐다.

어느 날 오후 모녀가 산책길 끝에 있는 의자에 앉아 쉬고 있을 때, 교구 신부가 그들에게 다가왔다. 그는 모녀에게 인사한 뒤 자리에 앉아 이마의 땀을 훔쳤다. 몹시 뚱뚱하고 얼굴이 붉은 신부는 땀을 뻘뻘 흘리고 있었다.

그는 활기가 넘치고 인자하고 수다스러웠지만 솔직한 성격의 전형적인 시골 신부였다.

P. 28 세 사람은 잠시 스스럼없이 대화를 나누었다. 얼마 후 이들의 대화에 끼어든 남작은 신부에게 저녁식사를 들고 가라고 권했다. 신부는 유쾌한 손님이었다. 식탁에 후식이 나올 즈음 신부는 재미있는 이야기를 하기 시작했다. 그러다 불쑥 신부가 외쳤다. "오, 그건 그렇고 교구에 새로운 신도가 한 분 늘었는데 여러분께 소개해 드려야겠군요. 바로 라마르 자작이신데 작년에 작고하신 장 드 라마르 자작의 아드님이시지요."

그 무엇보다도 귀족사회를 사랑하는 남작 부인은 온갖 질문을 퍼부었다. 그들은 그 젊은이가 가문의 저택을 팔아 아버지의 빚을 갚았다는 말을 들었다. 지금 그는 에투방에 소유하고 있는 세 개의 농장 가운데 한 곳에 거처를 두고 있다고 했다. 그 소유지들은 일년에 총 5,000 ~ 6,000프랑 정도의 수입이 나올 뿐이었다. 하지만 자작은 한 2~3년 동안 조용히 살면서 돈을 최대한 많이 모을 계획을 세우고 있었다. 그러면 빚을 지거나 농장들을 저당 잡히지 않고도 결혼을 잘 할 수 있을 것이라고 생각했다.

"그분을 우리 집에 모시고 오세요, 신부님. 그분도 가끔씩 여기 오는 것을 좋아하실지도 모르잖아요." 남작이 말했다.

3장

P. 29 그 다음주 일요일에 남작 부인과 잔은 미사에 참석했는데, 그 주된 이유는 신부를 기쁘게 해주려는 것이었다. 미사가 끝난 후 모녀는 신부를 돌아오는 목요일의 오찬에 초대하려고 기다리고 있었다. 신부가 키가 훤칠하고 잘생긴 젊은이와 함께 제의실(祭衣室)에서 나왔다. 두 여인을 보자마자 그는 반가움에 놀라는 표정을 지으며 이렇게 외쳤다.

"아이고 잘 됐네요! 남작 부인과 잔 아가씨, 라마르 자작을 소개해 드리겠습니다."

자작은 머리 숙여 인사하며 오래 전부터 그들을 뵙고 싶었다고 말했다. 그는 검은 곱슬 머리의 미남 청년이었다. 길고 가지런한 눈썹 때문에 긴 속눈썹이 나 있는 검은 두 눈이 깊고 부드러워 보였다. 숱이 많고 윤기가 흐르는 수염은 약간 묵직한 턱을 가려 주었다.

이틀 후, 그 젊은 자작이 처음으로 남작의 저택을 방문했다.

P. 30 잠시 한담을 나누다가 그들은 자작의 아버지가 생전에 남작 부인 부친의 친구와 아는 사이였다는 사실을 알게 되었다. 이 새로운 사실이 밝혀진 것을 계기로 그들의 대화는 결혼, 출생, 인척 관계에 관한 이야기로 꼬리에 꼬리를 물었다. 자작은 이따금 잔과 눈이 마주칠 때마다 당황한 듯 혹은 부끄러운 듯 황급히 시선을 돌렸다. 잔은 자작이 힐끔거리며 찬탄의 눈길을 보내는 것을 볼 때마다 묘한 흥분을 느꼈다. 남작은 근방에 친분이 있는 가문이 전혀 없었기 때문에 자작에게 그들에 관해 물었다.

"오, 이곳에는 대단히 훌륭한 가문이 몇 있습니다." 라마르 씨는 이렇게 대답하고 그들에 대해 자세히 이야기를 하기 시작했다. 근방에는 지체 높은 가문이 셋 있었다. 노르망디 귀족사회를 대표하는 쿠틀리에 후작과, 브리즈빌 자작 부부, 그리고 푸르빌 백작이 그들이었다. 근처에 땅을 사들인 몇몇 신흥 부자 가문들이 있긴 하지만, 자작은 그들을 잘 모른다고 했다.

이윽고 자작이 가려고 일어났을 때, 그의 마지막 눈길이 잔을 향했다. 남작 부인은 그를 매력적인 젊은이라고 여겼고, 남작은 자작이 훌륭한 교육을 받은 사람이라고 평했다. 그들은 그 다음주에 자작을 저녁식사에 초대했고, 그 후로 그는 정기적으로 저택을 방문했다.

P. 32 그는 대개 오후 4시쯤 와서 남작 부인의 산책길에 동행했다. 그는 항상 부인에게 자신의 팔에 의지하라고 강권했다. 잔도 다른 편에서 어머니를 부축했는데, 이렇게 세 사람은 긴 산책로를 천천히 왔다갔다했다. 그는 잔에게 말을 걸지는 않았지만, 그의 검고 벨벳처럼 부드러운 눈은 그녀의 밝고 푸른 눈과 마주치곤 했다. 가끔 두 사람은 남작과 함께 이포르 마을까지 걷기도 했다. 어느 날 저녁 그들이 해변에 서 있을 때 라스티크 영감이 다가왔다.

영감이 말했다. "남작님, 이 정도 바람이면 내일 에트르타까지 수월하게 갔다 오실 수 있을 겁니다."

잔은 양손을 맞잡으며 말했다. "오, 아버지! 가요!"

남작이 라마르를 돌아보며 말했다. "우리와 함께 가겠소, 자작? 그곳에 가서 점심을 듭시다." 이렇게 해서 다음날 나들이 계획이 세워졌다.

다음날 아침 잔과 남작은 일찌감치 일어나 이포르 마을로 갔다. 자작은 그들보다 먼저 도착해 라스티크 영감과 함께 자그마한 노르망디 풍의 배 옆에 앉아 있었다. 뱃사람 두 명이 배를 물 안으로 밀어 주었다. 그때 산들바람이 육지를 향해 지속적으로 불기 시작했다.

P. 33 올려진 돛이 바람에 약간 부풀더니 배는 물결에 거의 흔들림이 없이 앞으로 움직이기 시작했다. 처음에 그들은 곧장 바다로 나아갔다. 약간 어지럼증을 느낀 잔은 뱃전을 붙잡고 앉아 잔잔한 물결을 바라보았다. 모두 침묵을 지키고 있었다. 라스티크 영감이 배의 키를 잡고 있었다. 남작은 뱃머리에 앉아 돛을 조정하면서 뱃사람이 해야 할 역할을 수행하고 있었다. 잔과 자작은 나란히 앉아 있었는데, 두 사람은 약간 어색한 분위기를 느끼고 있었다. 동시에 눈을 들 때마다 시선이 계속 마주쳤다. 두 사람 사이에는 이미 선남선녀 사이에 생기기 마련인 아련한 호감이 교차되고 있었다. 그들은 서로 가까이 있다는 사실에 행복감을 느꼈는데, 어쩌면 이는 두 사람이 서로를 마음에 두고 있기 때문이었다. 배가 에트르타 해안에 닿았을 때, 자작은 잔을 들어올려 마른 땅까지 가서 내려놓았다. 이 짧은 포옹에 마음이 동요된 채 두 사람은 가파른 돌투성이 해변을 나란히 걸어 올라갔다.

P. 34 일행은 해변 근처의 작은 주막에서 점심을 들었다. 바다에 있을 때는 다들 말이 없었지만 식사를 할 때는 학교를 파한 아이들마냥 떠들기 시작했다. 라스티크 영감은 식탁에 앉기 전에 여전히 불이 붙어 있는 담뱃대를 자신의 모자 속으로 조심스레 넣었는데 그 모습을 보고 모두 웃음을 터뜨렸다. 파리 한 마리가 이 늙은 뱃사람의 딸기코에 이끌려 자꾸 그곳에 앉으려고 했다. 파리는 영감이 손으로 쳐서 쫓아내도 곧 다시 날아와 코 위에 앉곤 했다. 이런 상황이 몇 번이고 되풀이되었다. 잔과 자작은 너무 웃어 눈물이 날 지경이었는데, 급기야 냅킨을 입에 대고 터져 나오는 웃음소리를 막아야만 했다.

커피를 마시고 난 후 잔은 모두 함께 산책을 나가자고 제안했다. 자작이 자리에서 일어나 그녀와 함께 나섰지만, 남작은 자신은 해변에 나가 낮잠을 자는 것이 더 낫겠다고 했다.

"둘이서 다녀오게. 한 시간 후에 여기서 다시 만나세." 남작이 말했다.

두 사람은 길을 따라 걸어 시골집 몇 채와 작은 저택을 지나 탁 트인 계곡에 이르렀다. 잔은 전에는 한 번도 경험해 보지 못한 묘한 흥분을 느꼈다. 그들은 작은 숲에 들어섰는데 나무들이 아주 빽빽이 자라 있어 나뭇잎이 햇빛을 차단하고 있었다.

P. 35 "저기 앉을 데가 있어요." 그와 나란히 걸어가며 사방을 둘러보던 잔이 말했다. 나무 두 그루가 죽어 있었고 잎사귀들 사이의 뚫린 곳으로 한 줄기 햇살이 쏟아지고 있었다. 그렇게 햇볕이 드는 자리에서 자라는 들꽃 사이로 곤충들이 휙휙 날아다녔다. 잔과 자작은 머리는 그늘에 두고 두 발은 햇볕에 내놓고 앉았다.

잔이 말했다. "시골은 정말 아름답군요! 가끔 저는 제가 벌이나 나비였으면 좋겠다는 생각을 해요. 그러면 꽃 속에 숨어버릴 수 있으니까요."

두 사람은 나지막한 목소리로 자신들의 습관과 취향에 대해 이야기를 나누기 시작했다. 자작은 무미건조한 생활에 싫증이 나 있고, 참되고 진실된 면을 찾아볼 수 없는 사교생활에도 넌덜머리가 난다고 말했다. 두 사람의 시선이 자주 마주쳤는데, 그들에게는 이것이 자신들의 마음속에 새로운 감정이 스며들어 사랑의 싹이 틀 조짐처럼 여겨졌다.

두 사람이 돌아와 보니 남작은 산책을 나가 있었다. 그들은 주막에서 기다렸고, 남작은 저녁 5시가 되어서야 나타났다.

P. 36 모두 돌아가는 여정에 올랐다. 배는 아주 부드럽게 나아가고 있어 거의 움직임이 없는 것처럼 느껴졌다. 그들은 한참 동안 말이 없었다. 그러다 이윽고 잔이 입을 열었다.

"전 정말 여행을 떠나고 싶어요!"

자작이 말했다. "그래요, 하지만 혼자 여행하는 건 좀 심심할 것 같은데요. 함께 여행을 즐기면서 경험담을 나눌 수 있는 동행이 있으면 좋을 겁니다."

잔이 생각에 잠긴 채 대답했다. "맞는 말씀이에요. 하지만 저는 혼자 멀리 산책을 나가는 것을 좋아해요. 옆에 아무도 없을 때 저는 멋진 공상에 잠기거든요."

"그렇지만 둘이 행복한 미래를 설계할 수도 있지요." 자작이 그녀의 얼굴을 정면으로 쳐다보며 말했다.

잔은 시선을 피했다. 무슨 뜻으로 하는 말일까? 그러다가 그녀는 다시 천천히 말문을 열었다. "저는 이탈리아에 가보고 싶어요. 그리스와 코르시카에도요. 그곳은 야생이 생생히 남아 있고 굉장히 아름다울 거예요."

자작은 산장과 호수가 있는 스위스가 더 좋다고 말했다.

잔이 말했다. "아뇨. 저는 코르시카처럼 역사가 거의 혹은 전혀 알려지지 않은 나라로 가고 싶어요. 아니면 반대로 그리스처럼 아주 유서 깊은 문화가 있는 곳도 좋고요. 그토록 위대하고 고귀한 업적이 이루어진 장소들을 둘러보는 건 정말 흥미진진할 거예요."

"글쎄요, 저는 영국에 가보고 싶군요." 자작이 말했다.

P. 37 이렇게 두 사람은 양 극지방에서부터 적도에 이르기까지 온갖 나라들에 대해 이야기를 나누었다. 하지만 그들은 세상에서 가장 아름다운 나라는 역시 프랑스라는 결론에 도달했다.

그때쯤 해가 뉘엿뉘엿 지고 있었고 바람은 완연히 잦아들었다. 라스티크 영감은 노를 내놓고 젓기 시작했다. 노을은 아주 짧게 머물더니 금세 하늘이 어두워지면서 별들이 총총히 빛을 발했다. 잔과 자작은 나란히 앉아 배가 뒷전에 새기고 있는 물살을 바라보며 서늘한 밤공기를 즐기고 있었다. 자작의 손가락이 의자 위에 놓여 있는 그녀의 손에 닿았다. 그녀는 손을 치우지 않았다. 그 가벼운 접촉에 그녀는 행복감과 동시에 혼란스런 감정에 휩싸였다.

침실에 들었을 때 잔은 가슴이 너무나 벅차 아주 사소한 일에도 눈물이 곧 쏟아질 것만 같았다. 그녀는 누구에게나 혹은 무엇에나 키스를 하고 싶은 생각이 들었고, 갑자기 서랍에 넣어둔 낡은 인형이 생각났다. 그녀는 인형을 꺼내 들고 인형의 채색된 두 뺨에 다정한 키스를 퍼부었다. 그러다가 여전히 인형을 품에 안은 채 생각에 잠기기 시작했다.

P. 38 그 사람이 바로 그녀가 그토록 자주 생각해 왔던 남편감일까? 그리고 운명의 힘이 그 사람을 그녀에게 보낸 것일까? 그 사람이 정말 그녀를 위해 특별히 창조된 남자일까? 그녀는 자신이 사랑이라고 믿었던 감정, 즉 자신의 영혼을 송두리째 뒤흔드는 감정은 아직 느끼지 못했다. 하지만 항상

그의 생각이 머리에서 떠나지 않기 때문에 그를 사랑하기 시작한 것처럼 느꼈다. 그가 곁에 있을 때는 가슴이 두근거렸다. 그와 눈길이 마주치면 얼굴이 붉어졌고 그의 목소리만 들어도 가슴이 설레었다.

그날 밤 그녀는 거의 잠을 이루지 못했다. 날이 갈수록 사랑에 대한 열망은 더욱 간절해졌다. 어느 날 저녁 아버지가 그녀에게 말했다. "내일 아침엔 아주 예쁘게 하고 있거라, 잔."

"왜요, 아버지?" 그녀가 물었다.

"그건 비밀이야." 남작이 대답했다.

다음날 아침 그녀가 방에서 내려와 보니 응접실 탁자 위에 과자 상자들이 쌓여 있는 것이 눈에 띄었다. 의자 하나에는 커다란 꽃다발이 놓여 있었다. 짐마차 한 대가 안뜰로 들어왔는데, 거기에는 '르라 제과점, 결혼 피로연 전문'이라고 쓰여 있었다. 뤼디빈이 부엌 하녀 한 명의 도움을 받아 마차에서 넓적한 바구니를 수도 없이 꺼내 날랐다. 그 바구니들에서는 맛있는 냄새가 났다.

P. 39 곧 자작이 집으로 들어왔다. 그는 몸에 딱 붙는 코트를 입고 있었는데, 셔츠 주름장식의 레이스가 보이도록 터져 있는 가슴 부분만 빼고는 단추를 꼼꼼히 채운 모습이었다. 목에 여러 번 감은 멋진 넥타이 때문에 그는 잘생긴 검은 머리를 치켜들고 있어야만 했다. 그는 여느 때와 달라 보였다. 그래서 잔은 그를 생전 처음 보는 사람처럼 물끄러미 바라보았다. 그녀는 자작이 머리부터 발끝까지 그야말로 나무랄 데 없는 남자, 훌륭한 귀족의 모습을 갖췄다고 생각했다.

자작은 허리를 굽혀 인사를 한 후 미소를 지으며 물었다. "자, 준비가 되셨는지요?"

"무슨 말씀이세요? 이게 다 뭔가요?" 잔이 더듬거리며 말했다.

"아, 곧 알게 될 거다." 남작이 대답했다.

마차가 막 문 앞에 멈춰 섰을 때 남작 부인이 아래층으로 내려왔다. 여느 때와 마찬가지로 그녀는 로잘리의 부축을 받고 있었는데, 로잘리는 자작의 우아한 차림에 온통 정신을 빼앗긴 듯한 표정이었다. 남작이 그 모습을 보고 이렇게 중얼거렸다. "여보시오, 자작, 우리 하녀 로잘리가 당신 모습에 반한 것 같소."

P. 40 자작은 얼굴이 벌개졌고 남작의 말을 못 들은 척했다. 그는 의자 위의 커다란 꽃다발을 집어 들어 잔에게 내밀었다. 잔은 더욱 어리둥절한 채 꽃다발을 받았다. 그러고 나서 네 사람은 마차에 올랐다.

"마님, 정말 결혼식 같아요." 뤼디빈이 외쳤다.

그들이 이포르 마을에 이르자, 모두 마차에서 내려 마을을 가로질러 걸어갔다. 새 옷으로 차려 입은 뱃사람들이 집 밖으로 나와 모자에 손을 대고 인사했다. 그들은 남작과 악수를 나눈 다음 뒤따라가며 행렬을 이루었다. 자작은 잔에게 한 팔을 빌려준 채 앞장서서 걸었다. 성당에 이르러 행렬이 멈춰 섰다. 성가대 소년 하나가 큼직한 은십자가를 들고 밖으로 나왔고, 그 뒤에 또 한 소년이 성수를 들고 나왔다. 그들 뒤에는 나이든 성가대원 3명이 나왔고, 그 다음엔 금색 십자가가 장식된 숄을 두른 신부가 나왔다. 신부는 미소와 목례로 남작 일행에게 인사했다. 그러고 나서 그는 기도문을 중얼거리며 소년 성가대의 뒤를 따라 바다 쪽으로 갔다. 바닷가에는 많은 사람들이 온통 꽃으로 장식된 새 배를 둘러싼 채 그들을 기다리고 있었다. 배의 돛대와 돛과 밧줄이 긴 리본으로 뒤덮여 있었고, 고물에는 금색 글씨로 '잔' 이라는 배의 이름이 쓰여 있었다.

P. 41 라스티크 영감이 앞으로 나와 행렬을 맞았다. 영감은 남작의 지시로 건조된 그 배의 선장이었다. 3명의 나이든 성가대원이 목청껏 성가를 부르는 동안 모든 사람들이 무릎을 꿇었다. 노래가 멈추자 신부가 라틴어로 몇 마디를 중얼거렸다. 그런 다음 배 주위를 빙 돌면서 성수를 뿌렸다. 신부가 잔과 자작 앞에서 멈춰 섰다. 젊은 자작의 잘생긴 얼굴은 아주 차분해 보였지만, 잔은 금방이라도 기절할 것만 같았다. 그렇게 오랫동안 그녀가 마음 속에 품어 왔던 꿈이 갑자기 현실이 된 듯한 느낌이었다. 그녀는 사람들이 이 의식을 결혼식과 비교하는 것을 들었다. 신부는 앞에서 중얼거리며 축복을 하고 있었다. 분명히 이건 자신의 결혼식이 아닌가! 자신의 손가락이 파르르 떨리는 것을 자작이 알아챘을까? 그는 이해했을까? 예상했을까? 그도 사랑의 꿈에 도취되어 있는 것일까? 그는 처음에 그녀의 손을 살며시 잡았다가 점차 세게 잡더니 나중에는 아플 정도로 강하게 움켜쥐었다. 그러다가 표정의 변화없이 아주 또렷이 말했다.

P. 42 "오, 잔, 당신만 좋다면 이것이 우리의 약혼식이 되는 겁니다."

그녀는 마치 "네"라는 의미의 동작을 취하듯 고개를 서서히 숙였다. 성수 몇 방울이 두 사람 손 위에 떨어졌고 의식이 끝났다. 무릎을 꿇고 있던 마을 여자들이 일어섰고 모두가 서둘러 자리를 뜨기 시작했다. 레푀플에서 모든 사람들에게 점심이 제공될 예정이어서 사람들의 입에서 군침이 돌았다. 60명의 뱃사람과 농부들이 안뜰의 사과나무 아래에 놓인 긴 탁자에 자리를 잡았다. 그 탁자의 한 가운데에는 남작 부인이 이포르 마을의 신부와 나란히 앉았다. 부인의 맞은편에는 남작이 읍장 부부 사이에 앉아 있었다.

잔은 말이 없었지만 그녀의 가슴은 기쁨으로 벅차 올랐다. 이윽고 그녀가 자신의 옆에 앉아 있는 자작에게 질문을 던졌다. "자작님의 이름은 뭐예요?"

"줄리앙입니다. 모르고 계셨어요?" 그가 대답했다.

그녀는 그의 물음에 대답하지 않았다.

식사가 끝나자 그들은 안뜰을 뱃사람들에게 맡겨 두고 저택의 뒤쪽으로 자리를 옮겼다. 남작 부인은 남편의 팔에 기대어 운동을 시작했다. 잔과 줄리앙은 함께 숲으로 걸어갔다. 갑자기 그가 잔의 손을 잡았다.

P. 43 "대답해 주십시오. 제 아내가 되어 주시겠습니까?" 그의 말에 그녀는 고개를 떨구었다. "저를 애태우게 하지 마십시오. 제발 부탁입니다." 그가 말했다.

잔은 천천히 두 눈을 들어 그를 보았고, 그는 그녀의 눈길에서 물음에 대한 대답을 읽었다.

4장

배의 명명식이 있고 나서 얼마 지나지 않은 어느 날 아침 남작이 잔의 방에 들어왔다. 잔은 아직 침대에 누워 있었다.

남작이 말했다. "라마르 자작이 네게 청혼했다. 우리는 생각해 보고 청혼에 대한 답을 주겠다고 말해 놓았다. 네 어머니와 나는 이 혼사에 반대하지는 않지만 네게 강요할 생각은 없다. 너는 그 사람보다 훨씬 부자야. 하지만 행복에 관해서라면 돈 문제는 그리 중요한 게 아니지.

P. 44 우리는 그 사람이 맘에 든다만, 너는 어떠니?

"저도 그분과 결혼하고 싶어요, 아버지." 귀밑까지 얼굴이 빨개진 잔이 더듬거렸다.

"나도 그럴 줄 알았다." 남작은 딸의 두 눈을 들여다보며 이렇게 말했다.

그날 내내 잔은 자신이 뭘 하고 있는지도 모른 채 지냈다. 6시경에 자작이 왔을 때 그녀는 어머니와 플라타너스 아래 앉아 있었다. 그 젊은이가 조용히 다가올 때 잔의 가슴은 미친 듯이 요동쳤다. 그는 남작 부인의 손에 키스했다. 그리고 잔의 떨고 있는 손을 입술에 가져다 대고 부드럽게 키스했다. 이렇게 해서 행복한 약혼 시절이 시작되었다. 그로부터 6주 후 8월 15일에 결혼식을 올리기로 결정되었다. 결혼식 후에는 바로 신혼여행을 떠나기로 했다. 신혼여행지로 가고 싶은 나라에 대해 질문을 받자 잔은 코르시카를 택했다. 두 사람은 결혼 날짜를 기다리며 그리 조바심을 내지는 않았다. 두 사람 모두 마음 한 구석에는 좀 더 열정적인 포옹을 고대하고 있었지만 가벼운 애무나 사랑의 눈길에도 만족했다. 결혼식에는 남작 부인의 동생인 리종 이모 외에는 아무도 초대하지 않을 예정이었다. 리종 이모는 베르사이유의 한 수녀원에서 기숙생으로 지내고 있었다.

P. 45 결혼식 날 아침, 잔은 생각할 겨를이 없었다. 단지 마음속에 커다란 공허감만이 느껴질 뿐이었다. 그녀는 결혼식이 진행되는 동안 비로소 정신을 차릴 수 있었다. 결혼! 자신이 결혼을 한 것이다! 그날 새벽부터 있었던 모든 일은 꿈만 같았고 이제 모든 것이 달라 보였다. 그녀는 그 변화에 어안이 벙벙했다. 어젯밤만 하더라도 소녀에 지나지 않았지만 이제는 여자가 된 것이다. 상상해 오던 온갖 기쁨과 행복이 충만한 미래를 향해 첫걸음을 내디딘 것이었다. 드디어 그녀의 꿈이 실현되고 있었다.

결혼식 후, 가족과 피코 신부와 하객들을 위해 간단한 피로연이 열렸다. 그러고 나서 만찬이 준비될 때까지 모두 정원으로 나가 남작 부인의 산책로를 이리저리 거닐었다. 저택의 맞은편에서는 사과나무 밑에서 사과주를 마시는 농부들의 웃음 소리가 요란하게 들려왔다. 숲 속으로 들어간 잔과 줄리앙은 언덕 꼭대기에 이르러 바다를 내려다보며 말없이 서 있었다.

P. 46 8월 중순이지만 날씨가 제법 쌀쌀했다. 두 사람은 쉼터를 찾기 위해 벌판을 가로질러 이포르 마을로 이어지는 숲이 우거진 골짜기로 내려갔다. 나무들 아래서 그는 팔로 그녀의 허리를 부드럽게 휘감았다. 그녀는 아무 말도 하지 않았지만 심장이 요동쳤고 호흡도 가빠졌다. 줄리앙의 입이 그녀의 귓가에 스쳤다.

"오늘밤 당신은 나의 귀여운 아내가 될 거요." 그가 말했다.

잔은 그 말의 뜻을 이해하지 못했다. 자신은 이미 그의 아내가 되지 않았는가? 그때 그가 그녀의 이마와 목에 짧은 키스를 퍼붓기 시작했다. 그녀는 깜짝 놀라긴 했지만 키스 세례를 받고 즐거웠다. 숲 끝에 도달하자 잔이 걸음을 멈췄다. 집에서 너무 멀리 온 것에 약간 당황스러웠던 것이다.

"모두들 어떻게 생각하겠어요? 그만 돌아가요." 그녀가 말했다.

줄리앙은 그녀의 허리를 감았던 팔을 풀었다. 그러자 두 사람이 동시에 몸을 돌리면서 서로 얼굴을 마주보게 되었다. 그러자 갑자기 그가 그녀의 어깨에 두 손을 얹고 그녀에게 열정적으로 키스했다. 그 키스에 그녀는 온몸을 부르르 떨었고 알 수 없는 이상한 충격에 사로잡혀 그대로 땅에 주저앉아버릴 것만 같았다. 그녀는 그를 거칠게 밀어냈다.

P. 47 "돌아가요. 돌아가요." 그녀가 더듬거리며 말했다.

줄리앙은 아무 대답도 하지 않고 그녀의 손을 잡았다. 그리고 두 사람은 말없이 집으로 돌아왔다. 해가 질 무렵, 두 사람은 하객들과 함께 간소한 만찬을 들었다. 마지막 음식까지 모두 치워지고 커피가 나왔을 때는 밤 9시쯤 되어 있었다. 집 밖의 사과나무 아래에서는 이미 춤판이 벌어졌다. 각각 포도주와 사과주가 담긴 큼직한 술통 두 개가 농부들의 마실거리로 제공되고 있었다. 또 탁자에는 빵, 버터, 치즈, 양파, 소시지도 차려져 있었다.

만찬이 끝난 후 신혼부부와 하객들이 잠시 농부들과 어울렸다. 그러고 나서 하객들이 떠났다. 잠시 후 남작과 부인이 나지막한 목소리로 사소한 말다툼을 벌였다. 남작 부인은 남편이 요청하는 무슨 일을 못하겠다고 버티는 것 같았다. 이윽고 남작 부인이 속삭이듯 말했다. "아뇨, 여보, 난 못하겠어요. 무슨 말부터 해야 할지 정말 모르겠다니까요."

P. 48 남작이 부리나케 아내 곁을 벗어나 잔에게 다가갔다.

"애야, 나하고 산책 겸 한 바퀴 돌고 오지 않겠니?" 남작이 말했다.

"그래요, 아버지." 잔은 왠지 모를 불안감을 느끼며 대답했다.

문 밖을 나서자마자 남작은 딸의 팔을 지그시 붙잡고 그녀의 손을 가볍게 두드렸다. 몇 분 동안 부녀는 말없이 걷기만 했다. 이윽고 남작이 말문을 열었다.

"애야, 나는 네가 자연의 섭리에 대해 얼마나 많이 알고 있는지 모르겠구나. 부모들은 자식에게, 특히 딸에게 은밀히 숨기는 비밀들이 있단다. 부모가 남편의 품으로 떠나 보낼 때까지 딸은 순수한 마음과 순결한 몸을 유지해야 하는 법이거든. 여자에게 인생의 달콤한 비밀을 가르치는 건 남편의 의무란다. 하지만 처녀들은 부부 사이에 발생하는 일을 접하게 되면 처음에는 충격을 받는 일이 종종 있단다. 그래서 그들은 인간과 자연의 섭리에 따라 남편이 당연히 요구하는 권리를 거부하는 일도 일어나지. 네게 더 이상은 말을 해줄 수 없구나, 애야. 하지만 이것만은 명심하거라. 너는 이제 완전히 네 남편의 사람이라는 것을."

잔은 몸을 떨기 시작했다. 무언가 무시무시한 일이 금방이라도 닥칠 것 같은 느낌에 사로잡혔기 때문이었다.

P. 49 그녀가 아버지와 함께 집 안에 들어섰을 때, 두 사람은 응접실 문 앞에서 놀라 멈춰 섰다. 남작 부인이 줄리앙의 어깨에 기대어 흐느껴 울며 자신의 사랑하는 딸을 부디 잘 대해 달라고 간청하고 있었다. 남작이 황급히 앞으로 나섰다. "오, 우리 눈물은 보이지 맙시다." 남작이 말했다.

남작은 아내를 부축해 안락의자에 앉혔다. 그리고 잔을 돌아보며 말했다.

"그럼 애야, 어머니에게 키스하고 가서 자거라."

잔은 울음이 곧 터질 것 같아 부모에게 재빨리 키스한 뒤 달려갔다. 그러자 남작 부부와 줄리앙만 남았다. 세 사람 모두 아주 어색한 기분이 들었고 무슨 말을 해야 할지 몰랐다. 결국 남작이 신혼부부가 며칠 후 떠날 여행을 화제로 삼아 말을 꺼내기 시작했다.

그러는 동안 잔은 자신의 방에서 로잘리의 도움을 받아 옷을 벗고 있었다. 로잘리는 소리 없이 눈물을 흘리고 있었다. 하지만 잔은 자신의 젖자매가 눈물을 흘리고 있는 것을 눈치채지 못했다.

P. 50 그녀에게는 자신의 삶 전부가 송두리째 뒤집힌 것처럼 여겨졌다. 그러다 이상한 생각이 들었다. 자신이 정말 남편을 사랑하는 것일까? 갑자

기 그가 자신이 전혀 알지 못하는 낯선 사람처럼 느껴졌다. 3개월 전만 해도 자신은 그 사람이 존재한다는 사실조차 몰랐다. 그런데 이제 자신이 그의 아내가 되어 있다니. 어떻게 이런 일이 벌어진 것일까?

옷을 잠옷으로 갈아입은 그녀는 침대 속으로 미끄러지듯 들어갔다. 서늘한 시트가 그녀를 감싸고 있는 한기와 슬픔과 외로움을 배가시켰다. 로잘리가 여전히 흐느끼며 방을 나간 후 잔은 이불 속에 꼼짝 않고 누워 있었다. 문에서 가벼운 노크 소리가 세 번 들렸지만 대답하지 않았다. 노크 소리가 한 번 더 나더니 문 손잡이가 돌아갔다. 그녀는 마치 도둑이 방에 들어오기라도 한 것처럼 머리를 이불 속으로 숨겼다. 구두 소리가 들리더니 누군가가 침대를 더듬는 것이 느껴졌다. 그녀는 가냘픈 비명을 지르며 얼굴을 내밀었다. 줄리앙이 침대 옆에 서서 자신을 내려다보며 미소를 짓고 있었다.

"아이, 왜 그리 사람을 놀라게 하세요?" 그녀가 말했다.

"나를 기다리고 있었던 것이 아니오?" 그가 물었다.

그녀는 대답하지 않았다. 침대에 누워 있는 자신의 모습을 그에게 보이는 게 너무나 부끄러웠다. 이제 두 사람은 무슨 말을 해야 할지 무엇을 해야 할지 몰랐다. 그때 그가 부드럽게 그녀의 손을 잡고 키스했다. 그리고 침대 옆에 무릎을 꿇고 낮은 목소리로 중얼거렸다. "나를 사랑해 주겠소?"

P. 51 긴장이 풀린 그녀가 고개를 들었다.

"이미 사랑하고 있는걸요." 그녀가 미소를 지으며 말했다.

그는 아내의 작고 가녀린 손가락을 자신의 입으로 가져갔다.

"당신이 나를 사랑한다는 증거를 보여 주겠소?" 그가 물었다.

그녀는 이 질문에 덜컥 겁이 나긴 했지만, 아버지의 충고를 떠올리며 대답했다. "저는 당신 거예요, 여보."

줄리앙은 그녀의 손에 여러 번 축축한 키스를 한 후 천천히 일어서며 그녀에게로 몸을 굽혔다. 갑자기 그가 한 팔을 침대 위로 길게 뻗고는 다른 팔을 베개 밑으로 쑥 밀어넣었다. 그러고 나서 나지막이 속삭이며 물었다. "당신 곁에 내 자리를 마련해 주겠소?"

그녀는 갑자기 두려운 마음이 들어 더듬거렸다. "오, 아직은 안 돼요. 제발 부탁이에요."

그는 실망한 듯 퉁명스럽게 말했다. "왜 지금은 안 된다는 거요? 어차피 곧 치르게 될 일이잖소?"

P. 52 잔은 그가 그런 식으로 말하는 게 원망스러웠지만 아까 한 말을 되풀이했다. "저는 당신 거예요, 여보."

그가 옷방으로 들어가 옷을 벗는 소리가 들렸다. 그가 침대로 다가오는 소리가 들리자 그녀는 옷방 반대편으로 돌아누워 두 눈을 질끈 감았다. 차갑고 털이 수북한 다리 하나가 미끄러져 들어와 그녀의 다리에 닿자 그녀는 침대에서 튀어나갈 뻔했다. 그녀는 얼굴을 양손에 파묻은 채, 그에게서 멀리 떨어져 침대 가장자리로 피했다. 두려움과 공포에 사로잡혀 곧 울음이 터질 것만 같았다. 그는 그녀가 등을 돌리고 있다는 것에 아랑곳 않고 그녀를 끌어안고 목에 키스했다. 끔찍한 두려움에 휩싸인 그녀는 꼼짝도 하지 않았다. 그러다 그의 억센 손이 자신을 애무하는 것을 느꼈다. 그녀는 난폭한 손길에 숨이 가빠졌고 도망가고 싶은 마음이 간절했다. 곧이어 그는 가만히 누웠는데, 그의 몸에서 내뿜는 열기가 그녀의 등으로 전해졌다. 마침내 그는 참을 수 없는 것 같았다. 그가 서글픈 목소리로 말했다. "당신은 나의 사랑스런 아내가 되지 않겠다는 것이오?"

"저는 이미 당신의 아내 아닌가요?" 그녀가 말했다.

"이리 와요, 여보. 나를 놀리지 말고." 그가 언짢은 목소리로 대꾸했다.

그의 말에 몹시 미안한 생각이 든 잔은 용서를 청하기 위해 그를 향해 돌아누웠다. 그러자 그가 그녀를 열렬히 끌어안고 그녀의 얼굴과 목에 키스를 하기 시작했다.

P. 53 그녀는 얼굴에서 두 손을 치운 채 가만히 누워 아무런 반응을 보이지 않았다. 머릿속이 너무 혼란스러워 아무것도 이해할 수가 없었다. 그러다 갑자기 날카로운 아픔이 느껴졌다. 그녀는 신음을 하며 그의 품에서 몸부림치기 시작했다. 그 후에는 무슨 일이 일어났는지 아무 기억이 없었고, 정신이 들었을 때는 그가 자신의 입술에 연신 감사의 키스를 퍼붓고 있었다. 그 뒤 그는 또 다른 행동을 시도하려 했지만 겁에 질린 그녀는 거부의 몸짓을 보였다. 발버둥치는 동안 그녀는 자신의 다리로 느꼈던 수북한 털이 자신의 가슴에 닿아 있는 것을 느꼈다. 그녀는 몹시 당황했다.

마침내 그녀의 거부에 지쳐 버린 그는 똑바로 누워 움직이지 않았다. 이것은 그녀가 기대한 것과는 너무 달랐다. 그녀에게 떠오르는 생각은 이것뿐이었다. "자기 아내가 되어 달라고 말한 것이 바로 이런 거였구나. 이런 거였어. 이런 거."

그녀는 오랫동안 참담한 심정으로 조용히 누워 있었다. 줄리앙이 아무 말도 하지 않고 움직이지도 않자 그녀는 천천히 그에게 고개를 돌렸다. 그는 입을 반쯤 벌리고 아주 태평스런 얼굴로 잠이 들어 있었다. 그녀는 도무지 믿어지지가 않았다. 이런 밤에 어떻게 잠이 온단 말인가?

P. 54 차라리 난폭한 애무로 정신을 잃을 때까지 자신을 때리고 멍들게 하는 것이 이런 상황보다는 나을 것 같았다. 그녀는 자신의 팔꿈치에 몸을 기댄 채 그에게 몸을 굽혀 숨소리를 들어 보았다. 그의 숨소리가 입술에서 새어 나올 때 이따금씩 코고는 소리를 냈다.

어느덧 날이 밝았다. 눈을 뜬 줄리앙이 하품을 하고 기지개를 켜면서 아내를 바라보았다. 그러더니 미소를 지으며 물었다. "잘 잤소, 여보?"

"아, 네, 당신은요?" 그녀가 되물었다.

"나도 정말 잘 잤소." 그가 이렇게 대답하며 그녀에게 몸을 돌려 키스했다. 그리고 나서 그는 자신의 미래 포부에 대해 이야기를 하기 시작했다. 그녀는 그의 말을 듣고 있었지만 거의 대부분 제대로 이해할 수 없었다. 시계가 8시를 치자 그가 말했다. "이제 일어납시다. 오늘 같은 날 늦게 일어났다가는 우습게 보일 테니."

그는 옷을 다 입고 나서 아내가 옷 입는 것을 손수 거들며 로잘리를 부르지 못하게 했다. 그리고 나서 아래층으로 내려갔다. 잔은 점심식사 때가 되어서야 내려갔다. 그날도 평상시와 다를 바 없이 흘러갔다. 별다른 일은 일어나지 않았다. 집 안에 남자가 한 사람 더 늘어났을 뿐.

5장

P. 55 결혼식을 치른 지 나흘 뒤 신혼부부가 마르세유까지 타고 갈 마차가 당도했다. 무시무시했던 첫날밤을 치른 후 잔은 줄리앙의 키스와 애무에 익숙해져 있었다. 하지만 그 이상의 관계는 여전히 그녀에게 혐오감을 주었다. 마차가 막 떠나려 할 때 남작 부인이 딸의 손에 묵직한 지갑을 쥐어 주었다.

"사고 싶은 소소한 물건을 살 때 쓰거라." 부인이 말했다.

"장모님께서 돈을 얼마나 주셨소?" 그날 저녁 줄리앙이 물었다.

잔은 이미 돈지갑에 대해서는 까맣게 잊고 있었다. 그제야 지갑을 열어보니 금화로 2,000프랑이나 들어 있었다.

그들은 여행을 떠난 지 일주일이 다 되어서야 마르세유에 도착했다. 그곳은 더위가 기승을 부리고 있었다. 다음날 두 사람은 작은 배에 올라 코르시카로 향했다.

P. 56 잔은 첩첩 산중에 산적들이 우글거리는 곳이자, 나폴레옹의 고향으로 가고 있다는 사실이 믿기지가 않았다.

이틀 후 드디어 배가 아작치오에 닿았다. 산기슭에 있는 작은 마을이었는데 작은 배 몇 척이 항구에 정박해 있었다. 너덧 척의 노 젓는 배가 승객들을 내리기 위해 배 옆으로 다가왔다. 줄리앙이 목소리를 낮춰 아내에게 물었다. "저 급사에게 1프랑만 주면 충분하겠지, 그렇지 않소?"

지난 일주일 내내 그가 이런 질문을 끊임없이 던지는 통에 그녀는 넌더리가 났다.

"얼마를 줘야 충분한지 모를 때는 그냥 넉넉하게 주면 되잖아요." 약간 짜증이 난 그녀는 이렇게 말했다.

남편은 여관 주인, 호텔 종업원, 마부, 상인 등 누구하고나 가격을 놓고 실랑이를 벌였다. 그녀는 계산서가 나올 때마다 진저리를 쳤다. 남편이 또 따지기 시작할 게 뻔하기 때문이었다. 그녀는 남편으로부터 보잘것없는 사례금을 받은 종업원들이 경멸 어린 표정을 짓는 것을 보았다. 그때마다 그녀는 귀밑까지 화끈거렸다.

두 사람은 거대한 광장 한 구석에 서 있는 크고 한산한 호텔에 가서 점심을 주문했다. 후식까지 들고 나서 잔은 마을 주변을 산책하려고 일어섰다.

P. 57 그때 줄리앙이 그녀를 양팔로 안으며 그녀의 귀에 대고 다정하게 속삭였다. "잠시 위층에 올라가지 않겠소, 여보?"

"위층에요?" 그녀가 놀라며 물었다. "하지만 저는 전혀 피곤하지 않은데요."

그가 그녀를 더욱 세게 끌어 안았다. "무슨 말인지 모르겠소? 이틀 동안이나…?"

그녀의 얼굴이 새빨갛게 물들었다. "어떻게 대낮에 방을 부탁할 수 있어요. 아이, 줄리앙, 지금 그런 얘기를 하지 마세요. 제발 하지 마세요. 모두들 어떻게 생각하겠어요?"

"다른 사람들이 무슨 말을 하든 어떤 생각을 하든 내가 신경 쓸 것 같소?" 그가 말했다.

그가 벨을 눌렀다. 그녀는 더 이상 아무 말도 않고, 남편의 욕정에 혐오감을 느끼며 눈을 내리깔고 앉아 있었다. 그녀는 수치심과 모욕감을 느끼면서도 겉으로는 항상 남편에게 복종했다. 그녀는 남편의 애무에 흥분이 전혀 일어나지 않았지만, 그는 아내에게 손을 댈 때마다 자신이 느끼는 모든 격정을 그녀도 느낀다고 생각하는 것 같았다. 호텔 종업원이 벨 소리를 듣고 오자 줄리앙은 방으로 안내해 달라고 했다. 종업원은 무슨 말인지 이해하지 못하고 방은 저녁 때나 제공된다고 말했다.

P. 58 줄리앙이 짜증을 내며 말했다.

"당장 방을 주세요. 우리는 여행에 지쳐서 좀 쉬고 싶으니까."

종업원의 얼굴에 슬쩍 웃음기가 비치자 잔은 쥐구멍에라도 숨고 싶은 기분이었다.

한 시간 후 다시 아래층으로 내려왔을 때 그녀는 종업원들 앞을 지나면서 고개를 들 수가 없었다. 그녀는 자신의 감정을 배려해 주지 않는 줄리앙에게 화가 났다. 비로소 잔은 두 사람이 절대로 서로를 완벽하게 이해할 수 없다는 사실을 처음으로 깨달았다.

그들은 그 후텁지근한 작은 마을에 사흘간 머물렀다. 그러고 나서 두 사람은 가보고 싶은 장소들을 정해 계획을 세우고 말을 빌리기로 했다. 어느 날 아침 동이 틀 무렵 그들은 작은 코르시카산(産) 말 두 필에 몸을 싣고 노새를 탄 안내인과 함께 길을 나섰다. 그 노새에는 어느 정도의 식량도 실었다. 그들이 가보려는 미개한 지역에는 주막도 없기 때문이었다. 처음에 길은 만을 따라 이어지다가 곧 산악지대로 통하는 얕은 골짜기로 접어들었다. 길은 점차 오르막으로 변하며 산을 굽이굽이 돌아갔다. 드디어 산 정상이 보였다. 그곳에는 산 비탈에 매달려 있는 듯한 모습의 조그만 마을도 있었다.

P. 59 잔은 걷는 속도로 다니는 게 지루해졌다. "좀 달려 봐요." 자신이 탄 말에 채찍질을 하며 그녀가 말했다. 남편이 뒤따라 오는 소리가 들리지 않자 어디 있는지 뒤를 돌아보았다. 그녀는 크게 웃음을 터뜨렸다. 자신의 말이 아내의 뒤를 쫓아 빠르게 달려 나가자 그는 새파랗게 겁에 질린 채 말 갈기를 꼭 붙들고 있었다.

P. 60 그녀는 말의 속도를 줄였고, 두 사람은 길을 따라 속보로 말을 몰았다. 어느덧 허기가 느껴지기 시작했다. 안내인이 그들을 쫓아와 숲 속의 시원한 샘터로 안내했다. 그들은 말에서 내려 말을 쉬게 하고 점심을 먹었다. 피아나에 도착했을 때는 해가 저물고 있었다. 그들은 하룻밤 잠자리를 청해야 할 형편이었다. 줄리앙이 문을 두드린 집에서 사람이 나오기를 기다리는 동안 잔은 설렘에 몸을 떨었다. 한 젊은 부부가 그들을 집 안으로 맞아들였고, 그날 밤 그들은 그 집의 빈 방에서 짚으로 만든 매트리스를 깔고 잠을 잤다.

해가 뜨자 그들은 다시 길을 떠났다. 그리고 얼마 지나지 않아 진홍색 바위산 맞은편에 멈춰 섰다. 그 아름다운 바위들은 높이가 900피트나 되었고, 나무, 식물, 동물, 사람 따위의 온갖 형상들이 있었다. 잔은 가슴이 벅차올라 말문을 열 수가 없었다. 하지만 줄리앙의 손을 꼭 쥐었다. 그 다음에 그들은 핏빛의 화강암 절벽으로 둘러싸인 또 다른 만에 도착했다. 잔은 "오, 줄리앙!"하고 탄성을 질렀을 뿐 다른 말이 나오지 않았다.

거기서부터는 길이 험해지자 줄리앙이 걸어가자고 제안했다. 잔은 남편과 단둘이 있고 싶어했기 때문에 안내인은 노새와 말을 끌고 앞장서서 나아갔다.

P. 61 얼마 후 두 사람은 몹시 목이 말랐고, 축축하게 젖어 있는 자취가 보이자 그것을 따라갔다. 그 자취는 조그마한 샘터로 이어졌는데 작은 홈통

을 타고 물이 흘러나오고 있었다. 잔은 무릎을 꿇고 물을 받아 마셨고 줄리앙도 그녀를 따라 했다. 잔이 천천히 시원한 샘물을 마시고 있는데, 줄리앙이 한 팔로 그녀를 안고 홈통 끝을 차지하고 있는 그녀를 밀어내려고 했다. 그들은 이렇게 서로 홈통에 입술을 대려고 실랑이를 벌이며 몇 초씩 번갈아 가며 홈통을 입에 물었다. 그러다 홈통을 놓치면 다시 쏟아진 물줄기가 두 사람의 얼굴과 목과 옷에 온통 물세례를 퍼부었다. 그러다가 잔이 입에 물을 가득 머금고 줄리앙에게 자신의 입술에서 물을 받아 마시라는 신호를 주었다. 고개를 뒤로 젖히고 아내의 입에서 물을 받아 마시는 동안 그의 욕망이 끓어올랐다. 잔은 여느 때는 보이지 않던 애정을 드러내며 남편의 어깨에 몸을 기댔다. 가슴은 쿵쾅거렸고 물기가 가득한 눈은 더욱 부드러워 보였다. "줄리앙, 사랑해요!" 그녀가 속삭였다. 그녀는 뒤로 누우며 부끄러움에 어쩔 줄 몰라 두 손으로 얼굴을 가렸다. 그는 그녀의 옆에 누워 그녀를 열정적으로 껴안았다.

P. 62 그녀는 누워서 초조하게 기다렸다. 그러다가 갑자기 자신이 기대했던 쾌감을 느끼고는 벼락을 맞은 듯 큰 소리를 질렀다.

잔이 너무 지쳤기 때문에 산 정상에 도달하는 데 오랜 시간이 걸렸다. 그들이 에비자 마을에 도착했을 때는 날이 저물어 있었다. 그들은 곧장 안내인의 친척인 파올리 팔라브레티의 집으로 갔다. 파올리가 두 사람을 방으로 안내했다. 그가 두 사람을 손님으로 맞이하게 되어 기쁘다는 말을 하고 있을 때 맑은 목소리가 끼어들었다. 커다란 검은 눈에 햇빛에 그을린 피부, 그리고 가녀린 허리의 작고 까무잡잡한 여자가 황급히 앞으로 나섰다. 그녀는 잔에게 키스하고 줄리앙과 악수했다. "안녕하세요, 부인. 안녕하세요, 나리. 불편하지 않으세요?" 그녀는 그들의 모자와 숄을 받아 들고 자기 남편에게 저녁이 준비될 때까지 손님들을 모시고 산책을 다녀오라고 일렀다. 산책을 하면서 파올리는 두 사람에게 마을의 역사를 들려 주었다. 또 그의 형은 유명한 산적이었다고 했다. 저녁식사를 하러 다시 집에 들어갔을 때 그 작은 여인은 두 사람을 마치 20년 동안 알고 지낸 사람들처럼 대했다.

잔은 샘터에서 줄리앙의 품에 안겨 경험했던 그 기이하고 충격적인 느낌을 다시 경험하지 못할까봐 불안했다. 방에 단둘이 있을 때 남편의 키스가 자신의 감각을 일깨우지 못할까봐 여전히 두려웠다.

P. 63 하지만 곧 안심할 수 있었고, 그녀에게는 그날 밤이 사랑의 첫날밤이 되었다. 다음날 그녀는 새로운 행복을 안겨 준 그 허름한 집을 떠나기가 못내 아쉬웠다.

그녀의 나머지 여정은 꿈 같았다. 방문하는 곳의 시골 풍경이나 사람들이나 명소들은 이제 그녀의 눈에 들어오지 않았다. 그녀의 시선은 오직 줄리앙만을 향하고 있었다. 바스티아에 이르자 안내인에게 비용을 지불해야만 했다. 줄리앙이 잔에게 말했다. "당신 어머님께서 주신 2,000프랑을 쓰지 않았으니 내가 지니고 다니는 게 낫겠소. 내가 갖고 있는 편이 더 안전할 테니 말이오."

그들은 레그혼과 플로렌스와 제노아를 방문했다. 그리고 바람이 부는 어느 날 아침 그들은 다시 마르세유로 돌아왔다. 때는 10월 15일이었고 그들이 레푀플을 떠나온 지 두 달이 지나 있었다. 차가운 바람에 잔은 한기를 느꼈고 마음도 쓸쓸해졌다. 게다가 그녀를 대하는 줄리앙의 태도도 변했다.

P. 64 그는 지겨워 하거나 심드렁한 기색을 드러내곤 했다. 그녀는 어렴풋이 불행이 자신을 휘감고 있는 듯한 느낌이 들었다. 남편을 설득해 마르세유에서 나흘 더 머물렀지만 마침내 떠나야 할 날이 다가왔다. 그들은 신혼 살림에 필요한 모든 것을 파리에서 사기로 했다. 잔은 어머니가 준 용돈으로 레푀플에 가져갈 갖가지 물건을 살 생각에 마음이 들떴다. 그들이 파리에 당도한 다음 날 그녀가 줄리앙에게 말했다. "어머니 돈을 주시겠어요, 여보? 물건을 좀 사려고요."

그가 성난 얼굴로 물었다. "얼마나 주면 되겠소?"

"뭐, 마음대로 주세요." 그녀가 당황하며 대답했다.

"100프랑을 주겠소. 아껴 쓰시오." 그가 대답했다.

그녀는 너무 놀라고 기가 막혀 무슨 말을 해야 할지 몰랐다.

"그런데 제가 그 돈을 드린 건 제 대신 간수해 달라는 뜻이었잖아요."

"물론, 그렇소. 이제 우리는 모든 것을 함께 소유하고 있는데 그 돈이 당신 주머니에 있든 내 주머니에 있든 무슨 문제가 되겠소? 그 돈을 당신에게 주지 않겠다는 게 아니잖소? 100프랑을 주겠다는 것이지."

P. 65 잔은 더는 아무 말 않고 남편이 건네는 금화 다섯 닢을 받았다. 일주일 후 두 사람은 레푀플을 향해 길을 나섰다.

6장

잔과 줄리앙이 저택에 도착했을 때, 남작 부부가 모든 하인들과 함께 신혼부부를 환영하기 위해 밖에 나와 기다리고 있었다. 남작 부인은 울음을 터뜨렸고 잔도 눈물을 훔쳤다. 아버지도 초조한 모습으로 서성거렸다. 모두 응접실에 들어가 난롯가에 앉았다. 남작 부부는 딸 내외의 신혼여행에 대해 빠짐없이 듣고 싶어했다. 잔은 30분 만에 모든 얘기를 털어놓았다. 그런 다음 그녀는 로잘리와 함께 짐을 풀기 위해 방으로 갔다. 로잘리도 굉장히 흥분해 있었다. 모든 것이 정리되자 로잘리가 잔을 남겨 두고 방에서 나갔다.

P. 66 약간의 피로를 느낀 잔은 의자에 앉았다. 이제 무엇을 할지 생각해 보았다. 다시 응접실로 내려가고 싶지는 않았다. 산책을 나갈까 생각해 보았지만 바깥은 너무 을씨년스러웠다. 그러다가 불현듯 앞으로 자기가 할 일이 아무것도 없다는 생각이 들었다. 그녀는 자리에서 일어나 창가로 다가가 차가운 창유리에 이마를 기댔다. 잠시 후 그녀는 밖에 나가 보기로 했다. 가을비에 흠뻑 젖은 가로수 길에는 낙엽이 수북이 깔려 있었다. 잔은 남작 부인의 산책로를 따라 천천히 숲을 향해 걸었다. 그러다가 줄리앙이 처음 사랑을 고백했던 언덕 위에 가서 앉았다. 너무나 서글퍼 생각에 잠길 수도 없었다. 이 처량한 날에서 벗어나기 위해 어서 침실에 들어 잠에 빠지고 싶을 따름이었다. 다시 집 안으로 들어가 보니 어머니가 난롯가에서 졸고 있었다. 남작과 줄리앙은 함께 산책을 나갔다가 잔이 들어온 직후 돌아왔다.

그날의 저녁식사 시간은 유난히 긴 것 같았다. 아무도 말을 하지 않았고 줄리앙은 자신의 아내에게 전혀 관심을 보이지 않았다. 식사 후 잔은 응접실의 난롯가에서 잠이 든 남작 부인의 맞은 편에 앉아 졸았다.

P. 67 그녀는 자신도 어머니처럼 즐거움이나 활기를 찾아볼 수 없는 삶에 만족하고 살게 되지 않을까 하는 생각이 들었다. 남작이 난롯가로 다가와 두 손을 뻗어 불을 쬐었다.

남작이 말했다. "애야, 온 가족이 둘러앉은 난롯가는 세상에서 가장 행복한 곳이란다. 이보다 더 좋은 곳은 없지. 그래도 이제 우리 모두 그만 자야 하지 않겠니? 두 사람 다 많이 피곤할 텐데."

결혼 후 처음으로 잔은 혼자 잠자리에 들었다. 이제부터 그녀는 줄리앙과 각방을 쓰기로 합의했던 것이다. 하지만 그녀는 이미 옆에 누워 자던 남편의 존재에 익숙해져 있는 터라 오랫동안 잠들지 못하고 윙윙거리는 바람소리를 듣고 있었다. 다음날 아침, 그녀는 침대로 쏟아지는 밝은 햇살에 눈을 떴다. 창가로 달려가 보니 포플러에 남아 있던 잎들이 모조리 떨어져 있었다. 벌거벗은 나무들 사이로 파도의 하얀 물마루로 뒤덮인 기다란 초록빛 해안이 보였다. 잔은 옷을 입었다. 그리고 달리 할 만한 일이 없었기 때문에 소작인들을 방문해 보기로 했다.

P. 68 마르탱 가족은 그녀를 보고 매우 놀랐다. 마르탱 부인은 그녀의 양볼에 키스한 뒤 복숭아 술을 들고 가라며 붙잡았다. 그 집을 나선 뒤 잔은 다른 농장으로 갔다. 쿠이야르 가족도 그녀가 들어서자 몹시 놀랐다. 안주인은 그녀에게 키스한 후 한사코 까막까치밥 술을 한 잔 마시라고 권했다.

그녀는 저택으로 돌아와 아침식사를 했다. 그날 하루도 전날과 다름없이 지나갔다. 달라진 것은 날씨가 습한 대신 쌀쌀해졌다는 것뿐이었다. 그 주의 나머지 날들도 주초의 이틀과 마찬가지였고, 그 달의 모든 주들도 첫 번째 주와 다를 바 없었다. 차츰차츰 잔은 서서히 자신의 삶에 체념했고, 규칙적으로 행하는 단순한 소일거리에나 신경을 썼다. 그녀는 사교생활이나 세속적인 즐거움에 대한 욕망도 없었다. 그녀가 품었던 모든 꿈과 환상은 점차 희미해졌다.

줄리앙과의 관계도 완전히 달라졌다. 그는 그녀에게 거의 관심을 보이지 않았고 심지어 말을 걸지도 않았다. 그의 애정은 완전히 식어 버린 듯했고, 밤에 그녀와 한 침대에서 자는 일도 거의 없었다. 그는 소유지의 운영을 맡게 되었고 모든 비용을 삭감했다.

P. 69 이제 그는 부유한 농부의 모습이었고 옷차림도 그렇게 하고 다녔다. 면도도 하지 않았는데 다듬지 않은 긴 수염 때문에 얼굴도 아주 초라하게 보였다. 식사를 마칠 때마다 그는 브랜디를 너덧 잔 마셨다. 잔이 술을 좀 줄이라고 조언할 때마다 그는 퉁명스럽게 "날 좀 내버려 둬!"라고 말했다. 그 후로 그녀는 결코 남편을 타일러 보려고 하지 않았다. 그들은 하룻밤 사랑을 나눈 후 다시는 함께 누워본 적이 없는 남남처럼 되어 버렸다. 그에 대한 그녀의 사랑, 그녀에 대한 그의 사랑은 그녀의 착각이었던 것일까?

새해에는 남작 부부가 루앙의 본가에 가서 몇 달 지내다 오기로 했다. 그러면 신혼부부만 남아서 그들이 평생을 보내게 될 그곳에 적응해 나갈 것이다. 남작 부부는 1월 9일에 저택을 떠나기로 했다. 잔은 부모님이 좀 더 머물기를 원했지만, 줄리앙은 그런 마음이 없었고 그들을 설득하려는 기미도 전혀 보이지 않았다.

7장

P. 70 매일 점심식사 후에 잔은 줄리앙과 몇 차례씩 카드놀이를 즐겼다. 그러면서 줄리앙은 파이프를 피우며 브랜디를 마셨다. 카드놀이가 끝나면 잔은 이층 침실로 올라갔다. 그리고 비바람이 창유리를 때리는 가운데 창가에 앉아 바느질을 했다. 그녀는 달리 할 일이 없었다. 줄리앙은 모든 집안 살림을 도맡아 처리하며 권위와 경제력에 대한 자신의 욕망을 충족시키고 있었다. 그는 이루 말할 수 없을 정도로 인색했다. 하인들에게는 정확한 급료 외에 한 푼도 더 베푸는 법이 없었고, 꼭 필요하지 않은 식품을 구입하는 것도 절대 용납하지 않았다. 잔은 돈을 중시하지 않는 집안에서 자랐다. 그녀 부모의 지론에 의하면, 돈이란 쓰라고 있는 것일 뿐 다른 용도가 없었다. 하지만 이제 줄리앙은 그녀에게 귀에 못이 박히도록 이렇게 말했다. "돈을 낭비하는 버릇을 좀 고치지 못하겠소?"

잔은 결혼 전에도 그랬듯이 가끔씩 공상에 빠져들곤 했다. 하지만 그러다가도 이런 생각이 들었다. "아, 이제 완전히 끝난 거야."

P. 71 그럴 때면 옷감에 바늘을 찔러 넣는 그녀의 손가락 위로 눈물이 한 방울 떨어졌다. 명랑하고 활기 넘치던 로잘리도 점점 변했다. 포동포동하고 둥그스름한 뺨에서 밝은 혈색이 사라졌고 피부는 탁하고 거무스름하게 변했다. 잔은 종종 그녀에게 어디 아프냐고 물었지만, 로잘리는 늘 얼굴을 살짝 붉히며 "아뇨, 아씨."라고 대답할 뿐이었다. 사뿐사뿐 걸었던 예전과는

달리, 그녀는 방을 옮겨 다닐 때 발을 질질 끌며 힘겹게 걸었다. 차림새에도 신경을 쓰지 않는 듯했다.

춥고 눈이 내린 어느 날 아침 잔은 자신의 침실 난로 옆에 앉아 있었고, 로잘리는 천천히 침대를 정리하고 있었다. 갑자기 잔의 뒤에서 고통스런 한숨 소리가 들렸다.

잔은 고개를 돌리지 않은 채 물었다. "왜 그러니, 로잘리?"

하녀는 평상시와 다름없는 대답을 했다. "아무것도 아니에요, 아씨." 하지만 그녀의 목소리는 숨이 넘어가는 듯 잦아들었다.

잠시 후 잔은 하녀의 기척이 들리지 않는 것을 깨달았다.

P. 72 "로잘리!" 잔이 외쳤다. 아무 대답이 없었다. 잔은 좀 더 큰 소리로 "로잘리!"하고 불렀다. 이번에도 대답이 없었다. 막 손을 뻗어 벨을 울리려고 할 때 그녀는 바로 곁에서 낮은 신음소리를 들었다. 깜짝 놀란 그녀가 자리에서 일어섰다. 로잘리는 등을 침대에 기대고 다리를 뻣뻣이 뻗은 채 바닥에 주저앉아 있었다. 잔이 로잘리의 곁으로 달려갔다.

"아니, 로잘리! 왜 그러니? 무슨 일이야?" 그녀가 겁에 질린 목소리로 물었다.

하녀는 대답도 못하고 끔찍한 고통을 겪는 것처럼 숨을 헐떡거렸다. 그러다가 온몸의 근육에 힘을 주면서 뒤로 널브러졌다. 그때 갑자기 그녀의 두 다리에 휘감겨 딱 붙어 있는 드레스 밑에서 무언가가 꼬물거렸다. 물이 뿜어져 나오는 듯한 괴이한 소리가 들리더니 고통이 배어 있는 길고 나지막한 울부짖음이 들렸다. 그것은 세상에 갓 나온 아기가 힘겹게 터뜨린 첫울음 소리였다.

잔은 계단 꼭대기로 달려가 외쳤다. "줄리앙! 줄리앙!"

"왜 그러는 거야?" 그가 밑에서 물었다.

잔이 숨가쁜 목소리로 말했다. "로잘리가…" 하지만 그녀가 그 다음 말을 잇기 전에 줄리앙이 한 번에 두 계단씩 뛰어 올라왔다.

P. 73 침실로 뛰어들어간 그가 하녀의 옷을 걷어 올렸다. 거기에는 쪼글쪼글한 갓난아기가 가냘프게 칭얼거리며 팔다리를 꿈틀대고 있었다. 그는 험악한 표정을 지으며 몸을 일으키더니 어리둥절해 있는 아내를 방 밖으로 밀어냈다.

"당신은 여기 있을 필요 없어. 가서 뤼디빈과 시몽 영감을 데려와." 그가 말했다.

잔은 남편의 지시를 전달하기 위해 온몸을 부들부들 떨며 부엌으로 내려갔다. 그러고 나서 부모가 저택을 떠났기 때문에 한 번도 불을 지핀 적이 없는 응접실에 들어가 있었다. 곧 시몽 영감이 집 밖으로 뛰어나가더니 5분 후에 마을 산파를 데리고 돌아오는 모습이 보였다. 곧이어 계단에서 사람을 들어 옮기는 소리가 들렸다. 그때 줄리앙이 그녀에게 오더니 이제 방으로 올라가도 된다고 말했다. 그녀는 이층으로 올라가 다시 자신의 침실 난롯가에 앉았고, 마치 끔찍한 사건을 목격한 것처럼 몸을 떨었다.

P. 74 "그 아이는 좀 어때요?" 그녀가 물었다.

매우 화가 난 것처럼 보이는 줄리앙은 신경질적으로 방안을 서성거렸다. 그는 아내의 물음에 잠시 대답을 하지 않고 있다가 이윽고 서성거리던 걸음을 멈추었다.

"그런데 당신은 저 여자를 어쩔 셈이야?" 그가 물었다.

잔은 그의 질문을 이해하지 못하겠다는 표정으로 남편을 쳐다보았다.

"무슨 말씀이세요? 전 잘 모르겠어요." 그녀가 말했다.

"우리는 저 여자가 낳은 아이를 집 안에 둘 수 없어." 그가 말했다.

잔은 당황한 표정으로 한동안 말없이 앉아 있었다.

"하지만, 여보, 그거야 유모를 구해서 맡기면 되잖아요." 마침내 그녀가 말했다.

줄리앙은 아내가 말을 마치기도 전에 입을 열었다.

"그럼 누가 그 비용을 댄단 말이야? 당신이 댈 거야?"

"당연히 어린애 아버지가 비용을 대겠죠. 그리고 그 사람이 로잘리와 결혼하면 모든 게 해결될 거예요." 그녀가 말했다.

"아버지라고!" 줄리앙이 거칠게 소리쳤다. "아버지! 당신은 그게 누군 줄 알아? 물론 알 턱이 없지. 아주 잘 됐군 그래!"

잔은 점점 난감해지기 시작했다. "그럼 우리가 로잘리에게 어린애 아버지가 누군지 물어봐서 억지로라도 결혼을 시키면 되잖아요."

P. 75 줄리앙은 마음을 가라앉히고는 다시 방안을 서성거렸다.

그가 말했다. "여보, 내 생각에 저 여자는 당신이나 내게 그 남자의 이름을 밝히려고 하지 않을 거야. 게다가 아이의 아버지가 저 여자와 결혼을 안 하겠다고 하면 어쩌겠어? 당신도 저 여자와 사생아를 우리집에 둘 수 없다는 걸 이해해야만 해."

"그렇다면 그 남자는 정말 파렴치한이 분명하겠죠. 그렇다 해도 우리는 그 사람이 누구인지 밝혀낼 거예요. 그러면 그 사람은 불쌍한 로잘리 대신 우리와 상대해야만 할 거예요."

줄리앙의 얼굴이 시뻘개졌다. "하지만 그 남자가 누구인지 밝혀낼 동안은 어떻게 하겠어?" 그가 물었다.

그녀도 별 대책이 떠오르지 않자 줄리앙에게 그가 생각하는 최선책은 뭐냐고 물었다. 그는 기다렸다는 듯 바로 자신의 의견을 말했다.

"오, 저 여자에게 약간의 돈을 쥐어 주고 아이와 함께 쫓아내는 거지."

잔이 말했다. "절대 그럴 수는 없어요. 로잘리는 저의 젖자매이고 우리는 함께 자랐어요. 그 애가 잘못을 저지른 건 사실이지만, 그렇다고 그 애를 쫓아낼 수는 없어요.

P. 76 그리고 도저히 이 일을 수습할 방도가 없다면 제가 직접 그 아이를 키우겠어요."

줄리앙이 소리쳤다. "그럼 우리 평판은 어떻게 되겠어? 사람들은 우리가 악행을 부추기고 매춘부를 보호해 준다고 떠들어댈 거야. 훌륭한 사람들은 우리 근처에 얼씬도 하지 않을 테고. 도대체 무슨 생각을 하는 거야? 당신은 정신이 나간 게 틀림없군!"

잔이 목소리를 낮추어 말했다. "저는 로잘리가 내쫓기는 것을 보고만 있지는 않겠어요. 당신이 그 애를 여기 두지 않는다 해도 우리 어머니가 다시 데려갈 거예요. 아무튼 우리는 아이 아버지의 이름을 꼭 알아낼 거예요."

줄리앙은 잔의 말에 너무 화가 치밀어 아무 대꾸도 하지 못하고 방을 나가 버렸다. 그는 이렇게 소리쳤다. "여자들이란 정말 멍청하다니까."

오후에 잔은 로잘리를 보러 갔다. 로잘리는 침대에 누워 있고 산파가 그녀를 지켜보고 있었다. 로잘리는 잔을 보자마자 격렬하게 흐느끼며 침대보 속으로 얼굴을 숨겼다. 유모가 시트를 잡아당기자, 로잘리는 더는 버티지 않지만 여전히 두 볼에서는 눈물이 줄줄 흘렀다. 난로의 쇠살대 너머의 불길이 너무 약해서 방안이 몹시 추웠고 아기는 계속 울어대고 있었다. 로잘리가 또 다시 눈물을 쏟을까 우려한 잔은 차마 아이 얘기를 꺼내지 못했다.

P. 77 그녀는 로잘리의 손을 잡고 "괜찮아. 괜찮아."라는 말만 되풀이했다. 그러다가 낮은 목소리로 이렇게 말했다. "우리가 아이를 잘 돌봐 줄게. 안심해도 돼." 그러고 나서 그녀는 재빨리 방에서 나왔다.

그 후 잔은 날마다 로잘리를 보러 갔다. 아기는 근처에서 유모를 구해 맡겼다. 줄리앙은 아내에게 거의 말을 걸지 않았다. 그는 로잘리를 내쫓으라는 자신의 요구를 거절한 것에 대해 아내를 용서할 수 없었다. 어느 날 그가 다시 그 이야기를 꺼내자 잔은 그에게 어머니에게서 온 편지를 보여 주었다. 남작 부인은 만약 그들이 로잘리를 레푀플에 데리고 있지 못하겠다면 루앙으로 보내라고 적었다.

"당신 어머니도 당신 못지않게 참 어리석군." 줄리앙이 외쳤다. 하지만 그 후로 로잘리를 내쫓으라는 말은 더 이상 꺼내지 않았다. 2주가 지나자 로잘리는 자리에서 일어나 다시 일을 할 수 있게 되었다.

어느 날 아침 잔은 로잘리를 불러 앉힌 후 그녀의 두 손을 잡고 말했다.

"자, 이제 로잘리, 내게 자초지종을 말해 보렴."

P. 78 로잘리가 몸을 떨기 시작했고 머뭇거리며 말했다. "무슨 자초지종을요, 아씨?"

"네 아이의 아버지가 누구니?" 잔이 물었다.

로잘리는 절망스러운 표정을 지으며 잔이 잡은 손을 빼내려고 애를 썼다.

잔이 말했다. "네가 너무 약했던 건 사실이야. 하지만 이런 일을 당한 사람이 네가 처음은 아니란다. 만약 아이의 아버지가 너와 결혼한다면, 앞으로 아무도 이번 일에 대해 개의치 않을 거야. 우리가 그 남자를 고용해서 여기서 너와 함께 살게 할 수도 있잖니."

P. 79 로잘리는 마치 고문을 당하는 사람처럼 신음 소리를 냈다.

잔이 말을 이었다. "네가 얼마나 수치스러워 하는지 나도 잘 알아. 하지만 난 화를 내는 게 아니란다. 내가 그 남자의 이름을 알고 싶어하는 것은 다 너를 위해서야. 나는 그 남자가 너를 버릴까봐 우려하는 것이고 그런 일을 막아 주려는 거야. 줄리앙이 그 남자를 만나서 너와 결혼하도록 주선할 거야. 그 남자가 너를 꼭 행복하게 해주도록 우리가 힘써 줄게."

마침내 로잘리는 잔의 손아귀에서 자신의 손을 잡아 빼는 데 성공한 후

방 밖으로 뛰쳐나갔다.

그날 저녁 잔은 저녁식사 때 줄리앙에게 말했다. "로잘리를 유혹했던 남자의 이름을 알아내기 위해 설득해 봤는데요. 하지만 알아내지 못했어요. 당신에게는 입을 열지 모르니 한 번 물어 보세요. 그 몹쓸 사람과 그 애를 결혼시켜야 하니까요."

줄리앙이 화를 내며 말했다. "내게 그 얘기는 꺼내지도 마. 당신이 그 여자를 데리고 있자고 했고 당신 말대로 됐잖아. 그러니 나는 그 여자에 대해 더 이상 아무 말도 듣고 싶지 않아."

로잘리가 아이를 낳은 후로 줄리앙은 더욱 짜증을 내는 것 같았다.

P. 80 그는 잔에게 말을 할 때마다 언성을 높였다. 그런데 그렇게 자주 성질을 부리면서도 줄리앙은 결혼생활의 의무를 다시 수행하기 시작했다. 이제 그는 사흘이 멀다 하고 밤에 아내의 침실로 따라 들어왔다.

로잘리는 곧 건강을 회복했고 기분도 나아지고 있었지만, 항상 겁을 먹은 듯한 모습이었다. 잔은 그 후에도 두 번이나 더 로잘리에게 남자의 이름을 대라고 설득했지만 소용이 없었다. 그러는 동안 줄리앙은 점점 더 부드러워졌다. 잔은 막연하게나마 부부 관계가 계속 호전될 것이라는 희망을 품었다. 그녀도 어느 정도 예전의 쾌활함을 되찾았다. 그러나 종종 몸이 몹시 불편했는데, 그 얘기를 입 밖에 내지는 않았다. 험한 날씨 탓에 건강이 나빠진 것이라 여기고 어서 훈훈한 봄바람이 불어오기를 고대했을 뿐이었다. 어떤 때는 음식 생각만 해도 구역질이 났고 아무것도 먹을 수 없었다. 또 어떤 때는 식사를 했다 하면 토하기도 했다. 심장이 심하게 요동쳤고 신경과민 상태가 계속되었다.

기온이 뚝 떨어진 어느 날 저녁, 줄리앙이 저녁식사를 마치고 일어서며 몸을 떨었다. 그가 워낙 땔감을 아꼈기 때문에 식당은 훈훈한 기운이 돈 적이 없었다.

P. 81 그는 두 손을 마주 비볐다. "오늘 밤은 혼자 자기에는 너무 춥군, 안 그래, 여보?" 그가 낮은 소리로 말했다.

잔은 두 팔을 남편의 목에 감았다. 하지만 몸이 너무 좋지 않았기 때문에 그에게 혼자 자게 해달라고 간청했다.

"당신 좋을 대로 하구려. 몸이 아프면 알아서 몸조리를 잘 해야지." 그가 말했다.

그는 하인에게 자신의 방에 불을 지피라는 지시를 내린 후 잔의 이마에 키스를 하고 잘 자라고 말했다.

잔은 추위에 벌벌 떨며 침대에 누워 있었다. 두 번이나 일어나 난로에 장작을 더 넣었지만 몸이 영 따뜻해지지 않았다. 다리에 경련이 일어나는 바람에 쉴 새 없이 이리저리 뒤치락거렸다. 한기가 팔다리를 타고 점점 더 올라오자 그녀는 끔찍한 두려움에 사로잡혔다. 그대로 죽을 것만 같았다. 공포에 질린 그녀는 침대를 박차고 나와 로잘리를 부르기 위해 벨을 울렸다. 아무도 오지 않았다.

P. 82 그녀는 연거푸 벨을 울렸고 반쯤 얼어붙은 몸을 떨며 대답을 기다렸다. 그러나 소용이 없었다. 어쩌면 로잘리가 깊은 잠에 빠져 있어 벨소리를 듣지 못하는 것인지도 모른다. 잔은 몸에 아무것도 두르지 않고 맨발로 층계참으로 달려나갔다. 그리고 어두운 계단을 올라가 로잘리의 방문을 열었다. 하녀의 침대는 텅 비어 있었는데, 그날 밤 아무도 거기서 자지 않은 것처럼 썰렁한 기운이 감돌았다. "이렇게 추운 날씨에 밖으로 나갔을 리가 없는데." 그녀는 속으로 이렇게 생각했다.

그녀의 심장이 미친 듯이 뛰기 시작했다. 걸음을 옮길 때마다 곧 무너질 듯한 다리를 이끌고 줄리앙을 깨우기 위해 계단을 내려갔다. 그녀는 남편의 방 문을 확 열어젖힌 후 급히 방을 가로질러 갔다. 자신이 죽어가고 있는 것 같았고 남편 얼굴을 다시 보기도 전에 정신을 잃을 것 같은 생각이 들었기 때문이었다. 그때 갑자기 그녀는 비명을 지르며 멈춰 섰다. 꺼져 가는 난로의 불빛에 의해 남편 머리 옆에 놓인 베개에 로잘리의 머리가 보였기 때문이다. 그녀의 비명에 두 사람이 벌떡 일어났지만, 잔은 이미 도망치듯 방에서 뛰쳐나가고 있었다. 그녀의 뒤에서 줄리앙이 그녀를 불렀다. "잔! 잔!"

그녀는 계단을 달려 내려갔다. 계단 맨 아래에서 주저앉아 버린 그녀는 자신이 목격한 상황을 믿을 수도 이해할 수도 없었다. 줄리앙은 침대에서 펄쩍 뛰어나와 황급히 옷을 입었다. 잔은 그가 움직이는 소리를 듣고 그에게서 도망치기 위해 다시 벌떡 일어났다.

P. 83 그가 아래층으로 내려와 소리쳤다. "잔, 내 말 좀 들어봐!"

아니, 그녀는 그의 말을 듣고 싶지 않았다. 그가 자신에게 손끝 하나 대지 못하게 할 것이다. 마치 살인자에게 쫓기듯 그녀는 식당으로 뛰어들어가 식탁 밑에 웅크리고 앉았다. 식당 문이 열렸다. 줄리앙은 손에 등을 들고 계속해서 그녀의 이름을 부르며 들어왔다. 그녀는 부엌 안으로 달려가 문을 홱 열어젖히고는 캄캄한 어둠 속으로 뛰쳐나갔다. 맨다리가 무릎까지 눈에 빠졌는데, 그 감촉이 그녀에게 새로운 기운을 불어넣었다. 잠옷 밖에 걸친 것이 없었지만 매서운 추위를 느끼지 못했다. 감정적인 고통이 너무 심했기 때문에 육체적 감각은 그녀의 뇌에 아무런 자극을 주지 못했다. 눈 덮인 땅과 구별되지 않을 만큼 하얀 형체로 보이는 그녀는 계속 달렸다. 숨을 쉬기 위해 한 번도 멈춰 서지 않았고, 자신이 무슨 행동을 하고 있는지 알지 못하고 생각하지도 않은 채 그저 달리기만 했다. 갑자기 그녀는 자신이 절벽 바로 앞에 와 있는 것을 깨달았다. 거기서 갑자기 발을 멈추고 눈 속에 웅크리고 앉았다. 그녀는 몸을 떨기 시작했다.

P. 84 아주 오래 전에 있었던 일들이 그녀의 기억 속에 되살아났다. 라스티크 영감의 배를 타고 뱃놀이를 갔던 저녁이 생각났다. 그녀가 처음으로 그에게 사랑을 느꼈던 것도 그날 저녁이었다. 코르시카에서의 일도 떠올랐다. 그리고 잔의 생각은 더욱 거슬러 올라가 레푀플에 도착하던 날 밤까지 이어졌다. 그날 밤은 정말 행복한 꿈을 꾸며 보냈다. 그런데 지금, 지금은! 그녀의 인생은 파멸하고 말았다. 앞으로 그녀에게 기쁨이라는 것은 있을 수 없었다. 차라리 지금 당장 죽어버리는 편이 나을 것이다.

멀리서 소리치는 목소리가 들렸다. "이쪽이야! 이쪽! 여기 그녀의 발자국이 있어!"

그녀를 찾고 있는 줄리앙의 목소리였다. 아! 다시 그와 얼굴을 마주할 수 없을 것이다. 그러고 싶지도 않다! 결코 다시는! 저 밑에서 물결이 바위에 부딪히는 소리가 희미하게 귓전을 스쳤다. 그녀는 절벽에서 몸을 던지기 위해 일어섰다. 그리고 죽어가는 이들이 내뱉는 마지막 외침을 신음하듯 토해냈다. "어머니!" 그러자 불현듯 자신이 죽었다는 소식에 애통해 할 부모님의 생각이 뇌리를 스쳤다. 그녀는 맥없이 다시 눈 위에 쓰러졌고, 줄리앙과 시몽 영감이 다가왔다. 하인 마리우스는 등불을 들고 그들을 뒤따라왔다. 그들은 그녀를 들어 집안으로 옮겼다. 그런 다음 침대에 눕히고 뜨거운 플란넬 천으로 몸을 문질러 주었다. 그 다음부터 그녀는 의식을 잃었다.

P. 85 그녀는 무서운 악몽에 시달렸고, 자신이 헛소리를 했다는 사실도 알지 못했다. 그녀는 누군가가 자신을 내리누르며 거센 팔로 자신을 휘감아 꼼짝못하게 한다는 환상에 사로잡혔다. 그녀는 아무도 알아보지 못했다. 이 모든 일이 발생한 시간에 대해서도 개념이 없었다. 아주 오랜 시간이 지났다는 것만 느낄 뿐이었다. 마침내 그녀는 깨어났고, 피로감과 통증을 느끼기는 했지만 전보다 많이 호전되었다. 기운이 하나도 없었다. 주위를 둘러보았는데, 어머니가 침대 곁에 앉아 있는 것을 보고도 놀라지 않았다. 어머니 옆에는 그녀가 모르는 뚱뚱한 남자가 한 명 있었다. 그녀는 자신이 몇 살인지 잊었고, 다시 어린아이로 돌아와 있다는 착각에 빠졌다. 기억 나는 게 아무것도 없었다.

"보세요, 따님 의식이 돌아왔습니다." 뚱뚱한 남자가 말했다. 남작 부인이 울음을 터뜨리자 그 남자가 말을 이었다. "자, 자, 남작 부인. 이제는 고비는 지나갔습니다. 따님에게 말을 시키시면 안 됩니다. 그냥 자도록 가만히 두세요."

잔은 자신이 오랫동안 누워 졸고 있었던 것 같았다.

P. 86 과거에 무시무시한 일이 있었기 때문에 자신이 아무것도 떠올리지 않으려고 애쓰며 가만히 누워 있다는 것을 어렴풋하게나마 의식하고 있었다. 하지만 어느 날 눈을 떴을 때 줄리앙이 옆에 서 있는 것이 보이자 발생한 사건에 대한 기억이 되살아났다. 그녀는 침대 시트를 차버리고 침대에서 펄쩍 뛰어나와 그에게서 도망치려 했다. 하지만 너무 쇠약해져 서 있을 수도 없었고, 발이 바닥에 닿자마자 쓰러지고 말았다. 줄리앙이 황급히 그녀를 부축하기 위해 다가왔다. 하지만 그가 일으켜 주려 하자 그녀는 비명을 지르며 옆으로 나뒹굴었다. 방 문이 열리고 리종 이모와 유모가 급히 들어왔고 남작 부부도 뒤따라 들어왔다. 그들은 잔을 다시 침대에 눕혔고, 그녀는 두 눈을 감고 잠이 든 척했다. 그녀는 방해 받지 않고 생각에 잠기고 싶었다. 어머니와 이모가 가끔씩 자신들을 알아보겠느냐고 물었지만, 그녀는 대답하지 않았다. 저녁이 되자 그들은 그녀를 유모에게 맡겨놓고 나갔다. 차츰 모든 사실이 명백하게 떠올랐기 때문에 그녀는 밤새 잠을 이루지 못했다. 이제 그녀는 자신이 어떤 결정을 내려야 하는지 생각해 보았다. 자신은 몹시 위독한 상태였음이 틀림없다. 그렇지 않았다면 부모님까지 부르지

는 않았을 테니까. 그렇다면 줄리앙은 부모님께 뭐라고 했을까? 부모님은 모든 사실을 알았을까? 그리고 로잘리는 어디에 있을까?

P. 87 이제 자신이 할 수 있는 일은 부모님과 함께 루앙으로 돌아가는 것뿐이었다. 그곳에서 부모님과 함께 살 수 있을 것이다. 결혼을 한 적이 없는 것처럼 생각하고 말이다.

다음날 그녀는 자신의 주위에서 들리는 얘기에 열심히 귀를 기울였지만, 의식이 회복된 티를 내지 않았다. 저녁 때가 되어 방 안에 남작 부인만이 남았을 때 잔이 나지막한 소리로 말했다.

"어머니!" 그녀는 너무 달라진 자신의 목소리에 스스로 놀랐다.

남작 부인이 딸의 두 손을 잡았다. "우리 딸! 우리 귀여운 잔! 나를 알아보겠니, 애야?"

잔이 말했다. "네, 어머니. 하지만 우시면 안 돼요. 어머니와 진지하게 할 얘기가 있어요. 제가 왜 눈 속으로 도망쳤는지 줄리앙이 말하던가요?"

남작 부인이 말했다. "그래, 애야. 너는 아주 위험한 열병을 앓고 있었다고 하더구나."

"그게 아니에요. 제가 열병에 걸린 건 그 다음이에요. 제가 도망친 이유는 로잘리가 그의 침대에 누워 있는 것을 보았기 때문이에요." 잔이 말했다.

P. 88 남작 부인은 딸이 아직도 헛소리를 한다고 생각하고 그녀를 진정시키려고 했다. "자, 자, 애야, 잠을 좀 청해 보려무나."

하지만 잔은 입을 다물지 않았다. "제가 헛소리를 하는 게 아니에요. 어느 날 몸이 너무 불편하길래 잠자리에서 일어나 줄리앙의 방으로 갔어요. 그런데 로잘리가 그이 옆에 누워 있는 거예요. 저는 너무 비통한 나머지 제정신이 아니었고 눈 속으로 달려간 거예요. 절벽에서 몸을 던질 작정으로 말이에요."

"그래, 애야, 너는 계속 앓고 있었단다." 남작 부인이 말했다.

"제 말을 믿지 않으시는군요." 잔이 화난 목소리로 말했다. "가셔서 아버지를 모셔 오세요. 아마 아버지께서는 제가 진실을 말하고 있다는 것을 알아 주실 거예요."

남작 부인은 일어서서 몸을 두 지팡이에 의지한 채 천천히 방을 나갔다. 부인은 몇 분 후 남작과 함께 돌아왔다. 두 사람이 침대 옆에 앉자 잔이 힘없는 목소리로 입을 열었다. 그녀는 부모에게 냉혹하고 탐욕스러운 줄리앙의 됨됨이와 자신이 눈 속으로 달려나가기 전에 목격한 광경을 얘기했다. 남작은 딸의 정신이 온전하다는 것을 알았지만 무슨 말을 해야 할지 무슨 생각을 해야 할지 판단이 서지 않았다. 그는 다정하게 딸의 손을 잡았다.

P. 89 남작이 말했다. "애야, 잘 들어라. 무슨 일이든 경솔하게 처리해서는 안 되는 법이란다. 충분히 생각해 보기 전까지는 아무 말도 하지 않기로 하자꾸나. 우리가 결정을 내릴 때까지 기다려 주겠다고 약속하겠니?"

잔이 대답했다. "좋아요. 하지만 몸이 회복되면 저는 여기를 떠날 거예요." 그리고 이렇게 덧붙였다. "로잘리는 지금 어디 있어요?"

"이제 너는 그 애를 만나서는 안 된다." 남작이 대답했다.

하지만 잔은 한사코 대답을 들으려 했다. "그 애는 어디 있어요? 알고 싶어요."

남작은 로잘리가 아직 집에 남아 있다는 사실을 털어놓고 당장 멀리 쫓아내겠다고 말했다.

잔의 방을 나서는 남작의 마음은 딸에 대한 연민과 사위에 대한 분노로 가득했다. 그는 줄리앙을 찾아서 엄하게 따졌다. "여보게, 자네가 내 딸에게 저지른 행동에 대해 해명을 듣고자 하네. 자네는 내 딸에게 불성실한 것도 모자라 그 애의 젖자매이자 하녀인 아이와 함께 그 애를 속였더군. 그러니 자네 행실이 더욱 비열한 것이야."

P. 90 줄리앙은 자신은 그런 일을 저지른 적이 없다며 딱 잡아뗐다. 증거가 어디 있느냐고 되물었다. 잔은 이제 막 뇌막염에서 회복되는 중이라 아직도 정신이 오락가락한다고 했다. 그녀는 발병 초기의 어느 날 밤 정신착란을 일으켜 눈 속으로 뛰쳐나갔다는 것이다. 줄리앙은 몹시 화를 내면서 만약 남작이 그런 비방을 취소하지 않으면 소송을 걸겠다며 협박했다. 줄리앙이 부인하자 남작은 당황했고 변명을 하면서 용서를 청했다.

잔은 남편이 한 말을 전해 듣고서도 화가 난 것처럼 보이지 않았다.

"그이는 거짓말을 하고 있어요, 아버지. 하지만 우리는 그이가 사실을 인정하도록 만들어야 해요." 그녀가 차분하게 말했다.

그 후 이틀 동안 그녀는 조용히 누워 있었고, 사흘째 되는 날 아침 로잘리를 불러 달라고 했다. 남작은 이를 거절했지만 잔은 고집을 부리면서 몹시 화를 냈다. 남작은 의사를 부르러 보냈다. 의사가 오자 잔은 울음을 터뜨리며 소리를 질러댔다. "그 애를 볼 거예요! 그 애를 볼 거예요!"

의사가 그녀의 손을 잡고 나지막이 말했다. "진정하세요, 부인. 지금 너무 흥분하시면 매우 심각한 결과가 초래될 수 있어요. 부인은 지금 임신 중이니까요."

잔의 눈물이 순식간에 멈췄다. 의사가 말을 하는 동안에도 그녀는 자신의 몸 속에서 무언가가 움직이는 듯한 느낌이 들었다.

P. 91 그녀는 가만히 누워 주위에서 무슨 말을 하든 무슨 일을 하든 전혀 개의치 않았다. 그날 밤 그녀는 잠을 이룰 수가 없었다. 자신의 몸 속에 또 하나의 생명체가 있다고 생각하니 너무 이상했다. 그리고 그것이 줄리앙의 자식이라는 사실에 마음이 아팠다.

다음날 아침 잔은 남작을 불렀다.

그녀가 말했다. "아버지, 저는 모든 진실을 알아내기로 결심했어요. 지금 당장 말이에요. 그것을 알아내고야 말겠어요. 지금 제 몸 상태를 염려하신다면 아버지도 제가 하는 대로 그냥 내버려 두셔야 해요. 신부님을 모셔 오세요. 로잘리에게 진실을 말하게 하려면 신부님께서 여기 계셔야 하니까요. 그리고 나서 로잘리를 제게 보내세요. 아버지와 어머니도 오셔야 하고요. 하지만 이 일에 대해 줄리앙이 눈치채지 않게 해 주세요."

그로부터 약 1시간 후 신부가 왔다. 몇 분 후 잔의 침실 문이 벌컥 열렸다. 로잘리가 울면서 서 있었고 남작이 그녀를 방 안으로 밀치고 있었다. 이윽고 남작은 로잘리를 갑자기 떠밀어 방 안으로 냅다 밀어 넣었다. 방 한가운데로 들어선 로잘리는 두 손으로 얼굴을 가린 채 격렬하게 흐느꼈다.

P. 92 잔이 입을 열었다. "너에게 새삼 물을 필요도 없구나. 내 앞에서 눈물을 흘리는 것만으로도 네 죄가 증명되는 셈이니까. 하지만 난 전부 다 알고 싶어. 너도 보다시피 여기 신부님께서 와 계셔. 그러니 고해성사를 하는 마음으로 묻는 말에 대답해야 한다는 것을 알 거야."

로잘리는 대답하지 않았다. 하지만 그녀의 흐느낌은 거의 비명으로 변했다. 남작은 더 이상 참지 못하고 하녀의 두 손을 낚아채 침대 옆으로 떠다밀어 무릎을 꿇렸다.

"무슨 말이라도 해 봐. 대답을 해." 남작이 소리쳤다.

잔은 침대 옆으로 몸을 내밀어 하녀를 쳐다보았다. "내가 너를 줄리앙의 침대에서 본 것이 사실이지?" 잔이 물었다.

"네, 아씨." 로잘리가 흐느끼며 대답했다. 그 말에 남작 부인도 울음을 터뜨렸고, 두 사람의 울음소리가 한데 섞였다.

"그게 얼마나 오래된 일이지?" 잔이 하녀에게 눈을 떼지 않은 채 물었다.

"여기 오시고 나서부터요." 로잘리가 더듬더듬 대답했다.

"여기 오시고 나서부터라고." 잔이 그 말을 되풀이했다. "네 말은 그이가 이 집에 처음 오면서부터라는 말이니?"

"네, 아씨." 로잘리가 말했다.

P. 93 "도대체 어떻게 그런 일이 벌어졌지?" 잔이 외쳤다. "그이가 강제로 그랬니, 아니면 네가 스스로 몸을 허락한 거니? 어떻게 된 거야?"

"저도 모르겠어요." 로잘리가 말했다. "그분이 처음 여기서 저녁을 드시던 날 제 방으로 오셨어요. 미리 들어와 다락에 숨어 계셨지요. 저는 사람들이 뭐라고 할지 겁이 나서 감히 소리도 지를 수 없었어요. 그분이 제 침대로 들어오셔서 저를 좋아한다고 말씀하셨어요. 저도 그분이 좋은 분이라는 생각이 들어서 그 일에 대해서는 아무 말도 안 했고요."

"그럼 네 아기는? 그이의 자식이니?" 잔이 소리치며 물었다.

"네, 아씨." 로잘리가 흐느끼며 대답했다.

잔의 두 눈에 눈물이 고였다가 뺨으로 흘러내렸다. 그 말은 로잘리의 자식과 자기 자식의 아버지가 같다는 의미였다!

"우리가 신혼여행에서 돌아온 후 그이가 언제부터 다시 네게 손을 대기 시작했니?"

"돌아오신 그날 밤부터요." 로잘리가 말했다.

그녀의 말 한 마디 한 마디가 비수가 되어 잔의 폐부를 찔렀다. 그들이 레푀플로 돌아온 그날 밤 그는 하녀에게 가려고 그녀를 홀로 두고 나갔던 것이다!

P. 94 그렇기 때문에 그녀가 혼자 자도록 내버려 둔 것이다. 그녀는 이제 내막을 충분히 들었다.

"나가! 나가!" 잔이 소리쳤다. "이 애를 데리고 나가세요, 아버지! 방에서 끌어내세요!"

남작은 로잘리의 양 어깨를 거머쥐고 문으로 질질 끌고가 복도로 밀어 버렸다. 남작이 딸보다 더 하얗게 질린 채 돌아오자 신부가 입을 열었다.

"자, 다들 아시겠지만, 이 근방의 여자들은 다 저 모양입니다. 정말 한심하기 짝이 없는 일이지만 어쩔 수 없는 일이지요. 우리는 인간 본성의 나약한 면을 감안하지 않을 수 없어요. 저런 여자들은 임신을 하고 나서야 결혼을 하기 마련이지요." 그리고 신부는 미소를 지으며 이렇게 덧붙였다. "이 지방 풍습이라고나 할까요."

"나는 저런 여자애 따위는 상관하지 않아요." 남작이 신부의 말을 가로 막았다. "용서할 수 없는 것은 줄리앙의 행실이에요. 아무튼 저는 딸을 데리고 떠날 겁니다." 남작은 방안을 서성거렸고, 한 걸음 한 걸음 내디딜 때마다 분노가 더욱 치밀어 올랐다. "그 녀석이 그런 식으로 내 딸을 기만하다니 절대 용서할 수 없어요! 녀석은 파렴치한이고 불한당이에요. 녀석의 얼굴에다 대고 이렇게 말해 주겠어요. 그리고 사경을 헤맬 정도로 패버리겠어요."

신부가 말했다. "자, 남작님. 그 사람도 남들이 다 하는 짓을 저지른 것뿐입니다. 자기 아내에게 정절을 지키는 남편들이 많지 않다는 것을 남작님도 잘 아시잖아요, 그렇죠?

P. 95 남작님도 그런 사소한 장난을 치신 적이 있다고 봅니다. 당연히 있었을 테지요! 남작님도 옛날에 로잘리 같은 어린 하녀와 관계를 가진 적이 있었을지도 모르죠. 남자는 다 똑같아요. 그렇다고 남작님의 탈선으로 부인께서 불행해지셨다거나 부인에 대한 남작님의 애정이 식었던 것은 아니잖아요, 그렇지 않습니까?"

당황한 남작이 잠자코 서 있었다. 사실 그도 그런 일을 저지른 적이 있고 그것도 기회가 있을 때마다 자주 저질렀다. 하녀가 예쁠 때는 집 안에 아내가 있든 없든 문제가 되지 않았다. 그렇다면 그런 행위를 저질렀다고 해서 자신이 불한당이었단 말인가? 그가 줄리앙의 행동을 그렇게 엄하게 다스려야 할 이유가 있을까?

남작 부인은 눈물이 채 마르지도 않았지만 남편의 바람기가 떠올라 입가에 희미한 미소를 지었다. 부인은 사랑의 모험이 삶의 필수적인 부분이라고 생각하는 착하고 감상적인 여인이었다.

녹초가 된 잔은 똑바로 누웠다. 그녀는 결혼이라는 이름의 탈출구 없는 구렁텅이에 빠져버린 신세였다.

P. 96 그녀는 이 모든 불행, 슬픔, 절망을 견뎌 내야만 했다. 그녀도 로잘리처럼 줄리앙이 좋은 사람이라고 착각했기 때문이었다.

바로 그때 방문이 거칠게 열리더니 줄리앙이 분노에 찬 험상궂은 표정으로 들이닥쳤다. 그는 로잘리가 층계참에서 흐느끼는 것을 보고 사람들이 강제로 그녀의 입을 열게 했다는 사실을 눈치챘던 것이다.

"이게 뭡니까? 무슨 일이에요?" 그가 물었다.

남작은 신부의 말을 들은 터라 아무 말도 하지 못했다. 남작 부인만이 전보다 더 비통하게 울었다. 잔은 몸을 일으켜 자신에게 그토록 큰 슬픔을 안겨 준 장본인을 바라보았다.

그녀가 말했다. "우리는 당신이 여기 온 첫날부터 저질러 온 부끄러운 짓에 대해 알게 됐어요. 로잘리가 낳은 아이도 당신 아이라는 것을 알고 있어요. 그리고 그 아이와 제 뱃속에서 자라는 아이가 서로 형제간이라는 것도요." 그녀는 이불을 뒤집어 쓰고 목놓아 울었다.

줄리앙은 무슨 말을 해야 하고 무엇을 해야 할지 몰라 입을 벌린 채 서 있었다.

신부가 끼여들었다. "자, 자, 우리 젊은 아씨, 그렇게 약해지시면 안 됩니다. 냉정하게 생각하셔야죠."

자리에서 일어난 신부는 침대 곁으로 다가가 따스한 손으로 잔의 이마를 짚었다. 그 가벼운 접촉으로 그녀는 마음이 진정되고 곧 평온한 느낌이 들었다.

P. 97 마음씨 좋은 신부가 말했다. "부인, 우리는 언제나 용서할 줄 알아야 합니다. 지금은 슬프시겠지만, 자비로우신 하느님께서는 부인에게 큰 기쁨도 함께 주셨습니다. 하느님께서 부인께 어머니가 될 수 있는 희망을 주셨습니다. 태어날 아이는 부인의 모든 고통에 위안이 되어 줄 것입니다. 그 아이의 이름으로 간청드리오니 줄리앙 씨를 용서해 주시기 바랍니다. 이 아이가 두 분을 새롭게 재결합시키는 연줄이 되어 줄 겁니다. 뱃속에 있는 아이의 아버지인 이분을 매정하게 대하실 수 있겠습니까?"

기진맥진한 잔은 화를 내거나 원망할 힘도 없어서 아무 대답도 하지 않았다. 신부는 줄리앙을 침대로 가까이 잡아당겨 그의 손을 아내의 손에 쥐어 주었다. 두 사람이 손이 잠시 결합되었다 떨어졌다. 그러자 줄리앙은 차마 잔을 껴안지 못하고 대신 장모에게 키스했다. 그는 남작의 팔을 잡았고, 두 사람은 시가를 피우러 밖으로 나갔다.

지친 환자는 잠이 들었고 남작 부인과 신부가 낮은 목소리로 소곤거렸다.

P. 98 "로잘리에게 바르빌의 농장을 주십시오." 잠시 이야기를 나누다가 신부가 말했다. "그러면 제가 착하고 정직한 남편감을 찾아보겠습니다."

두 뺨에 아직 눈물이 마르지 않은 남작 부인은 그 말에 웃음을 지었다. 부인이 말했다. "바르빌은 아무리 적게 평가해도 2만 프랑은 나갈 거예요. 하지만 농장은 반드시 아이 명의로 해놓아야 합니다. 물론 로잘리와 그 아이의 남편이 살아 있는 동안은 그것을 소유하고 있을 테지만요."

8장

잔의 출산이 임박했다. 그녀는 출산을 기다리며 조바심도 호기심도 갖지 않았다. 최근에 겪은 슬픔 때문에 어머니가 된다는 생각도 전혀 기쁨을 주지 못했다. 봄이 가까이 다가와 벌써 노란 앵초꽃이 활짝 피고 있었다. 로잘리는 집을 떠났으며, 그녀를 대신하여 몸집이 크고 건장한 여인이 고용되었다. 이제 그 여인이 가로수길을 산책하는 남작 부인을 부축했다. 잔은 기분이 침울했고 늘 고통에 시달렸으며 바깥에 나갈 때는 아버지의 팔에 의지했다.

P. 99 그 반대편에는 리종 이모가 조카딸의 손을 잡고 걸었다. 세 사람은 말 한 마디 없이 몇 시간이고 걸어 다녔다. 갑자기 승마에 취미를 붙인 줄리앙은 식구들이 외출하면 말을 타고 그 지역 곳곳을 누비고 다녔다. 남작 부부와 자작은 푸르빌가(家)를 한차례 방문했다. 줄리앙은 이미 그들을 잘 아는 것처럼 보였는데, 저택에서는 누구도 그가 어떻게 그 사람들을 만나게 되었는지 몰랐다. 또한 그들은 브리즈빌가(家)도 방문했다. 이 두 방문은 그들의 지루하고 단조로운 일상을 깨는 유일한 행사였다.

어느 날 오후 4시경 두 사람이 말을 터벅터벅 타고 저택으로 왔다. 몹시 흥분한 줄리앙이 잔의 방으로 뛰어 들어오며 외쳤다.

"어서 아래층으로 내려가 봐. 푸르빌 부부가 왔어. 당신 몸이 불편하다는 것을 알고 이웃으로서 인사 차 온 거야. 나는 외출했지만 곧 돌아올 거라고 말해 놓고. 난 웃옷을 좀 갈아 입고 올 테니까."

P. 100 잔이 아래층으로 내려가 봤더니 붉은 콧수염을 무성하게 기르고 몸집이 큰 남자가 응접실에 와 있었다. 그의 옆에는 칙칙한 금발의 예쁘장하고 창백한 여자가 서글픈 표정으로 서 있었다. 그들은 잔에게 자신들을 소개했다.

여인이 말했다. "저희는 부군 되시는 라마르 씨를 여러 번 만나 뵈었는데요. 부인께서 편찮으시다는 말씀을 들었어요. 그래서 부인을 찾아 뵙는 것을 더 이상 미루면 안 되겠다고 생각했어요. 일전에 부인 어머님과 남작님께서 저희 집을 방문해 주셔서 매우 기뻤습니다." 여인은 세련되고 스스럼없는 말투로 편하게 얘기했고 잔은 즉시 그녀가 마음에 들었다.

"이 여자는 진짜 내 친구로 삼을 수 있겠는걸." 잔이 생각했다.

응접실에서 푸르빌 백작의 모습은 자신의 아내와는 달리 마치 꿔다 놓은 보릿자루마냥 영 어색해 보였다. 그는 자리에 앉자 두 손을 어디에 둬야 할지 몰라 안절부절못했다. 처음에는 무릎 위에 놓았다가 다음에는 의자 팔걸이에 놓았다. 그러다가 결국은 기도하듯 두 손을 모았다.

줄리앙이 들어왔는데, 외모가 완전히 변해서 잔은 놀란 눈으로 그를 빤히 쳐다보았다. 면도를 깔끔히 했고 예전에 그녀에게 구애를 할 때처럼 준수하고 매력적인 모습이었다. 그는 결혼 전에 그랬던 것처럼 상냥하고 매력적인 태도를 보였다.

P. 101 그는 백작과 악수한 후 백작 부인의 손에 키스했다. 그 키스에 백작 부인의 얼굴이 붉어졌다. 부부가 떠날 때 백작 부인은 줄리앙에게 목요일에 자기네 부부와 함께 승마를 하자고 제안했다. 줄리앙은 기꺼이 그 제안을 받아들였다.

그러자 백작 부인은 돌아서서 잔의 손을 잡고 말했다. "몸이 회복되시면 꼭 우리 함께 먼 곳까지 말을 타러 나가요." 인사를 마친 백작 부인은 승마복 치맛자락을 우아하게 들어올리더니 새처럼 가볍게 말 안장에 사뿐히 올라탔다. 그녀의 남편도 커다란 말 위에 훌쩍 올라탔다. 그는 말에 오르는 순간 더할 나위 없이 편안하게 보였다.

"정말 매력적인 사람들이야." 푸르빌 부부가 시야에서 사라지자마자 줄리앙이 말했다. "저 사람들을 알게 된 것은 정말 행운이야."

"그 자그마한 백작 부인은 참 유쾌한 분이네요." 잔이 대답했다. "저도 부인을 좋아하게 될 것 같아요. 당신은 저분들을 어떻게 알게 됐어요?"

P. 102 "브리즈빌가(家)에서 만났어. 남편은 좀 거칠어 보이지만 그야말로 진정한 귀족이라 할 수 있지. 사냥이라면 사족을 못 쓰는 사람이고."

7월 말까지는 아무 일도 일어나지 않았다. 그러다가 어느 화요일 저녁 모두가 집 밖에 앉아 있을 때 갑자기 잔이 양손을 옆구리에 짚으며 비명을 질렀다. 찌르는 듯한 진통이 순식간에 그녀의 온몸을 훑고 지나가는가 싶더니 금세 사라졌다. 약 10분 후 다시 진통이 왔다. 처음만큼 심하지는 않았지만 훨씬 오래 지속되었다. 그녀의 아버지와 남편이 그녀를 집 안으로 옮겼다. 아이의 출산 예정일은 9월이었지만 시몽 영감은 말을 달려 의사를 부르러 갔다. 자정쯤 산파와 함께 온 의사는 조산의 징후가 있음을 알아보았다. 통증은 조금 완화되었지만, 잔은 몸이 으슬으슬하고 정신이 혼미해져 죽을 것 같다는 생각이 들었다. 방에는 사람들로 가득 찼다. 남작 부인은 안락의자에 푹 기대 앉아 가쁜 숨을 몰아 쉬고 있었다. 남작은 이리저리 뛰어다니며 온갖 물건들을 가져왔고 완전히 혼이 나간 모습이었다. 줄리앙도 방안을 왔다갔다 하며 매우 걱정하는 기색이었지만, 사실 마음 속은 아주 평온했다. 잔은 이따금씩 나지막한 신음소리를 토해냈다. 두 시간 동안 아이는 나올 기미가 전혀 보이지 않았다.

P. 103 하지만 동틀 무렵이 되자 다시 진통이 시작되었고 곧 견딜 수 없을 만큼 그 정도가 심해졌다. 참을 수 없는 비명을 지르는 와중에 그녀는 거의 신음 소리조차 내지 않았던 로잘리 생각이 났다. 그녀의 하녀는 지금 자신이 겪고 있는 진통을 전혀 겪지 않고 사생아를 낳았다. 잔은 운명이 악한 자의 편을 든다는 생각에 놀랍고 분한 생각이 들었다.

진통이 가라앉을 때마다 잔은 줄리앙에게서 눈을 떼지 않았다. 그녀는 줄리앙이 로잘리의 고통에 신경 쓰지 않았던 것처럼 자신의 고통에도 전혀 염려하지 않는다는 것을 알았다. 진통이 너무 심해지자 잔은 '이제 죽으려나

보다! 난 죽어가고 있어!'라는 생각이 들었다. 그리고 그녀의 마음은 격렬한 증오심으로 끓어올랐다. 그녀는 온몸의 근육에 힘을 주어 자신을 괴롭히는 끔찍한 짐을 떨쳐 내기 위해 필사적으로 몸부림쳤다. 그러자 갑자기 뱃속이 모두 몸 밖으로 쏟아져 나오는 듯한 느낌이 들면서 순식간에 통증이 줄어들었다. 산파와 의사가 그녀에게 몸을 굽혀 무언가를 끄집어냈다. 잔의 귀에 갓난아기의 희미한 울음소리가 들렸다. 그 울음소리는 그녀의 귀를 채우고 그녀의 쇠약하고 지친 몸으로 파고들어 마침내 그녀의 영혼 깊숙이 닿는 것 같았다.

P. 104 아이가 태어나자 그녀의 마음 속에 새로운 기쁨이 샘솟았다. 눈 깜짝할 사이에 그녀는 끔찍한 고통에서 벗어났고 그 어느 때보다도 행복했다. 그녀는 아기를 보여 달라고 했다. 달을 다 채우지 못하고 태어났기 때문에 아기는 머리카락도 손톱도 없었다. 하지만 이제 가까스로 사람의 형체를 갖추기 시작한 그 작은 존재를 보자 그녀의 마음은 행복감으로 충만해졌다.

그 시간 이후부터 아기는 잔의 유일한 관심사가 되었다. 그녀는 아기 요람을 자신의 침대 가까이에 두겠다고 고집을 부렸다. 자리에서 일어날 정도로 회복되자 그녀는 창가에 앉아 발로 요람을 흔들며 시간을 보냈다. 그녀는 아기 유모를 질투했고, 그 얌전한 시골 여자의 품에서 아이를 떼어내고 싶어했다. 그녀는 입을 열었다 하면 온통 아기의 옷에 관한 얘기만 늘어놓았다. 조그마한 아기 옷을 두 손에 쥐고 이리저리 돌려 보면서 주위 사람들이 하는 말은 한 귀로 듣고 한 귀로 흘려버렸다. 그리고 "이것을 입히면 귀여울 것 같지 않아요?"하고 묻기 일쑤였다. 그녀의 어머니와 남작은 아기에 대한 딸의 열렬한 모성애를 흐뭇하게 지켜보았다. 하지만 줄리앙은 짜증을 내며 이렇게 내뱉곤 했다. "애녀석을 데리고 왜 이리 법석을 떠는 거야!" 그는 집안에서 관심을 독차지하고 있는 갓난아기에게 약간의 질투를 느끼고 있었다. 잔은 아기에게서 잠시도 떨어져 있으려고 하지 않았다.

P. 105 심지어는 밤새도록 요람에서 잠든 아기를 바라보며 앉아 있을 때도 있었다. 이렇듯 노심초사하는 날이 계속되다 보니 건강이 나빠지기 시작했다. 잠을 제대로 못 자는 바람에 몸이 쇠약해졌고 점점 여위어 갔다. 마침내 의사는 아기를 그녀에게서 떼어놓으라는 지시를 내렸다. 매일 밤 유모가 아기를 재우게 되자 잔은 밤마다 유모의 방문 앞으로 갔다. 그녀는 거기에

주저앉아 아들이 조용히 잘 자고 있는가를 확인하기 위해 귀를 기울였다. 어느 날 밤 줄리앙이 푸르빌 가의 만찬에 초대받아 갔다가 밤 늦게 돌아왔을 때 그러고 있는 그녀를 발견했다. 그 뒤로 잔이 침실에서 나오지 못하도록 매일 저녁 그녀의 방에 자물쇠가 채워졌다.

아이의 이름은 피에르 시몽 폴이라고 지었지만 사람들은 그냥 폴이라고 불렀다. 8월 말에 아이는 세례를 받았다. 남작이 대부가 되었고 리종 이모는 대모가 되었다. 어느 날 저녁식사 후 신부가 저택으로 찾아왔다. 그는 남작 부부에게 잠시 조용히 이야기를 나누고 싶다고 말했다. 세 사람은 천천히 가로수 길을 걸으며 이야기를 나누었고, 줄리앙은 잔과 함께 뒤에 남았다.

P. 106 줄리앙은 신부가 떠날 때 배웅해 주겠다고 나서서 신부와 함께 성당을 향해 걸어갔다. 저녁 날씨는 쌀쌀해서 곧 다른 사람들은 집 안으로 들어갔다. 모두가 약간 졸리기 시작할 즈음 줄리앙이 몹시 화난 얼굴로 들어섰다. 그는 방 안에 들어오자마자 남작에게 소리쳤다.

"그런 계집에게 2만 프랑이나 주시다니 미쳤군요!"

모든 식구들은 너무 놀라 아무 대답도 하지 못했다.

줄리앙이 말을 이었다. "어떻게 그런 바보 같은 짓을 하실 수 있는지 모르겠군요! 우리에게 한 푼도 남지 않을 때까지 돈을 흥청망청 쓰실 작정이신가 보군요!"

남작은 마음이 약간 진정되자 사위의 말을 가로막으며 고함쳤다.

"조용히 하게! 자네 집사람이 방에 있는 게 안 보이나?"

"아무려면 어때요." 줄리앙이 발을 구르며 대꾸했다. "게다가 집사람도 그 일에 대해 알아야죠. 장인 어른은 지금 집사람이 마땅히 물려 받아야 할 재산을 허투루 쓰고 계시니까요."

깜짝 놀라고 당황한 잔은 남편 말에 귀를 기울이며 영문을 알고자 했다.

"도대체 무슨 일이에요?" 그녀가 물었다.

그러자 줄리앙은 아내가 자신의 편을 들어 주기를 기대하며 아내 쪽으로 몸을 돌렸다. 그는 아내에게 그녀의 부모가 로잘리를 결혼시키려 한다고 말했다.

P. 107 그리고 그 하녀의 아이에게 2만 프랑이나 나가는 바르빌 농장을 주려고 한다는 말도 덧붙였다. 그리고 나서 이런 말을 되풀이했다. "여보,

당신 부모님은 정신이 나간 게 분명해, 완전히 미친 거야! 2만 프랑이라니! 2만 프랑이라니! 제정신이 아니지! 사생아 따위에게 2만 프랑이라니!"

잔은 매우 침착한 태도로 남편의 말을 들었다. 그녀는 남편의 비열함에 분노도 슬픔도 느끼지 않았다. 그녀는 자신의 아이에 관한 일이 아니라면 이제 무슨 일에도 관심이 없었다.

분노로 숨이 넘어갈 듯하던 남작이 이윽고 발을 구르며 크게 외쳤다.

"정말 이건 너무하군! 그 하녀에게 지참금을 주도록 만든 게 누구인가? 또 아이의 아버지가 누구인지 모르겠다는 말인가? 자네는 맘대로 하라고 하면 아예 그 아이를 내버리고도 남겠군!"

줄리앙은 아무 말 없이 놀란 표정으로 잠시 남작을 노려보았다.

그가 입을 열었다. "하지만 1,500프랑 정도면 충분하잖아요?

P. 108 시골 처녀들은 모두 결혼 전에 아이를 낳는다고요. 그들이 누구의 아이를 낳든 무슨 상관이에요? 그리고 만약 장인께서 로잘리에게 2만 프랑이나 나가는 농장을 주신다면 다들 그 이유를 궁금해 할 겁니다. 우리 가문의 이름과 지위도 생각을 좀 하셔야죠."

그는 자신이 주장이 논리적이고 설득력이 있다는 확신을 갖고 있는 듯 침착하고 냉정하게 말했다. 남작은 할 말을 잃었다.

줄리앙이 말을 이었다. "하지만 다행히 아직 아무것도 결정되지 않았어요. 제가 그 여자와 결혼하겠다는 사람을 알고 있어요. 정직한 사내입니다. 이 일은 제가 알아서 처리하겠습니다."

이 말을 하고 나서 그는 논쟁이 또다시 이어지는 것을 피하고자 방에서 나갔다. 사위가 나가고 문이 닫히자마자 남작이 외쳤다. "이런, 더 이상 참을 수가 없군!"

잔은 충격에 휩싸인 아버지의 표정을 보고는 별안간 해맑은 웃음을 터뜨렸다.

"아버지!" 그녀는 이렇게 외치며 말을 이었다. "그이가 '2만 프랑이라니!' 라고 할 때 말투 기억나세요?"

잔의 쾌활한 모습을 본 남작 부인도 사위의 격분한 표정을 떠올리고는 몸을 흔들어대며 웃었다. 부인은 사위가 자신이 소유하지 않은 돈이 자신이 유혹한 여자의 수중에 들어가는 것을 막겠다고 안달하는 모습이 너무 우스웠다.

P. 110 이윽고 남작도 낄낄거리기 시작했고, 모두가 행복했던 옛 시절에 그랬던 것처럼 배꼽을 잡고 웃었다.

그런 소동이 있은 지 이틀 후 줄리앙이 말을 타고 나간 사이에 키가 훤칠한 젊은이가 저택을 방문했다. 잔은 부모님과 함께 집 밖의 플라타너스 나무 밑에 앉아 있었다. 젊은이는 그들 쪽으로 걸어오더니 모자를 벗어 들고 머리를 숙여 인사했다.

"문안 드립니다, 남작님, 마님, 그리고 아씨. 저는 데지레 르콕이라고 합니다." 그 남자가 말했다.

"무슨 일로 왔는가?" 남작이 물었다.

젊은이는 머뭇거리다가 입을 열었다. "신부님께서 제게 이 댁 하녀 로잘리에 대해 말씀해 주셨습니다."

그가 방문한 용건을 눈치챈 잔이 일어나 아이를 안고 자리를 떴다.

"앉게나." 남작이 말했다.

그 농부는 자리에 앉아서 남작이 먼저 말을 꺼내기를 잠자코 기다렸다.

"그럼 자네가 로잘리와 결혼하겠다는 사람인가?" 남작이 물었다.

"사정에 따라 다릅니다. 할 수도 있고 어쩌면 안 할 수도 있습니다. 사정에 따라서요."

P. 111 그가 대답을 빙빙 돌려 하는 통에 짜증이 난 남작이 소리쳤다.

"솔직하게 대답할 수 없겠나? 그 아이와 결혼하겠다는 것인가, 안 하겠다는 것인가?"

남자는 대답이 자신의 발에 쓰여 있기라도 한 듯 아래를 내려다 보았다.

"신부님 말씀대로라면 여자를 데려가겠습니다. 하지만 줄리앙 씨 말씀대로라면 결혼하지 않겠습니다." 남자가 대답했다.

"줄리앙 씨가 자네에게 뭐라고 하던가?" 남작이 물었다.

"줄리앙 씨는 소인이 1,500프랑을 받게 될 거라고 말씀하셨습니다. 하지만 신부님께서는 2만 프랑을 받을 거라고 하셨고요. 2만 프랑이면 여자를 데려가겠습니다만, 1,500프랑이면 데려가지 않겠습니다." 젊은 농부가 말했다.

남작 부인은 그 말이 재미있는지 안락의자에 앉은 채 몸을 흔들어대며 웃기 시작했다. 부인의 웃음에 놀란 농부는 의심의 눈초리로 부인을 쳐다보며 남작의 대답을 기다렸다.

P. 112 남작이 말했다. "내가 신부님께 바르빌에 있는 농장을 자네에게 줄 거라고 말씀 드렸네. 2만 프랑의 가치가 있는 농장이지. 자네가 평생 소유하고 있다가 나중에 아이가 소유하게 될 걸세. 이 문제에 관해 내가 할 수 있는 말은 이것뿐이네. 그리고 나는 항상 약속을 지키는 사람이야. 자 결혼을 할 텐가 말 텐가?"

남자의 얼굴에 만족스러운 미소가 번졌다.

남자가 대답했다. "아, 그럼 못 할 이유가 없지요. 애초에 신부님께서 그 이야기를 꺼내셨을 때 소인은 당장 그러겠다고 했었죠. 그런데 나중에 줄리앙 씨가 1,500프랑만 받을 거라고 하시는 거예요. 그래서 소인은 속으로 진상을 알아봐야겠다고 생각했어요. 그래서 이렇게 찾아 뵙게 된 겁니다."

"언제 그 아이와 결혼하겠는가?" 남작이 물었다.

그 질문에 농부는 다시 의심스럽다는 태도를 보였다.

"우선 약조하신 것을 문서로 만들어 주시면 안 될까요?" 그가 물었다.

"아니, 혼인계약서로는 충분하지 않다는 말인가?" 남작이 성을 내며 말했다.

"하지만 혼인계약서가 생길 때까지 문서를 작성해 놓으면 좋겠어요." 농부가 말했다.

"대답을 분명히 하게, 지금 당장 말일세. 자네가 그 아이와 결혼하고 싶지 않다면 그렇게 말하게. 이런 기회를 잡고 싶어하는 사람이 또 있으니까 말일세." 남작이 말했다.

2만 프랑이 자신의 손아귀에서 빠져나간다는 생각에 농부는 정신이 번쩍 들었다.

P. 113 "그렇게 하겠습니다, 남작님! 성사됐습니다. 계약을 뒤집는 일은 없을 겁니다." 그가 손을 내밀며 말했다.

남작은 그와 악수하고 찬모를 불렀다. "뤼디빈! 와인 한 병 가져오너라."

와인을 마시고 나서 농부가 떠났다. 줄리앙은 그의 방문에 대해 아무 얘기도 듣지 못했다. 혼인계약서가 작성된 것도 비밀에 부쳐졌다. 결혼 예고가 선언되고 로잘리는 월요일 아침 결혼식을 올렸다. 성당에서 신랑신부 뒤에는 마치 행운의 징조인양 한 이웃 여자가 아이를 품에 안고 서 있었다.

결혼식 소식을 들은 줄리앙은 남작 부부와 격렬한 언쟁을 벌였다. 남작 부부는 레푀플에서 머무는 기간을 단축하고 루앙으로 돌아가기로 했다. 잔은 섭섭하긴 했지만 전에 부모가 떠날 때만큼 슬프지는 않았다. 이제 그녀의 모든 희망과 생각은 아들에게 쏠려 있었다.

9장

P. 114 몸이 꽤 회복되자 잔은 푸르빌가(家)로 답례 방문을 가기로 했고 아울러 쿠틀리에 후작에게도 인사를 가기로 했다. 줄리앙은 최근 마차를 하나 새로 들여놓았는데, 화창한 12월 어느 날 아침 그들은 처음으로 그 마차를 타고 길을 나섰다. 마차는 2시간 동안 노르망디의 들판을 가로질러 달리다가 작은 골짜기로 내려갔다. 그때 길이 가파르게 꺾이며 라브리에트 저택이 시야에 들어왔다. 벽돌로 창문 테두리를 둘렀고 슬레이트 지붕의 작은 탑들이 솟아 있는 멋진 건축물이었다. 마차는 오래된 도개교를 건너 아치 길을 지나 대문 앞에 이르렀다. 줄리앙은 마치 저택의 구석구석을 잘 알고 있는 듯 아름다운 부분마다 손가락으로 가리키며 잔에게 설명했다. 현관문이 열리고 금발의 백작 부인이 미소를 지으며 방문객을 맞으러 나왔다. 부인은 두 손으로 잔의 손을 잡더니 그녀를 응접실로 안내했다. 그리고 잔을 편안한 의자에 앉힌 후 자신도 그 옆에 앉았다. 줄리앙은 싱글벙글하면서 느긋하고 스스럼없는 태도로 이야기했다.

P. 115 그와 백작 부인은 일전에 함께 했던 승마에 대해 이야기를 주고받았다. 백작 부인은 줄리앙의 서툰 승마 솜씨를 거론하며 웃었고 그에게 '비틀거리는 기사'라는 별명을 붙여 주었다. 줄리앙도 웃으며 백작 부인을 '아마존의 여왕'이라고 불렀다.

잠시 후 백작이 뒤에 개 두 마리를 데리고 들어왔다. 백작은 자기 집이라서 그런지 전에 본 모습보다 훨씬 편안해 보였고 줄리앙과 잔을 보고 반가

워했다. 그는 하인들에게 난롯불을 좀 더 지피고 달콤한 포도주와 비스킷을 내오라는 지시를 내렸다.

"꼭 저희와 저녁을 들고 가셔야 합니다." 백작이 요청했다.

잔은 폴에 대한 생각 때문에 식사 초대를 사양했다. 하지만 줄리앙이 언짢다는 눈치를 주자 초대에 응하기로 했다. 그들은 소유지를 둘러보고 호수에서 뱃놀이를 하며 즐거운 오후를 보냈다. 백작이 노를 저었고, 잔은 물살에 손을 담근 채 얼음 같은 냉기를 즐겼다. 줄리앙과 백작 부인은 배 뒤편에 앉아 말없이 미소만 짓고 있었는데, 행복에 겨운 나머지 말할 필요성도 느끼지 못하는 것 같았다. 저녁이 되자 모두가 난로에 불이 활활 타오르는 넓은 응접실로 들어갔다.

P. 116 따뜻하고 평온한 공기가 방 안을 가득 채우고 있는 듯했다. 백작이 우람한 팔로 자기 아내를 아이처럼 들어올리더니 그녀의 양볼에 열렬한 키스를 했다. 잔은 그 마음씨 좋은 거인을 보며 웃음을 참을 수가 없었고 줄리앙에게 눈길을 보냈다. 줄리앙은 문간에 서서 백작을 뚫어져라 노려보고 있었다. 그의 얼굴은 매우 창백했다. 잔은 남편의 표정에 깜짝 놀라 몸이 불편한지 물었다.

"아무 문제 없어. 그냥 내버려 둬. 좀 추워서 그런 것뿐이니까." 줄리앙이 대답했다.

"백작님은 정말 좋은 분이에요." 마차를 타고 집으로 돌아오는 길에 잔이 줄리앙에게 말했다.

"그래. 하지만 아내에 대한 애정 표현이 좀 지나치더군." 그가 말했다.

일주일 후 그들은 쿠틀리에가(家)를 방문했다. 그 가문은 그 지방에서 가장 지체 높은 귀족이었다. 루이 14세 때 지어진 그들의 저택은 담으로 둘러싸인 화려한 정원 안에 자리잡고 있었다. 제복을 입은 하인이 아름답게 장식된 넓은 방으로 방문객들을 안내했다. 몇 분 후 후작과 후작 부인이 들어왔다. 후작 부인은 머리에 분화장을 한 모습이었다. 그들은 매사에 엄격하게 예의를 지키는 사람들이었고, 그들의 감정도 그들의 말투만큼이나 가식적인 것 같았다.

P. 117 후작 부부는 상대방의 대답을 기다리지도 않고 일방적으로 이야기를 늘어놓았다. 두 사람은 태생이 고귀한 사람에게 부여된 의무를 수행하

고 있는 듯한 태도를 보였다. 잔과 줄리앙은 좌불안석이었지만 그들에게 장단을 맞춰 주느라 애를 썼다. 후작 부인이 마치 알현을 끝내려는 여왕처럼 대화를 중간에 끊음으로써 잔 부부의 방문은 마무리되었다.

"당신만 괜찮다면, 앞으로는 다른 가문은 방문하지 않는 것이 좋겠군." 집으로 돌아오는 길에 줄리앙이 말했다. "푸르빌가 하고만 친구로 지내야겠어." 잔도 남편의 말에 동의했다.

12월은 더디게 지나갔다. 잔은 폴에게 너무 몰두해 있어 지루할 틈도 없었다. 그녀는 아들을 품에 안고 열광적으로 키스를 퍼붓곤 했다. 그녀는 줄리앙에게 키스를 해 주라고 아기 얼굴을 들이밀며 이렇게 말하곤 했다. "당신은 아들에게 키스를 하는 법이 없군요. 아들을 사랑하지 않는 것 같아요."

그러면 줄리앙은 갓난아기의 부드러운 이마에 입술을 살짝 댈 뿐이었다.

P. 118 그러고는 마치 아이가 혐오스러운 듯 재빨리 방을 나가 버렸다.

가끔 읍장과 의사와 신부가 저녁식사에 참석했다. 때때로 푸르빌 부부도 방문했다. 그들은 잔 부부와 꽤 허물없는 사이가 되었다. 백작은 폴을 아주 귀여워하는 것 같았다. 그는 레푀플에 들어서는 순간부터 떠날 때까지 아이를 무릎 위에 올려놓고 돌봤다. 자신의 긴 콧수염 끝으로 아이의 코를 간질이기도 했고, 잔이 하는 것에 못지않게 아이에게 열광적으로 키스를 퍼부었다. 그의 인생에서 가장 한탄스러운 것은 슬하에 자식이 없다는 사실이었다.

3월은 맑고 건조하고 온화한 편이었다. 또다시 백작 부인은 모두 함께 승마를 하러 가자고 제안했다. 잔은 그 제안에 매우 기뻐하며 즉시 승낙했다. 그들은 언제나 둘씩 짝지어 다녔는데 백작 부인과 줄리앙이 앞장서고 백작과 잔이 뒤를 따라갔다. 뒤따르는 두 사람은 나란히 말을 타고 가며 편안하고 조용하게 이야기를 주고받았다. 두 사람은 서로의 솔직한 태도와 인정 많은 마음씨에 이끌려 급속히 친해졌다. 줄리앙과 백작 부인은 소곤소곤 얘기하다가 이따금씩 요란하게 웃음을 터뜨리곤 했다.

P. 119 그들은 입으로는 차마 말할 수 없는 것을 파악하려는 듯 서로의 눈을 그윽하게 바라보기도 했다. 종종 두 사람은 머나먼 곳으로 도망가고 싶은 사람들처럼 갑자기 말을 전속력으로 몰곤 했다.

백작 부인은 4월 내내 틈 날 때마다 레푀플을 방문했다. 그녀는 행복의 비결이라도 찾은 것처럼 보였다. 그녀의 남편은 아내를 애지중지했다.

"요즘 저희는 그 어느 때보다도 행복합니다." 어느 날 저녁 백작이 잔에게 말했다. "질베르트가 지금처럼 애정이 넘쳤던 적이 없어요. 집사람이 저를 사랑하는지 전혀 확신이 없었는데 지금은 사랑이 느껴집니다."

줄리앙도 더욱 쾌활해졌다. 그들의 우정이 두 집안에 평화와 행복을 가져온 것 같았다.

그 해 봄은 유난히 따뜻했고 잔은 몇 시간씩 햇볕을 쬐며 공상에 잠겼다. 예전에 그녀가 사랑을 처음 느꼈을 때의 달콤한 기억들이 새록새록 떠올랐다. 그렇다고 남편에 대한 애정이 되살아나지는 않았다.

P. 120 그런 감정은 이미 완전히 사그라진 상태였다. 그녀는 따뜻한 햇살을 받으며 혼자 막연하고 평온한 공상에 빠지는 것을 즐길 뿐이었다. 그러던 어느 날 아침 햇살 속에서 졸음에 빠져 들고 있을 때 에트르타 근처의 작은 숲 속에 있는 양지 바른 곳이 생각났다. 그곳은 그녀가 난생 처음으로 자신을 사랑하는 남자 곁에서 황홀감을 느꼈던 장소였다. 그가 처음으로 자신의 희망을 조심스럽게 내비치던 곳이었다. 그 숲에 가보고 싶은 충동이 생겼다. 줄리앙은 새벽에 나가고 없었다. 그녀는 마르탱네에게 가서 어린 흰 말에 안장을 매도록 지시하고 길을 나섰다. 나뭇잎 하나, 풀잎 하나 흔들리지 않는 아주 고요한 날이었다.

그녀는 바다로 이어지는 골짜기로 내려가 천천히 숲으로 향했다. 아직 그리 두터워지지 않은 녹음을 뚫고 햇살이 쏟아지고 있었다. 잔은 좁은 오솔길을 따라 헤맸지만 예전에 줄리앙과 함께 앉았던 장소를 찾을 수 없었다. 그러다가 긴 오솔길로 접어들었는데 길 끝에 말 두 마리가 나무에 매어 있는 게 보였다. 그녀는 즉시 그 말들을 알아보았다. 질베르트와 줄리앙의 말이었다. 혼자 헤매기도 지친데다 예기치 않게 그들을 만나게 된 것이 반가워 그녀는 재빨리 그쪽으로 말을 몰았다. 그리고 목소리를 높여 그들을 불러 보았다.

P. 121 아무런 대답이 없었다. 누군가 앉아 있었던 흔적이 남아 있는 듯한 풀밭에는 여자 장갑 하나와 채찍 두 개가 놓여 있었다. 줄리앙과 질베르트가 그곳에 앉아 있다가 말들은 나무에 묶어둔 채 더 멀리 나아간 게 분명했다. 잔은 그들이 도대체 무엇을 하고 있는지 짐작을 할 수 없었다. 그녀는 말에서 내려 나무에 몸을 기댔다.

P. 122 그렇게 20분을 기다렸다. 그녀가 거의 꼼짝도 않고 서 있는데, 작은 새 두 마리가 그녀 곁의 풀밭으로 날아와 앉았다. 그 중 한 마리가 날개를 쭉 펴서 퍼덕거리고 지저귀며 다른 녀석 주위를 깡총거리며 돌았다. 그러더니 별안간 두 녀석이 교미를 했다. 잔은 새들을 바라보다가 그런 것에 대해 전혀 몰랐던 사람처럼 화들짝 놀랐다. 그러다 이런 생각이 들었다. "아, 그렇지! 봄이구나." 그때 또 다른 생각, 아니 의심이 뇌리를 스쳤다. 그녀는 떨어져 있는 장갑과 두 채찍과, 주인 없는 두 마리 말을 다시 쳐다보았다. 문득 그녀는 그곳을 벗어나고픈 강렬한 충동을 느껴 자신의 말에 훌쩍 뛰어올랐다.

잔은 전속력으로 말을 몰아 다시 레푀플로 돌아오기 시작했다. 어째서 전에는 전혀 눈치를 채지 못했을까? 자주 집을 비우고 유난히 기분이 좋아진 줄리앙을 보고서도 알지 못했단 말인가? 백작을 그토록 기쁘게 했던, 질베르트의 행복이 어디에서 오는가를 이제 알 것 같았다. 충격이 컸지만 질투나 증오는 전혀 느껴지지 않았고 오직 경멸감만이 속에서 치밀어 올랐다. 그녀는 줄리앙에 대한 생각은 거의 하지 않았다. 이제 그녀는 그가 어떤 행동을 하든 놀라지 않을 것이기 때문이었다. 하지만 자기 남편뿐 아니라 친구까지도 기만한 백작 부인의 배신은 잔에게 깊은 상처를 주었다.

P. 123 이렇듯 세상 모든 사람들은 믿을 수 없고 진실하지 못하고 부정하단 말인가! 잔의 눈에 눈물이 글썽거렸다. 그녀는 자신이 발견한 그 비밀을 입 밖에 내지 않기로 결심했다. 그녀는 사람들을 웃는 낯으로 대했지만 폴과 부모 이외의 모든 이들에게 완전히 마음을 닫아버렸다.

저녁식사를 하러 들어온 줄리앙은 기분이 매우 좋아 보였고 아내의 비위를 맞추느라 이런저런 계획을 늘어놓았다. 그는 장인 장모를 초대하자는 제안도 했는데, 그 말을 들은 잔은 남편의 부정을 거의 용서하는 마음이 들기도 했다. 그렇지 않아도 폴 다음으로 세상에서 가장 사랑하는 부모님이 몹시 보고 싶던 차였다. 그날 저녁 그녀는 부모님에게 편지를 썼고 며칠 후 답장을 받았다. 남작 부부는 5월 20일에 오겠다고 했다. 그날이 5월 7일이었는데, 그녀는 하루하루 부모님의 도착을 애타게 기다렸다. 자식으로서 당연히 부모님이 그립기도 했지만, 정직한 마음을 가진 두 사람 곁에 있으면 한결 마음이 놓일 것 같았다. 잔은 감정을 숨기는 데 익숙해져 있었기에 백작 부인을 맞이할 때 손을 내밀며 미소를 지을 수 있었다. 하지만 주변 사람들에 대한 경멸감이 쌓이면서 더욱 비참한 기분에 빠져들었다.

P. 124 날마다 마을에서 일어나는 추문이 그녀의 귀에 전해졌고 그때마다 그녀의 마음속은 점차 인간의 나약함에 대한 강한 혐오와 환멸로 채워졌다. 쿠이야르네 딸이 막 아이를 낳았고, 그래서 곧 결혼식을 올릴 예정이었다. 이제 겨우 15살인 마르탱네 하녀도, 가난에 찌들어 있는 늙은 절름발이 과부도 임신을 했다. 어떤 처녀가 혹은 가정이 있는 어떤 유부녀가 바람이 났다는 소문이 끊이지 않고 들려 왔다. 따뜻한 봄이 인간의 정욕을 부채질하는 것 같았다. 하지만 잔에게는 이런 욕망이 역겹고 증오스러웠다. 그녀가 질베르트에게 분노한 것은 남편을 빼앗겼기 때문이 아니었다. 백작 부인은 야만적인 욕망을 이기지 못하는 농부들과는 신분이 다른 사람이었다. 그런데 어떻게 그녀가 똑같은 죄악에 빠질 수 있단 말인가?

잔의 부모가 도착했을 때 그녀는 그 어느 때보다도 그들을 보고 반가웠다. 하지만 어머니의 모습을 보자 놀람과 슬픔을 억누를 길이 없었다. 남작 부인은 6개월 전 레푀플을 떠났을 때보다 나이가 10살은 더 들어 보였다. 부인은 숨쉬기조차 힘들어 했고 피부는 기이하고 부자연스러운 색을 띠고 있었다. 부인을 매일 지켜본 남작은 아내의 이러한 점진적인 변화를 알아채지 못했다.

P. 125 부인이 숨이 차고 심장이 짓눌리는 것 같다고 호소할 때마다 남작은 "아냐, 괜찮아, 여보. 당신은 늘 그래 왔잖아."라고 대답할 뿐이었다.

잔은 부모를 이층 방으로 모셔다 드린 후 자신의 방으로 가서 비통하게 울었다. 그러다가 그녀는 아버지에게 가서 눈물을 글썽인 채 이렇게 말했다. "오, 어머니가 어쩌다 저렇게 달라지셨죠! 어쩌다 저렇게 되신 거예요? 왜 저렇게 되셨는지 말씀해 주세요."

"네 어머니가 그렇게 달라진 것 같니?" 남작이 놀라서 되물었다. "네 상상이 지나친 것 같구나. 내가 보기엔 네 어머니는 전과 조금도 달라진 것이 없어. 상태가 더 나빠진 게 아니란다."

줄리앙은 이렇게 말했다. "당신 어머니 건강이 좋지 않은 것 같아. 심각해 보이는군."

이 말에 잔은 울음을 터뜨렸다.

줄리앙이 짜증을 내며 말했다. "아니 이런! 내가 어머님이 위독하다고 말한 게 아니잖아. 당신은 항상 모든 말을 과장해서 받아들이는군. 좀 변하신 것 같다는 것뿐이야.

P. 126 그것도 장모님 연세라면 흔히 있을 수 있는 일이고."

일주일이 지나자 잔도 어머니의 달라진 모습에 익숙해졌고, 더는 그것에 신경을 쓰지 않았다. 도착한 지 며칠 후 남작은 볼일이 있어 외출했다. 곧 남작 부인의 건강이 좋아지기 시작했다. 잔도 줄리앙과 질베르트의 배신을 잊고 거의 완전한 행복을 누렸다. 날씨도 화창했다. 어느 날 오후 잔은 폴을 품에 안고 들판으로 나갔다. 그녀는 아이의 미래를 생각해 보았다. 아이는 어떤 인물이 될까? 때때로 그녀는 아이가 위대하고 유명한 인물이 되기를 바랐다. 때로는 그저 자신의 곁에만 머물러 있었으면 좋겠다고 생각했다. 그때 갑자기 누가 자신을 부르는 소리가 들려 고개를 들어보니 마리우스가 그녀 쪽으로 달려오고 있었다.

"아씨!" 목소리가 들릴 정도로 가까이 오자 마리우스가 외쳤다. "마님께서 위독하세요."

잔은 허둥지둥 집으로 달려갔다. 플라타너스 나무 아래에 하인들이 잔뜩 모여 있었다. 그들 한가운데 남작 부인이 땅에 쓰러져 있었다. 부인의 얼굴은 검고 눈은 감겨 있었으며 가슴에는 미동도 없었다. 아이 유모도 그곳에 서 있었다. 유모가 잔 품에서 아이를 받아 들고는 다른 데로 데려갔다.

P. 127 잔이 물었다. "어떻게 된 일이에요? 왜 쓰러지신 거예요? 당장 의사를 불러와요."

그녀가 고개를 돌려보니 신부가 보였다.

"부인의 옷을 벗기고 침대에 눕혀야 합니다." 신부가 말했다.

조제프 쿠이야르와 시몽 영감, 그리고 뤼디빈이 응접실에서 안락의자를 하나 가져왔다. 그들은 남작 부인을 의자에 앉힌 다음 천천히 집 안으로 옮겨 침대에 눕혔다. 조제프 쿠이야르가 의사를 부르러 급히 달려 나갔다. 2시간 동안 잔은 신부와 함께 생기를 잃은 어머니 곁에 앉아 있었다. 잔은 침대 옆에 꿇어앉아 소리내어 흐느꼈다. 문이 열리고 의사가 방 안으로 들어오자, 그녀는 그에게 달려가 모든 상황을 빼놓지 않고 전하려고 애썼다.

"어머니는 산책을 하고 계셨는데 꽤 좋아 보였어요. 점심으로는 수프와 달걀을 좀 드셨고요. 그런데 별안간 쓰러지시더니 이렇게 얼굴이 시커멓게 변했어요. 그러고는 움직이지 않으셨어요. 심각한 상태인가요? 위독하신 거예요?"

P. 128 의사가 말했다. "대단히 유감입니다만, 부인께서는 운명하셨습니다. 기운을 내십시오."

잔은 두 팔을 벌린 채 어머니의 시신 위로 몸을 던졌다. 줄리앙이 방으로 들어왔다. 그는 슬픔이나 연민의 기색을 보이기는커녕 짜증이 난다는 표정을 지었다.

"내가 이럴 줄 알았다니까. 오래 사지지 못할 것 같더라니." 그가 나지막이 말했다.

그는 손수건을 꺼내 눈가를 훔치더니 침대 옆에 무릎을 꿇고 가슴에 성호를 그었다.

잔이 슬픔에 젖어 거의 제정신이 아니었기 때문에 사람들은 그녀를 어머니의 시신으로부터 떼어놓기 위해 질질 끌어내야만 했다. 한 시간 후에야 그녀는 다시 방 안으로 들어가는 게 허용되었다. 그때쯤 날이 거의 저물어 있었다. 줄리앙과 신부는 창가에 서서 수군거리며 이야기를 나누고 있었다. 신부는 잔에게 다가와 작고하신 어머니가 훌륭한 삶을 사시고 가셨다고 말했다. 신부는 시신 곁을 밤새도록 지키며 기도를 올려 주겠다고 했지만 잔은 거절했다. 그녀는 어머니와 단둘이 있고 싶었다.

줄리앙이 말했다. "그러면 안 돼. 함께 어머니 곁을 지킵시다."

잔은 고개를 저었다.

의사가 낮은 소리로 말했다. "부인께서 원하시는 걸 그냥 들어 줍시다. 유모를 옆방에 있게 하면 되니까요."

P. 129 "당장 사람을 보내 아버지를 모셔 오세요." 잔이 말했다.

신부를 비롯한 모든 사람들이 방을 나가자 잔은 망연자실한 채 주저앉아 있었다. 줄리앙은 저녁을 먹고 나서 다시 위층으로 올라와 아무 말도 하지 않고 앉아 있었다. 그는 한동안 그러고 있다가 자리에서 일어나 아내에게 다가갔다.

"아직도 혼자 있고 싶은 거야?" 그가 물었다.

"오, 그래요. 혼자 있게 해 주세요." 그녀가 대답했다.

그는 아내의 이마에 키스한 뒤 방에서 나갔다. 잔은 방문을 닫고는 두 개의 창문을 모두 열었다. 그리고 다시 침대로 갔다. 어머니는 운명할 당시만큼 부어 있지는 않았다. 그 어느 때보다도 편안히 잠들어 있는 것처럼 보였다. 아득한 어린 시절의 추억이 잔의 마음 속에 밀려들었다. 어머니의 모든 방식들, 다정한 말, 늘 하던 몸짓, 그리고 웃을 때 눈가에 잡히던 주름도 떠올랐다. 어머니의 시신을 바라보던 잔은 두려움에 사로잡혀 같은 말을 되뇌었다. "어머니가 돌아가셨어. 돌아가셨어." 이제 어머니는 두 번 다시 움직이지도 말하지도 웃지도 않을 것이고, "잘 잤니, 자네트"라는 인사도 다시는 하지 않을 것이다.

P. 130 아버지와 식탁에 마주앉아 저녁식사를 함께 하는 일도 없을 것이다. 어머니는 돌아가신 것이다. 시신이 관에 안치되어 땅 속에 묻히면 다시는 어머니를 볼 수 없게 될 것이다. 어떻게 그런 일이 있을 수 있단 말인가! 절망에 빠진 잔은 무릎을 꿇고 양손을 잡아 비틀며 입술을 침대에 갖다 댔다. "오, 어머니, 어머니!" 잔은 찢어지는 듯한 목소리로 울부짖었다. 그녀는 창가로 달려가 시원한 공기를 들이마셨다. 맑고 고요한 밤 풍경을 내다보는 그녀의 두 눈에 눈물이 그렁그렁 차 올랐다. 잠시 후 그녀는 다시 침대 옆에 앉아서 어머니의 차가운 손을 잡았다. 어머니의 영혼은 이렇게 차갑게 굳어진 몸을 떠나 지금 어디에 있는 것일까? 하느님 품으로 돌아갔을까? 아주 가까이 있을지도 모른다. 어쩌면 이 방 안에서 자신이 남겨놓은 몸 위를 떠다니고 있을지도 모른다. 그런 생각이 들자 잔은 마치 혼령이 자신의 곁을 지나간 것처럼 입김 같은 게 스치는 느낌이 들었다. 공포감으로 피가 얼어붙는 것 같았다. 차마 뒤를 돌아볼 수가 없었고 꼼짝 하지 않고 앉아 있었다. 심장은 미친 듯이 뛰었다. 바로 그때 벌레 한 마리가 윙윙거리며 시끄럽게 날아올랐고, 잔은 그 소리에 머리부터 발끝까지 부들부들 떨었다. 그러다가 그것이 벌레 소리임을 알아차리고 일어나 주위를 둘러보았다.

P. 131 그녀의 눈길이 어머니가 생전에 해묵은 편지들과 기념품들을 간직해 둔 책상 위에 머물렀다.

그것을 보자 잔은 그 편지들을 읽으면 어머니가 기뻐할 것 같다는 생각이 들었다. 그녀는 그것이 자신이 전혀 알지 못하는 할아버지와 할머니가 남긴 서신이라고 알고 있었다. 책상을 열어 편지들을 꺼냈다. 편지는 10개의 작은 꾸러미로 꼼꼼하게 묶인 채 가지런히 놓여 있었다. 잔은 첫 번째 꾸러미를 끌러 읽기 시작했다. 모든 편지에는 유치하면서도 애정 어린 문구와 잔이 전혀 모르는 사람들에 대한 소식으로 가득했다. 잔은 다 읽은 편지들을 침대 발치에 던졌다. 그리고 다른 꾸러미를 끌렀다. 이 편지들은 다른 사람의 필체로 쓰여 있었다. 첫 번째 편지는 이렇게 시작되었다. '당신의 키스 없이는 난 살 수 없습니다. 당신을 미치도록 사랑합니다.' 이 말 외에는 아무것도 쓰여 있지 않았다. 서명도 없었다. 잔은 영문을 알 수 없어 편지를 뒤집어 보았다. 거기에는 분명히 '르 페르튀 데 보 남작 부인'이라고 적혀 있었다. 잔은 다음 편지를 꺼냈다.

P. 132 '오늘밤 그 사람이 외출하는 대로 나와 주십시오. 그럼 적어도 한 시간은 함께 있을 수 있습니다. 사랑합니다.' 세 번째 편지에는 이렇게 쓰여 있었다. '저는 열망과 고뇌의 밤을 보냈습니다. 당신이 제 품 안에 안겨 있고 당신의 입술이 제 입술 밑에서 떨고 있으며 당신의 눈이 제 눈을 들여다보는 환상에 잠겨 있었습니다. 그러다가 깨닫고 말았습니다. 바로 이 순간 당신은 그의 곁에서, 그의 애무에 몸을 맡긴 채 잠들어 있다는 사실을.'

잔은 어리둥절한 채 읽기를 멈추었다. 이게 다 무슨 소리란 말인가? 이 사랑의 언어는 누구를 대상으로 쓰여진 것인가? 그녀는 계속 읽어 나갔다. 편지마다 비슷한 문구들이 나왔고 그 끝에는 항상 '반드시 이 편지를 태워 버리세요'라는 다섯 마디가 덧붙여 있었다.

마지막으로 그녀는 저녁 초대에 응하겠다는 평범한 내용의 편지를 읽었다. 거기에는 '폴 덴마르'라는 서명이 있었다. 그는 지금도 남작이 '나의 가엾은 폴'이라고 부르는 남자인데 그의 부인은 남작 부인과 절친한 친구 사이였다! 그때 잔은 그 사람이 어머니의 연인이었다는 사실을 깨달았다! 그녀는 혐오감에 몸서리를 치며 읽던 편지들을 내팽개치고는 창가로 달려가 목놓아 울었다. 온몸의 힘이 빠져 버리는 것 같았다. 바닥에 주저앉은 그녀는 절망감에 빠진 채 흐느꼈다. 옆방에서 누군가가 움직이는 소리가 들리지 않았다면 밤새도록 그렇게 쭈그리고 앉아 있었을 것이다.

P. 133 아버지일지도 모른다! 침대와 바닥 여기저기에 편지들이 흩어져 있는데! 아버지가 방에 들어왔다가 편지 하나를 펼쳐 보기라도 한다면 모든 것을 알게 될 것이다! 잔은 낡고 누렇게 바랜 편지들을 모조리 움켜잡아 난

로 속에 던져 넣었다. 그런 다음 촛불을 가져와 편지 더미에 불을 붙였다. 난로 바닥에 재만 수북하게 남자 잔은 창가로 가서 앉았다. 눈에서 눈물이 줄줄 흘러내렸다. 그녀는 얼굴을 두 손에 묻고 신음하듯 외쳤다. "오, 가엾은 어머니! 가엾은 어머니!"

다음날 장례식이 거행되었다. 잔은 어머니의 차갑고 습한 이마에 입술을 대고 마지막 작별을 고했다. 그녀는 관이 닫혀 봉해지는 것을 본 뒤 장례식에 참석한 조문객을 맞으러 갔다. 질베르트가 가장 먼저 도착해서 잔의 품에 몸을 던져 격렬하게 흐느꼈다. 마차들이 연이어 들어오기 시작했고 현관에서 사람들의 목소리가 들렸다. 점차 방 안은 잔이 알지 못하는 부인들로 북적거렸다.

P. 134 그때 갑자기 리종 이모를 본 잔은 그녀를 다정하게 끌어안았고 감정이 격해진 그 노부인은 거의 실신할 뻔했다. 줄리앙이 상복 차림으로 들어왔다. 그는 매우 바쁜 것처럼 보였고 많은 조문객이 몰려든 것에 매우 흡족해 하는 눈치였다. 그는 아내에게 낮은 목소리로 장례 절차에 대해 몇 가지 질문을 했다. 그러더니 부인들에게 정중히 인사하며 방을 가로질러 다시 나갔다. 장례식이 거행되는 동안 리종 이모와 백작 부인 질베르트가 잔의 곁을 지키고 있었다. 백작 부인은 그녀를 끌어안고 계속 키스를 했다. 아내를 데리러 온 푸르빌 백작은 자신의 어머니가 돌아가신 것처럼 울었다.

10장

장례식을 치른 집이 항상 그렇듯 잔의 집도 며칠 동안 큰 슬픔에 잠겨 있었다. 잔은 혈육을 잃었다는 사실에서 기인한 당연한 슬픔에다 어머니의 비밀을 알게 된 고통까지 감내해야만 했다. 그 생각이 머리에서 떠나지 않았고, 그 끔찍한 비밀은 가뜩이나 비참한 그녀의 심정을 더욱 악화시켰다. 이제 그녀는 그 누구도 믿거나 신뢰할 수 없을 것 같았다.

P. 135 남작은 환경이 바뀌면 아내를 잃은 슬픔에서 벗어날 수 있으리라는 기대를 가지고 금방 떠나 버렸다. 레퓌플에 남은 가족들은 다시 조용한 일상 생활로 돌아갔다. 그러다 폴이 병이 났고 잔은 12일 동안 안절부절못하며 지냈다. 잠을 이루지 못했고 음식도 거의 손댈 수 없었다. 아이는 나았지만, 어쩌면 아이가 죽을 수도 있다는 생각이 그녀의 머리에서 떠나지 않았다. 아들이 죽으면 어찌한단 말인가? 자신은 어떻게 될 것인가? 그러자 점차 아이를 하나 더 갖고 싶다는 어렴풋한 바람이 생겼고, 곧 그 바람은 다른 생각을 할 수 없을 정도로 그녀를 사로잡았다. 예전부터 그녀는 늘 사내아이와 여자아이 하나씩 두 아이를 갖고 싶다는 꿈을 품고 있었다. 하지만 로잘리가 집에서 쫓겨난 후로 잔은 남편과 각방을 쓰고 있었다. 남편과 예전과 같은 관계를 회복하는 것은 불가능해 보였고, 남편의 애정도 지금 다른 곳에 쏠려 있는 터였다. 따라서 남편의 애무에 다시 몸을 맡겨야 한다는 것은 생각만 해도 혐오감에 진저리가 쳐졌다.

결국 잔은 피코 신부에게 비밀이 엄수되는 고해성사의 형식을 빌어 자신의 고민을 털어놓기로 결심했다.

P. 136 어느 날 그녀는 신부를 찾아갔다. 신부는 자신의 자그마한 정원에 나가 있었다. 잔은 신부와 몇 분 동안 이런저런 이야기를 나누다가 운을 떼었다. "신부님, 신부님의 조언을 듣고 싶어서 왔습니다."

신부와 자리를 찾아 앉고 나서 그녀는 이야기를 하기 시작했다. "신부님, 저는 아이를 하나 더 낳고 싶어요. 지금 제 삶은 너무 적적해요. 아버지와 남편은 사이가 좋지 않아요. 어머니는 돌아가셨고 아들을 병으로 거의 잃을 뻔했어요. 만약 그 아이가 죽기라도 했다면 제가 어떻게 됐겠어요?" 그녀는 몸서리를 치며 나지막이 말했다.

신부는 당황한 표정으로 그녀를 쳐다보았다. "자, 자, 본론을 말씀해 보세요." 그가 말했다.

"저는 아이를 하나 더 낳고 싶어요." 그녀는 이미 했던 말을 되풀이하고 나서 말을 이었다. "하지만 지난 번에 하녀와 그런 사건이 있은 후로 남편과 저는 각방을 쓰고 있어요."

"그런 문제라면 전적으로 제게 맡기세요. 제가 줄리앙 씨를 만나 이야기를 해보겠습니다." 신부가 말했다.

잔은 무슨 말을 해야 할지 몰랐다. 마음 같아서는 신부의 도움을 거절하고 싶었지만 차마 입이 떨어지지 않았다.

"감사합니다, 신부님." 잔은 더듬거리며 이렇게 말하고 부리나케 자리를 떴다.

잔은 그 다음주 내내 의심과 걱정에 시달렸다.

P. 137 그러던 어느 날 저녁 줄리앙이 저녁식사 내내 입가에 미소를 띠고 그녀를 쳐다보았다. 식사가 끝난 후 두 사람은 남작 부인이 걷던 산책길을 거닐었다. 그러다 줄리앙이 잔의 귓전에 대고 이렇게 속삭였다. "그럼 이제 우리 다시 다정하게 지내는 건가?"

잔은 아무 대답도 하지 않고 땅만 내려다보며 걸었다.

줄리앙이 말을 이었다. "나로서는 더 이상 바랄 게 없지. 나는 전부터 그러자고 말을 하려고 했지만 당신 기분을 상하게 할까봐 걱정이 됐거든."

두 사람은 말없이 집 안으로 들어갔고, 줄리앙이 잔을 따라 침실로 들어갔다. 줄리앙에게 예전과 같은 부부 관계의 회복은 의무감으로 여겨졌지만, 그것이 싫은 것만은 아니었다. 잔은 남편의 포옹이 혐오스럽고 고통스러웠지만 어쩔 수 없이 감수해야만 했다. 그녀는 임신이 되자마자 그런 관계를 영원히 끝내 버릴 작정이었다. 그러나 얼마 안 가서 남편의 애무가 예전 같지 않다는 것을 눈치챘다.

"당신은 왜 예전처럼 몸을 제게 완전히 맡기지 않는 거예요?" 어느 날 밤 그녀가 남편에게 속삭였다.

P. 138 "그야 물론 당신이 임신할까봐 그러지." 그가 대답했다.

"당신은 아이를 더 갖는 걸 원치 않아요?" 그녀가 움찔하며 물었다.

"그게 무슨 말이야?" 그가 소리쳤다. "당신 제정신이야? 아이를 더 낳자고? 안 돼! 우리에겐 아이 하나도 벅차다고. 그런데 아이를 하나 더 갖자고! 아니, 사양하겠어!"

잔은 남편을 두 팔로 감싸 안고 자신의 입술을 그의 입술에 포개며 말했다. "오! 제발 부탁이에요. 다시 한 번 엄마가 되게 해 주세요."

"바보 같은 소리 그만해." 그가 화를 내며 말했다. "그런 말 같지도 않은 소리는 더 이상 듣지 않겠어."

잔은 입을 다물었지만, 어떻게든 남편을 꾀어 자신이 바라는 행복을 얻어

내리라 결심했다. 그녀는 온갖 수법을 동원해 남편이 자제력을 잃게 하려고 애썼지만 한 번도 성공하지 못했다.

잔은 다시 한 번 피코 신부를 찾아갔다.

"남편이 더 이상 아이를 원하지 않아요." 그녀가 말했다.

신부는 잠시 생각에 잠겼다가 침착한 목소리로 이렇게 말했다. "그렇다면, 이제 유일한 방법은 남편에게 부인이 임신했다고 믿게 하는 겁니다. 그러면 남편은 조심하지 않을 테니 부인은 진짜 임신을 할 수 있을 거예요."

P. 140 "하지만 남편이 제 말을 안 믿으면요?" 그녀가 물었다.

"부인이 임신했다고 사람들에게 말하고 다니십시오. 다른 사람들이 그것을 믿는 것을 보게 되면 남편도 곧 믿을 거예요. 그렇다고 부인이 죄를 저지르는 건 아니에요. 교회는 생식의 목적으로만 남녀의 결합을 허용하고 있으니까요." 신부가 말했다.

잔은 신부의 충고에 따라 2주 후 줄리앙에게 자신이 임신한 것 같다고 말했다.

"그럴 리가 없어! 임신했을 리 없어!" 줄리앙이 외쳤다.

그녀는 임신으로 여겨지는 증상들을 둘러댔다.

"체! 좀 더 두고 보자고." 그가 대답했다.

매일 아침 줄리앙은 이렇게 물었다. "어때?"

그때마다 잔은 대답했다. "임신이 확실해요.".

그도 마침내 아내의 임신을 믿기 시작했는데, 그에게 그 사실은 놀랍기도 하고 짜증스럽기도 했다. 그는 이 말을 되풀이했다.

"거 참, 이해할 수가 없단 말이야. 어떻게 그런 일이 일어날 수 있는지 모르겠어."

그 달 말에 그녀는 사람들에게 임신 소식을 알리기 시작했다. 하지만 백작 부인에게만은 아무 말도 하지 않았다.

P. 141 줄리앙은 처음에는 아내의 임신을 의심하며 아내와의 접촉을 꺼렸다. 그러다가 어쩔 수 없는 상황이니 감수하기로 결심하고 아내의 침실을 다시 찾기 시작했다. 모든 것이 신부가 예견한 대로 맞아떨어져 잔은 진짜로 임신을 하게 되었다. 그때부터 그녀는 남편에게 영원히 침실 문을 열어 주지 않았다. 행복감마저 느껴지는 듯했다. 어머니가 돌아가신 지 두 달도

채 되지 않았다는 사실이 믿어지지 않을 정도였다. 이제 그녀의 상처 입은 마음은 거의 아물었고 애통한 심정은 아련한 슬픔으로 바뀌었다. 이제는 어떤 끔찍한 일이 일어날 수 없을 것 같았다. 자신의 아이들이 자라나 노년의 자신을 사랑으로 감싸줄 것이다. 자신은 자신의 길을 가고 남편은 남편의 길을 가면 될 것이다.

9월 말경 피코 신부가 저택을 방문해 자신의 후임자인 톨비악 신부를 소개했다. 피코 신부는 고데르빌 사제장으로 임명되었다. 잔은 신부가 마을을 떠난다는 생각에 섭섭한 마음이 들었다. 신부도 섭섭해 했다.

P. 142 신부가 말했다. "제가 이곳에 온 지도 18년이나 되었습니다. 다른 곳으로 떠나게 되어 가슴이 아픕니다. 물론 이곳 남자들이 믿음이 약하고 여자들은 행실이 그리 좋다고 할 수 없습니다. 게다가 여자애들은 아이를 가지고 나서야 결혼할 생각을 합니다. 하지만 그렇다 해도 전 이곳을 사랑합니다."

새로 온 신부는 작고 마른 체구를 지닌 아주 젊은 사람이었다. 그는 피코 신부의 말을 들으면서 안절부절못했고 얼굴도 붉어졌다.

"제가 곧 바꿔 놓을 겁니다." 피코 신부가 말을 마치자마자 젊은 신부가 불쑥 내뱉었다.

피코 신부는 희미한 웃음을 지으며 그를 쳐다보았다.

"여보시오, 신부님, 그런 일을 막으려면 교구민들을 쇠사슬로 꽁꽁 묶어놔야 할 겁니다." 그가 말했다.

"두고 보면 알겠지요." 왜소한 신부가 날카롭게 대꾸했다.

피코 신부는 빙그레 웃더니 천천히 한줌의 코담배를 맡고 나서 말했다. "연륜과 경험이 쌓이면 신부님의 생각도 바뀔 겁니다, 신부님. 만일 그렇게 하지 않으면 그나마 얼마 안 되는 교인들도 잃고 말 겁니다. 저는 어떤 여자아이가 유달리 배가 부른 채 미사에 참석하면 이렇게 생각하죠. '음, 저 아이는 내가 보살필 또 하나의 영혼을 데려오겠구나.' 라고 말이죠. 그러고는 그녀와 결혼시킬 신랑감을 찾아 봅니다. 그들이 죄를 범하는 것을 신부님이 막을 수는 없겠지만, 아이의 아버지를 찾아내 아이 어머니와 결혼시킬 수는 있지요.

P. 143 그저 짝이나 맺어 주십시오, 신부님. 다른 일에 공연히 마음을 쓰

시지 마시고요."

"제 생각은 신부님 생각과 다릅니다." 새로 온 신부가 대꾸했다.

일주일 후 톨비악 신부가 다시 잔을 방문했다. 그는 그녀에게 일요일마다 미사에 참석해 달라고 간곡히 부탁했다.

신부가 말했다. "부인과 저는 이 교구를 선도하는 사람들입니다. 그러니 우리가 모범을 보여야 합니다. 우리가 조금이라도 힘을 발휘하려면 서로 뭉쳐야 합니다. 교회와 이 저택이 협력하면 농부들도 우리를 무서워하고 복종하게 될 겁니다."

잔은 신부와 언쟁을 벌이고 싶지 않아서 앞으로 성당에 열심히 나가겠다고 약속했다. 사실 미사에 꼬박꼬박 참석할 생각은 없었다. 하지만 점차 성당에 나가는 습관을 들이게 되었다. 얼마 지나지 않아 그녀는 연약해 보이지만 강한 의지의 소유자인 젊은 신부에게 완전히 휘둘리게 되었다. 잔의 눈에는 사치와 육욕을 경멸하고 하느님께 사랑을 바치는 신부가 초기 기독교 시대의 순교자들 같은 인물로 비쳐졌다.

P. 144 이미 많은 고통을 겪은 그녀는 신부의 지시를 두말없이 따랐다. 신부는 고작 15살 소년 같은 모습이었지만, 고해실에서 그 앞에 무릎을 꿇고 있노라면 자신이 작고 약한 존재로 느껴졌다.

그 무엇보다도 신부의 분노와 노여움을 불러일으키는 것은 육체적 사랑이었다. 매주 일요일마다 신부는 설교단에서 격분하여 부들부들 떨거나 발을 쾅쾅 구르며 육체적 사랑을 비난했다. 그가 설교를 하는 동안에도 성숙한 처녀들과 젊은 남자들은 통로 너머로 웃음을 주고받았다. 남녀관계를 화제로 농담하기 좋아하는 늙은 농부들은 미사가 끝난 후 자신의 아내와 아들들에게 신부에 대한 못마땅한 심경을 드러냈다. 곧 신부는 그 지방 사람들 모두의 미움을 사게 되었다. 신부는 순결을 지키지 못한 처녀들에게는 죄를 사해 주기를 거부했다. 신부는 연인들을 감시하기 시작했다. 달 밝은 밤이면 신부는 헛간 뒤나 긴 풀이 자라 있는 언덕 수풀 속을 뒤지며 젊은 연인들을 찾아 다녔다. 어느 날 밤 신부는 자신을 보고도 애정 행각을 멈추지 않는 남녀를 발견했다. 그들은 서로의 몸에 팔을 감은 채 한가로이 거닐며 키스를 하고 있었다.

P. 145 "그만두지 못해, 이 천한 것들아?" 신부가 외쳤다.

"신부님 일이나 신경 쓰시죠. 신부님과 아무 상관이 없잖아요."

신부는 마치 떠돌이 개를 봤을 때처럼 돌멩이 몇 개를 집어들어 그들을 향해 던졌다. 두 사람은 웃으면서 도망쳤다. 다음 일요일에 신부는 모든 신도들 앞에서 그 두 사람의 이름을 언급했다. 그 후 모든 젊은이들이 미사에 나오지 않았다.

신부는 목요일마다 저택에 와서 저녁을 먹었다. 하지만 다른 날에도 자주 들러 잔과 이야기를 나누었다. 줄리앙도 대단히 존경하는 태도로 신부를 대했다.

"나는 저런 신부가 좋아." 줄리앙은 이렇게 말했다. 더욱이 그는 성당에 나가고 고해성사도 자주 함으로써 모범을 보였다. 줄리앙은 하루가 멀다 하고 푸르빌 백작 집을 드나들었다. 어떤 때는 백작과 사냥을 가기도 했지만, 대개는 날씨에 아랑곳 않고 백작 부인과 함께 말을 타고 나갔다.

"두 사람은 승마에 빠져 있어요. 하긴 아내에게는 운동이 되니까 좋지요." 백작이 말했다.

P. 146 11월 중순에 남작이 레퓌플로 돌아왔다. 이제 남작은 나이도 많고 기분도 너무 울적해서 예전과는 다른 사람이 되어 있었다. 하지만 그 어느 때보다도 딸에 대한 애정은 깊어졌다. 잔은 아버지에게 자신의 신앙에 대한 열정이나 톨비악 신부와의 우의에 대해서는 한마디도 하지 않았다. 하지만 남작은 신부를 처음 본 순간부터 강한 혐오감을 느꼈다. 그날 저녁 잔은 아버지에게 신부를 어떻게 생각하느냐고 물었다.

"아주 위험한 사람이라는 생각이 드는구나." 남작이 대답했다.

농부들로부터 젊은 신부의 가혹한 처사에 대해 전해 듣고 나서 남작의 혐오감은 격렬한 증오심으로 바뀌었다. 남작은 자연을 숭배하는 사람이었고, 신이 인간 위에 군림하며 노여워 하고 벌을 내린다는 가톨릭의 종교관을 싫어했다. 남작은 생식 활동은 자연의 위대한 섭리라고 믿었기 때문에 거룩하고 신성한 행위로 존중되어야 한다고 생각했다. 그는 자연과 창조의 법칙을 거스르는 신부를 즉시 비난하기 시작했다. 아버지의 이런 생각 때문에 슬픔에 빠진 잔은 하느님께 기도를 올리는 한편 아버지에게 신부와 맞서지 말라고 간청했다. 하지만 그때마다 남작은 이렇게 대답했다. "그런 작자들에 대항해 싸우는 것이 모든 사람들의 권리이자 의무란다.

P. 147 그자들은 인간도 아니야. 그자들은 인생에 대해서는 아무것도 모르는 주제에, 오로지 자연에 반하는 자신들의 신앙에 따라서만 행동하지."

신부도 남작이 자신의 적이란 것을 당장 알아보았다. 하지만 잔의 존경과 충성을 얻어내는 싸움에서 결국 자신이 승리할 것이라는 확신이 있었다. 그는 우연히 줄리앙과 질베르트의 불륜 사실을 알게 되었고 두 사람의 관계를 끊어놓겠다고 마음을 먹었다. 어느 날 신부가 찾아와 잔에게 그녀 가족에 내재되어 있는 죄악을 제거할 수 있도록 자신을 도와달라고 했다. 잔은 그게 무슨 말이냐고 물었다. '

"아직은 말씀 드릴 수 없습니다. 하지만 곧 다시 찾아 뵙겠습니다." 신부가 대답했다.

신부는 며칠 후 다시 찾아와 자신이 줄리앙과 질베르트의 불륜 관계를 알고 있다고 밝히면서 자신이 그 관계를 끊을 수 있도록 힘을 보태 달라고 부탁했다.

"부인의 힘으로 이 죄악을 막을 수 있습니다. 어떻게 하실 겁니까?" 신부가 말했다.

"저보고 어떻게 하라는 말씀이세요, 신부님?" 잔이 머뭇거리며 물었다.

P. 148 "남편은 전에도 하녀와의 관계로 저를 기만한 적이 있어요. 남편은 이제 저를 사랑하지 않아요. 그 사람은 제가 비위를 맞춰 주지 않으면 저한테 못되게 굴어요. 그러니 제가 어쩌겠어요?"

"그럼 부인은 자신의 지붕 아래서 벌어지는 간통을 묵과하시겠다는 겁니까!" 신부가 소리쳤다. "부인은 정녕 그리스도교 신자가 맞습니까? 그러고도 아내이자 어머니란 말입니까? 이런 죄악이 지속되는 것을 방관하지 마시고 무슨 조치든 취하셔야 합니다. 무슨 조치든 말입니다. 남편 곁을 떠나십시오."

"하지만 제게는 돈이 없어요, 신부님." 잔이 대답했다. "그리고 저는 예전처럼 용기가 없어요. 게다가 신부님께서 말씀하시는 것에 대한 증거도 하나 없는데 어떻게 남편과 헤어질 수 있겠어요?"

"부인은 겁쟁이군요. 저는 부인이 남다른 여성이라고 생각했습니다만, 이제 보니 하느님의 자비를 받을 자격이 없는 사람이에요." 신부가 말했다.

잔이 무릎을 꿇었다. "오! 저를 버리지 마세요. 간청 드립니다. 제가 어찌

해야 할지 일러 주세요."

"푸르빌 씨가 진실에 눈을 뜨게 해 주십시오. 이 불륜 관계를 끝내는 것이 그분의 책임입니다." 신부가 말했다.

"하지만 그랬다가는 그분이 두 사람을 죽이고 말 거예요, 신부님!" 잔이 외쳤다. "그리고 그분에게 알리는 사람이 꼭 제가 되어야 하나요? 오, 그럴 수는 없어요! 절대, 절대로요!"

"그렇다면 부인은 그들보다 더 큰 죄인입니다." 신부가 말했다. "남편의 죄를 용서하셨으니까요!

P. 149 여기는 더 이상 제가 있을 곳이 못 되는군요." 그는 분노로 온몸을 덜덜 떨며 발걸음을 옮기기 위해 돌아섰다.

잔은 그의 말을 따르겠다는 마음으로 그의 뒤를 따라가며 맹세를 하기 시작했지만 신부는 그녀의 말에 귀를 기울이지 않았다.

신부는 쿠이야르 농장을 거쳐 길로 나서려고 왼편으로 돌아섰다. 농장 마당 한가운데 아이들 몇 명이 미르자라는 개가 사는 개집 위에 모여 있었다. 남작도 거기 있다가 신부를 보자 헛간 쪽으로 걸어갔다. 신부는 그렇게 아이들의 흥미를 끌고 있는 게 무엇인지 보려고 다가갔다. 그 개는 자기 집 밖의 흙바닥에서 새끼를 낳고 있었다. 이미 새끼 다섯 마리가 어미 곁에서 기어 다니고 있고 어미는 옆으로 누워 새끼들을 살살 핥아 주고 있었다. 신부가 아이들의 머리 위로 넘겨다 보았을 때 막 여섯 번째 새끼가 태어났다. 그 장면을 지켜본 소년소녀들은 손뼉을 치며 환호했다. "또 한 마리 나온다! 또 나온다!" 아이들은 이렇게 강아지가 태어나는 것을 나무에서 사과가 떨어지는 것을 보듯이 구경을 하고 있었다.

P. 150 톨비악 신부는 아연실색하여 잠시 가만히 서 있었다. 그러다가 들고 있던 우산을 치켜들고 모여 있는 아이들의 머리 부위를 후려치기 시작했다. 아이들은 냅다 달음질쳤고 그 자리에는 신부와 개만 남았다. 개는 일어나려고 안간힘을 쓰고 있었다. 그러나 개가 미처 일어서기도 전에 신부는 개를 다시 쓰러뜨린 뒤 온힘을 다해 패기 시작했다. 개는 피할 길 없는 매를 맞으며 애처롭게 울부짖었다. 결국 신부의 우산이 부러졌다. 그러자 그는 아예 개에게 달려들어 발로 마구 짓밟으며 미친 듯이 분노를 폭발시켰다. 신부의 발에 눌려 또 한 마리의 새끼가 태어났고, 마침내 어미는 그의 격렬

한 마지막 발길질에 죽고 말았다. 만신창이가 된 채 여전히 떨고 있는 어미의 시신 주위로 새끼들이 젖꼭지를 찾아 비척거리며 모여들었다.

그 광경을 목격한 잔은 두려움으로 몸이 얼어붙었다. 하지만 남작은 다시 돌아와 신부의 목덜미를 움켜잡았다. 그는 신부를 주먹으로 때린 뒤 울타리로 끌고 가 길 쪽으로 내동댕이쳐 버렸다. 남작이 돌아보니 잔이 강아지들 사이에 무릎을 꿇고 앉아 흐느끼고 있었다. 남작은 두 팔을 마구 휘두르며 딸에게 성큼성큼 다가갔다. "봐라! 이제 저자가 얼마나 몹쓸 놈인지 알겠지?" 그가 소리쳤다.

P. 151 그 소란으로 농장 사람들이 개집이 있는 곳으로 모여들었다.

"사람이 저렇게 잔인할 수 있다니 믿기 힘드네요!" 쿠이야르의 아내가 말했다.

잔은 새끼들을 직접 키울 생각으로 집으로 데려갔다. 그녀는 강아지들에게 우유를 먹였지만 일곱 마리 중 세 마리는 그 다음날 죽고 말았다. 시몽 영감이 마을 곳곳을 다니면서 남은 새끼들의 어미 노릇을 해 줄 만한 개를 찾아보았다. 그는 개는 구하지 못하고 대신 고양이 한 마리를 데려왔다. 새끼 세 마리가 더 죽었고, 마지막 남은 한 마리가 그 고양이에게 맡겨졌다. 고양이는 즉시 옆으로 누워 강아지에게 젖을 물렸다. 2주 후 강아지가 젖을 뗀 후 잔은 직접 젖병을 물려 키웠다. 그녀는 강아지에게 토토라는 이름을 지어 주었지만 남작은 '마사크르(대학살)'라는 이름을 다시 붙였다.

신부는 다시는 잔을 방문하지 않았다. 그러나 다음 일요일에 그는 성당에서 남작과 레퓌플 저택 사람들에게 저주와 협박의 말을 퍼부었다. 또한 그는 줄리앙의 최근 불륜 행각을 거의 노골적으로 비난하기 시작했다. 참다 못한 줄리앙이 대주교에게 편지를 썼다.

P. 152 톨비악 신부는 상급자들로부터 비난과 협박을 중단하라는 지시를 받았다. 신부는 입을 다물었고 그 대신 혼자 멀리까지 산책을 다니기 시작했다. 질베르트와 줄리앙은 말을 타러 나갈 때마다 그를 보았다. 봄이 되자 두 사람의 관계는 더욱 열렬해지고 물불을 안 가리는 정도에 이르렀다. 그들은 목동이 임시 거처로 사용하는 바퀴 달린 오두막을 발견했는데, 그곳은 단둘이 오붓하게 있기에 좋았다. 말들을 바깥에 매어 두고 오두막 안으로 들어가면 사방이 한눈에 내려다 보이기 때문에 들킬 염려를 하지 않아도

될 것 같았다. 어느 날 저녁 두 사람이 오두막에서 나오는데 신부가 언덕에 앉아 있는 것이 보였다.

"다음 번에는 말을 골짜기에 숨겨야겠소." 줄리앙이 말했다. 그 후 두 사람은 항상 말을 골짜기의 잡목이 무성한 곳에 묶어 두었다.

어느 날 오후 난롯가에 앉아 책을 읽고 있던 잔은 백작이 저택을 향해 달려오는 모습을 보았다. 그날은 바람이 많이 불고 비가 내렸으며 간헐적으로 우박이 떨어졌다. 잔은 급히 아래층으로 내려가 백작을 맞았다. 가까이서 보니 백작은 완전히 미친 사람처럼 보였다. 그는 창백하게 질린 채 숨을 거칠게 몰아 쉬며 눈동자를 이리저리 굴렸다.

"제 집사람이 여기 와 있죠, 그렇죠?" 백작이 헐떡거리며 물었다.

P. 154 "아뇨. 오늘은 한 번도 보지 못했어요." 잔이 대답했다.

백작은 다리의 힘이 풀려 몸을 지탱할 수 없는 듯 의자에 털썩 주저앉았다. 그는 모자를 벗고 손수건으로 이마를 여러 번 훔쳤다. 그러고 나서 다시 벌떡 일어나더니 두 손을 죽 뻗으며 잔 쪽으로 다가왔다. 하지만 갑자기 걸음을 멈추고 그녀를 뚫어지게 바라보았다.

"하지만 부인의 남편이니… 부인도…" 백작이 말을 더듬었다. 그러더니 돌아서서 바다 쪽으로 달려갔다. 잔은 백작을 부르며 멈추라고 애원하면서 그의 뒤를 쫓아갔다.

"저분도 전부 알게 되었구나!" 공포에 사로잡힌 그녀가 생각했다. "어떻게 하려는 것일까? 오, 그들을 못 찾아야 할 텐데!"

백작은 주저없이 절벽까지 곧장 내달렸다. 비와 우박이 계속 내렸다. 잔은 숲 건너편 언덕 위에 서서 백작이 보이지 않을 때까지 그를 지켜보았다. 그러다가 백작이 보이지 않자 두려움과 걱정으로 가슴을 죄며 다시 집 안으로 들어갔다.

백작은 절벽 끝에 이르자 오른쪽으로 방향을 바꿔 달리기 시작했다.

P. 155 멀리 앞쪽에 목동의 오두막이 있고 바깥에는 말 두 마리가 매어져 있었다. 그 안의 연인들은 그런 날씨에는 절대 다른 사람들의 눈에 띄지 않을 것이라고 생각했다. 백작은 말들을 보자마자 재빨리 땅에 납작 엎드려 손과 무릎으로 기어서 나아갔다. 외딴 오두막까지 기어간 그는 그 아래에 몸을 숨겼다. 말들을 묶어 놓은 고삐를 천천히 끊어 버리자 두 말은 느린 구

보로 비와 우박을 뚫고 달아났다. 그런 다음 백작은 문의 바닥 쪽에 난 긴 틈에 눈을 대고 꼼짝 않고 있었다. 어느 정도의 시간이 흘렀다. 머리부터 발까지 진흙투성이가 된 백작이 별안간 벌떡 일어섰다. 그는 밖에서 잠그게 되어 있는 오두막 문의 빗장을 단단히 질렀다. 그리고 오두막의 끌채를 움켜잡고 온힘을 다해 흔들었다. 잠시 후 그는 몸을 거의 반쯤 구부린 채 필사적으로 오두막을 끌기 시작했다. 그는 오두막을 끌고 골짜기와 거의 수직을 이루고 있는 언덕으로 올라갔다. 안에 있는 두 사람이 다급하게 소리를 지르며 문을 열기 위해 안간힘을 쓰는 소리가 들렸다.

P. 156 언덕 가장자리에 이르자 백작은 끌채를 손에서 놓아 버렸고, 오두막은 골짜기를 향해 굴러 내려가기 시작했다. 처음에는 천천히 움직였다. 하지만 오두막은 굴러가면서 속도가 붙기 시작해 금세 언덕을 맹렬하게 내려가기 시작했다. 그러다 끌채가 계속 땅에 부딪치면서 오두막은 공중으로 튀어올랐고 장애물과 충돌했다. 계속 구르고 굴러 마침내 맨 아래 골짜기 끝에 이르렀다. 거기서 오두막은 땅바닥으로 떨어져 달걀 껍질처럼 산산조각이 났다.

오두막이 굴러 떨어지는 것을 보고 있던 늙은 거지 한 명이 가장 가까운 농가로 도움을 청하러 갔다. 농장 사람들이 거지가 가리키는 현장으로 달려갔다. 오두막의 잔해 밑에서 그들은 상처투성이에 만신창이가 된 시체 두 구를 발견했다. 하지만 농부들은 그들이 누군지 알 수 있었고, 사고의 원인을 놓고 수군거리기 시작했다.

"그 오두막 안에서 저 사람들이 무엇을 하고 있었을까요?" 한 여자가 말했다.

늙은 거지는 그들이 틀림없이 험한 날씨를 피해 들어갔을 것이라고 대답했다. 그러다 강한 바람에 의해 오두막이 골짜기 아래로 떨어졌다는 것이다. 한동안 설왕설래하던 농부들은 시체들을 각자의 집으로 옮겨 주기로 했다. 어쩌면 수고비를 챙길 수도 있겠다는 요량이었다. 사람들이 짐수레 두 개를 가져와 곧 출발시켰다. 한 대는 오른쪽으로 또 한 대는 왼쪽으로 길을 떠났다.

P. 157 백작은 오두막이 무섭게 굴러 떨어지는 것을 보고는 비바람을 헤치고 줄행랑을 쳤다. 그는 미치광이처럼 들판을 가로질러 쉬지 않고 몇 시

간을 달렸다. 밤이 이슥해진 후에 그는 저택에 돌아왔다. 그가 돌아오기를 초조하게 기다리던 하인들이 그를 보자 두 마리 말이 주인 없이 돌아왔다고 말했다. "집사람과 자작에게 무슨 사고가 난 게 틀림없어. 모두들 나가서 두 사람을 찾아 보도록 해." 백작이 더듬거리며 말했다.

몇 시간 후 아내가 사망했다는 소식을 전해 들은 백작은 크게 안도했다. 그 순간부터 그의 광기는 사라졌고 그는 아내가 겪었을 고통에 대한 생각으로 괴로워했다.

한편, 또 한 대의 짐수레는 레푀플에 도착했다. 잔은 멀리서 수레가 오는 것을 보고 즉시 무슨 일이 일어났는지 깨달았다. 심한 충격으로 잔은 의식을 잃고 바닥에 쓰러졌다.

P. 158 정신을 차려 보니 아버지가 식초로 이마를 닦아 주고 있었다.

"무슨 일이 일어났는지 알겠니?" 아버지가 주저하며 물었다.

"네, 아버지." 그녀가 힘없이 말했다.

그날 저녁 잔은 사산을 하고 말았다. 여자 아이였다. 그녀는 줄리앙의 장례식에 대해 아무것도 보거나 듣지 못했다. 장례식 동안 계속 고열에 시달리며 헛소리를 하는 상태였기 때문이다.

11장

잔은 그 후 3개월 동안 몸져누운 채 사경을 헤맸다. 하지만 점차 건강과 기력을 되찾았다. 아버지와 리종 이모는 아예 저택에서 함께 살기로 했고, 두 사람은 그녀를 밤낮으로 간호했다. 잔은 줄리앙의 죽음에 대해 자세한 내막을 묻지 않았다. 그럴 필요가 있을까? 이미 충분히 알고 있지 않은가? 모두들 그것이 사고라고 생각했지만 그녀는 믿지 않았다. 그녀는 남편이 외도를 했다는 끔찍한 비밀, 그가 죽던 날 백작이 찾아왔었다는 사실을 아무에게도 얘기하지 않았다.

P. 159 그녀의 마음에는 남편 덕분에 짧게나마 누릴 수 있었던 행복, 달콤하고 정다운 추억으로 가득할 뿐이었다. 그녀는 남편의 잘못과 냉대와 부정에 대해서는 잊었다.

시간이 흐르면서 잔은 아들에게 온 정성을 쏟았다. 조용하고 단조로운 일상이 반복되며 세월이 흘러갔다. 신부는 여전히 성당에 있었지만 미사에 참석하는 사람은 거의 없었다. 신부는 잔과 마주쳐도 인사를 하는 법이 없었고 잔은 성당에 얼씬도 하지 않았다. 리종 이모는 사람들이 성당을 멀리하는 것을 도저히 이해할 수 없었다. 그녀는 폴과 단둘이 있을 때면 소곤거리는 목소리로 아이에게 하느님에 관한 이야기를 들려주었다. 그녀는 아이에게 그런 이야기를 하는 것을 행여 남작이 싫어하지 않을까 하고 우려했다. 그녀가 오랜 옛날에 있었던 기적의 이야기들을 들려줄 때 폴은 듣는 둥 마는 둥 했다. 그런데 어느 날 아이가 하느님은 어디에나 존재하지만 성당에는 없다고 말해서 그녀를 놀라게 했다. 그녀는 아이가 자신이 들려준 신앙 이야기를 놓고 할아버지와 논의했다는 사실을 알아차렸다.

P. 160 폴이 10살이 되었을 무렵, 그의 어머니는 40살이나 되어 보였다. 폴은 튼튼하고 소란스런 아이였고 나무에 기어올라갈 만큼 대담했다. 하지만 그의 교육은 등한시되었다. 잔은 아이의 건강이 나빠지지나 않을까 전전긍긍하며 살았다. 아이가 12살이 되자 그의 첫영성체를 놓고 큰 문제가 생겼다. 잔이 아들을 교리문답 수업에 보냈는데 폴이 말썽을 부렸다. 그 후 잔은 직접 아들에게 교리문답을 가르쳤지만, 톨비악 신부는 폴이 영성체 의식에 참석하는 것을 허락하지 않았다. 신부는 아이가 적절한 준비를 갖추지 못했다고 했다. 그 이듬해에도 신부는 아이를 받아 주지 않았다. 그러자 잔은 아이를 그리스도교 신앙의 분위기 속에서 양육하되 가톨릭 교회의 원칙에 따라 키우지는 않겠다고 결심했다. 아이가 성년이 되면 스스로 종교를 선택하게 할 생각이었다. 농부들은 잔의 그런 결정을 용납할 수 없었다. 비록 그들은 미사에 참석하지는 않았지만, 아이들의 신앙 교육은 엄연한 도리라고 생각했던 것이다. 그들 중 누구도 보편적인 신앙의 테두리 밖에서 아이를 키우는 것은 꿈에도 생각 못할 일이었다. 잔은 사람들의 비난을 충분히 알고 있었지만 개의치 않기로 했다.

남작이 폴에게 라틴어를 가르치기 시작했다. 소년은 수업이 끝나면 곧바로 어머니와 이모 할머니와 함께 정원으로 나갔다.

P. 161 세 사람 모두 정원가꾸기를 아주 좋아했는데, 자신들이 뿌린 씨가 싹이 나고 꽃을 피우는 것에 매우 즐거워하고 재미있어 했다. 폴은 주로 샐러드용 채소를 기르는 데 열심이었다. 아이는 땅을 일구고 물을 주고 잡초를 뽑으며 씨를 뿌리며 리종 할머니와 어머니를 일꾼처럼 부렸다.

15살이 되자 폴은 키가 훤칠하게 자랐지만, 여전히 무지하고 둔한 아이로 머물러 있었다. 그가 함께 지내는 사람이라고는 두 여인과, 마음씨는 좋지만 사고방식은 시대에 뒤져 있는 늙은 할아버지뿐이었다. 마침내 어느 날 저녁 남작은 소년을 중학교에 보내야 할 때가 되었다는 말을 꺼냈다. 리종 이모는 그 말에 너무 놀라 컴컴한 한 구석으로 물러나 앉았고 잔은 흐느끼기 시작했다.

"아이가 공부를 더 할 필요가 있을까요? 우리가 아이를 시골 귀족으로 키우면 되잖아요. 아이는 이 집에서 평생 행복하게 살 수 있을 거예요. 아이가 더 바랄 게 뭐가 있겠어요?" 잔이 말했다.

남작이 고개를 가로저으며 말했다. "만약 몇 년 후 아이가 네게 와서 왜 자신을 이렇게 따분한 운명에 처하게 했느냐고 물으면 뭐라고 대답할 거냐?"

P. 162 많은 논쟁이 오간 뒤, 그들은 다음 학기가 시작될 때 폴을 르아브르의 중학교에 보내기로 했다. 여름 동안 폴은 자신의 어머니와 이모 할머니 때문에 더욱 응석받이가 되었다. 그러던 10월의 어느 날 아침, 전날 꼬박 밤을 세운 남작과 잔과 리종 이모는 폴을 데리고 중학교에 입학시키러 갔다. 그날 하루 종일 잔과 리종 이모는 폴의 짐을 풀고 기숙사 방을 정리하면서 보냈다. 그러고 나서 세 사람은 남은 오후 동안 부둣가에 나가 배들이 항구에 들어오고 나가는 모습을 바라보았다. 날이 저물자 그들은 저녁을 먹으러 음식점에 갔지만 너무 슬퍼서 음식이 제대로 넘어가지 않았다. 식사를 마친 후 그들은 천천히 걸어 학교로 돌아왔다. 다양한 나이의 소년들이 부모나 하인들의 손에 이끌려 학교로 몰려들고 있었다. 상당수 아이들이 울고 있어 불빛이 희미한 널찍한 교정이 흐느끼는 소리로 가득했다. 작별인사를 할 시간이 되자 잔과 폴은 떨어질 수 없다는 듯 꼭 부둥켜 안았다. 남작도 슬픔을 견디기 힘들다는 느낌이 들자 작별 인사를 서두르고는 딸을 데리고 학교를 떠났다. 마차를 달려 레푀플로 돌아오는 길에는 모두가 말이 없었고

이따금씩 흐느끼는 소리로 침묵이 깨질 뿐이었다.

P. 163 다음날 잔은 온종일 울었다. 그리고 그 다음날은 마차를 불러 르아브르를 향해 달렸다. 폴은 이미 이별의 아픔을 극복한 것 같았다. 폴이 자기 또래들과 함께 시간을 보내는 것은 처음이었다. 어머니 곁의 의자에 앉아서도 폴은 안절부절못했고 밖으로 달려 나가 놀고 싶어했다. 잔은 하루 걸러 한 번씩 아들을 만나러 갔고 일요일에는 그를 데리고 학교 밖으로 외출했다. 결국 교장이 그녀를 불러 자주 오지 말라고 요청했다. 잔은 교장의 요청을 무시했다. 그러자 교장은 잔이 폴의 공부를 계속 방해한다면 폴을 퇴학시키겠다고 으름장을 놓았다. 잔은 학교 방문을 그만두었고, 그 결과 끊임없는 불안감에 시달렸다. 그녀는 멀리까지 산책을 다니기 시작했다. 어떤 때는 오후 내내 절벽 끝에 앉아 바다를 하염없이 바라보기도 했다.

잔은 아들을 만날 때마다 마지막으로 아들을 본 지 10년쯤 지난 것 같다는 생각이 들었다. 아들은 다달이 남자다운 모습으로 변했고 그녀는 다달이 더욱 나이가 들어 보였다.

P. 164 그녀의 아버지는 오빠처럼 보였고 리종 이모는 이제 언니라고 해도 믿을 만했다. 폴은 공부에 열의를 보이지 않았고 20살이 다 되어서야 마지막 학년에 올라갔다. 그는 키가 크고 잘생긴 젊은이로 자랐다. 뺨에 구레나룻도 자리를 잡아가고 자그마한 콧수염도 생겼다. 그는 일요일마다 말을 타고 두 시간 만에 레푀플에 왔다.

어느 토요일 아침 잔은 폴로부터 다음날 레푀플에 다니러 올 수 없다는 편지를 받았다. 학교 친구들로부터 파티에 초대를 받았다는 것이다. 일요일 내내 잔은 불길한 예감에 사로잡혀 괴로웠다. 목요일이 되자 그녀는 더는 참지 못하고 르아브르로 갔다. 폴은 다른 사람처럼 보였다. 더욱 활기찼고 말투도 훨씬 어른스러워졌다.

"다음 일요일에도 우리는 어디 놀러 갈 거예요. 그래서 레푀플에 못 가요." 폴이 말했다. 잔은 마치 아들이 미국으로 떠나겠다는 말이라도 들은 것처럼 놀라고 기가 막혔다. 하지만 잠시 생각해 본 후 그녀는 아들이 어른이 되었다는 사실을 처음으로 깨달았다. 폴은 이제 그녀의 소유가 아니고, 레푀플 저택의 가족으로부터 독립하여 자신의 삶을 살고자 하는 것이다.

P. 165 그 후 석 달 동안 폴은 레푀플에 가끔씩 다니러 왔다. 집에 와서

도 그는 되도록 빨리 떠나고 싶어 조바심을 내는 기색이 역력했다.

어느 날 아침 초라한 차림의 한 노인이 저택을 방문했다. 그는 독일식 억양으로 '자작 부인'을 만나기를 청했다. 안으로 안내된 노인은 잔에게 인사한 후 자신이 대금업자라고 소개했다. 그는 폴이 도박 빚을 갚도록 돈을 빌려 주었다고 했다. 노인은 빌려 준 돈을 받으러 온 것이다. 잔은 벨을 울려 남작을 불렀고, 남작은 노인이 원하는 바를 곧 알아차렸다. 차용증서의 금액은 1,500프랑이었다. 남작은 노인에게 1,000프랑을 지불한 뒤 이렇게 말했다. "두 번 다시 여기 올 생각을 하지 마시오." 노인은 남작에게 감사하다고 말하고는 허리 굽혀 인사를 하고 떠났다.

잔과 남작은 당장 르아브르로 갔다. 학교에 도착한 그들은 폴이 한 달 전부터 학교에 나오지 않는다는 말을 들었다. 그 소식을 들은 잔과 그녀의 아버지는 깜짝 놀랐다. 교장은 두 사람을 치안판사에게 데려갔고, 치안판사는 경찰이 폴의 행방을 찾도록 조치를 취해 주었다.

P. 166 그날 밤 잔과 남작은 호텔에서 잤다. 다음날 폴은 한 매춘부의 집에서 발견되었다. 어머니와 할아버지는 그를 데리고 레푀플로 돌아왔다. 그 주가 채 지나기도 전에 가족들은 폴이 지난 석 달 동안 1만 5,000 프랑에 이르는 빚을 지고 있다는 사실을 알게 되었다. 채무자들은 돈을 받겠다고 가족을 찾아오지는 않았다. 폴이 머지않아 성년이 된다는 것을 알고 있기 때문이었다.

폴에게는 아무런 해명도 요구되지 않았고 아무런 벌도 내려지지 않았다. 잔과 남작은 폴을 자상하게 대함으로써 그의 마음을 다잡아보려고 했다. 하지만 폴은 걸핏하면 성을 냈고 목적없이 허송세월만 보냈다. 그는 종종 배를 타러 나갔다. 하지만 다시 르아브르로 돌아갈까 우려되어 말을 타는 것은 허락되지 않았다. 남작은 폴의 학업 중단을 걱정했고, 잔도 앞으로 아들을 어떻게 하면 좋을지 고민을 하기 시작했다. 어느 날 저녁 폴은 집에 돌아오지 않았다. 가족들이 이포르 마을에 가서 물어본 결과 폴이 두 명의 뱃사람과 함께 배를 타고 나간 것을 알았다. 배가 항구에 돌아왔을 때 폴은 배에 타고 있지 않았다. 그는 뱃사람들에게 르아브르로 데려다 달라고 했고 그곳에 내린 것이다. 경찰이 그를 찾아보았으나 허사였다. 폴의 행방은 알 길이 없었고 전에 그를 숨겨 주었던 여자도 자취를 감추었다.

P. 167 레푀플에서 폴이 쓰던 방에서는 여자가 폴에게 보낸 편지 두 통이 발견되었다. 영국으로 가기에 충분한 돈을 마련해 놓았다는 내용이었다.

잔, 남작, 리종 이모는 저택에서 슬픔에 잠긴 날들을 보냈다. 이미 반백이 되어 있는 잔의 머리는 이제 하얗게 세고 말았다. 때때로 그녀는 자신이 무슨 잘못을 저질렀길래 운명의 신이 자신을 그렇게 가혹하게 대하는지 자문해 보았다. 어느 날 톨비악 신부가 잔에게 편지를 한 통 보내 왔다. 그는 이렇게 적었다.

부인, 주님의 손길이 부인을 무겁게 짓누르고 있습니다. 부인은 아들을 주님께 바치기를 거부했고, 그 때문에 주님께서는 그를 매춘부에게 보내 버리신 겁니다. 하느님의 자비는 끝이 없습니다. 그러니 만약 부인께서 주님의 발 밑에 무릎을 꿇는다면 부인을 용서해 주실 겁니다. 저는 주님의 비천한 종이고, 부인께서 오셔서 문을 두드리면 주님께로 향하는 문을 열어드리겠습니다.

P. 168 잔은 이 편지를 무릎 위에 펼쳐 놓고 오랫동안 앉아 있었다. 어쩌면 신부의 말이 사실일지도 모른다. 하느님도 사람들처럼 복수심이나 질투심을 품는 것일까? 그녀는 두려운 마음이 들어 어느 날 저녁 해가 진 뒤 사제관으로 달려갔다. 거기서 그녀는 비척거리는 신부의 발 아래 무릎을 꿇고 죄의 용서를 빌었다. 신부는 단지 용서를 반 정도만 해 주겠다고 약속했다. 남작과 같은 사람이 살고 있는 집에 대해서는 하느님이 모든 은총을 내려 주실 수 없다는 것이다.

"하지만 곧 부인께서는 하느님께서 베푸시는 자비의 증거를 보실 겁니다." 신부가 말했다.

이틀 후 잔은 아들로부터 편지를 받았다. 편지에는 이렇게 써 있었다.

'사랑하는 어머니, 저는 걱정하지 마십시오. 저는 런던에서 건강하게 지냅니다. 다만 돈에 몹시 쪼들리고 있습니다. 한 푼도 없어서 어떤 날은 배를 곯기도 합니다. 지금 저와 함께 있고 제가 진정으로 사랑하는 여인이 가진 돈도 모두 썼습니다. 기회가 닿는 대로 서서 이 여인에게 그 돈을 돌려주는 것이 저의 도리라는 점을 어머니께서도 이해하시리라 생각합니다.

P. 170 저는 머지않아 성년이 됩니다. 그러므로 제가 아버지로부터 물려받을 유산 가운데 1만 5,000프랑만 미리 해주신다면 정말 고맙겠습니다. 사랑하는 어머니, 곧 다시 찾아 뵙기를 고대합니다. 또한 할아버지와 리종 할머니에게도 안부 전해 주십시오.

어머니의 아들,
폴 드 라마르 자작

잔은 아들이 오로지 돈을 얻어내기 위해 자신에게 편지를 썼다는 생각은 전혀 하지 않았다. 폴이 자신에게 편지를 보내다니! 그녀는 두 눈에서 눈물을 줄줄 흘리며 남작에게 달려가 편지를 보여 주었다. 리종 이모도 부른 후 세 사람은 그 편지를 읽고 또 읽었다.

"이제 그 애가 편지를 썼으니 돌아올 거예요. 전 꼭 돌아올 거라고 믿어요." 잔이 말했다.

"하지만 그 녀석은 그 천한 여자 때문에 우리 곁을 떠났다. 그러니 틀림없이 우리보다 그 여자를 더 사랑하는 거야. 그 여자와 우리 가족을 두고 선택하는 데 전혀 망설임이 없었으니 말이다."

남작의 말에 잔은 가슴이 찢어지는 듯 아팠다. 어머니로서 아들을 빼앗아간 여자에 대한 질투로 격렬한 증오심이 끓어올랐다.

P. 171 불현듯 그런 여자와 아들을 공동으로 소유하느니 차라리 자식을 잃는 편이 낫겠다는 생각까지 들었다. 그녀의 모든 기쁨과 행복은 사라졌다. 그들은 폴에게 1만 5,000프랑을 보냈지만, 그 후 다섯 달 동안 그에 대해 아무런 소식을 접할 수 없었다. 그 즈음 폴의 유산 상속 문제로 변호사 한 사람이 저택을 찾아왔다. 잔과 남작은 왈가왈부하지 않고 폴의 모든 요구를 들어 주었다. 그들은 심지어 잔이 살아 있는 동안 갖고 있는 부동산 수익권도 포기했다. 변호사가 파리로 돌아갔을 때 폴은 12만 프랑에 달하는 돈이 수중에 들어왔음을 알게 되었다.

그 후 6개월 동안 폴은 자신의 근황을 알리는 짤막한 편지를 4통 보냈을 뿐이었다. 그는 애인에 대해서는 전혀 언급하지 않았다. 저택에 외로이 남아 있는 세 사람은 폴을 현재의 상황에서 구해낼 방도를 도저히 찾을 수가 없었다. 파리에 가보려는 생각도 했지만 그래봤자 아무 소용이 없다는 것을 알았다.

P. 172 "그 애의 정열이 식기를 기다리는 수밖에 없다. 조만간 그 애가 제발로 돌아올 거야." 남작이 말했다.

오랫동안 폴로부터 소식이 없었다. 그러던 어느 날 아침 절박한 편지가 날아들어 그들을 경악시켰다. 폴은 이렇게 썼다.

사랑하는 어머니, 저는 이제 파멸했습니다. 어머니께서 도와주시지 않는다면 저는 스스로 총으로 머리를 날려 버리는 수밖에 다른 도리가 없습니다. 충분히 성공 가능성이 보였던 투기에 실패했고 저는 8만 5000프랑의 빚더미에 올라앉았습니다. 빚을 갚지 못하면 제게는 불명예와 파산과 미래의 파멸만이 남아 있을 뿐입니다. 다시 말씀 드리지만, 그런 치욕을 감수하며 목숨을 부지하느니 차라리 자살을 택하겠습니다. 제가 자세히 말씀 드리지는 않았지만, 제게 용기와 희망을 가지라고 위로해 준 그 여인이 없었다면 저는 이미 그렇게 했을 것입니다. 그녀는 저의 수호천사입니다. 어머니께 저의 진정한 사랑을 전합니다. 어쩌면 이게 마지막 인사가 될지도 모르겠습니다만, 안녕히 계십시오.

폴

P. 173 편지에 동봉되어 있는 한 뭉치의 서류는 실패했다는 투기의 내용이 상세히 담겨 있었다. 남작은 즉시 보낸 회신에서 최대한 도움을 주겠다고 했다. 그런 다음 남작은 소유지 일부를 저당 잡혀 마련한 돈을 폴에게 보냈다. 폴은 감사의 말로 가득한 편지를 3통이나 보냈고 아주 이른 시일 내에 찾아 뵐 예정이라고 했다. 하지만 그는 오지 않았고, 또 한 해가 흘러 갔다. 그 후 폴은 다시 런던에 머물러 있고 기선 회사를 차렸다는 내용의 짤막한 편지를 보냈다. '폴 드라마르 주식회사'라는 이름으로 무역을 할 것이라고 했다. 석 달 후 그 회사는 파산했다. 그 소식이 레푀플에 전해지자, 잔은 7시간이나 신경 발작을 일으켰다. 르아브르에 간 남작은 드라마르 회사가 25만 프랑에 이르는 부채를 지고 있다는 사실을 알았다. 남작은 더 많은 소

유지를 저당 잡히지 않을 수 없었고, 레푀플 저택과 그것에 딸린 두 농장을 담보로 많은 돈을 빌렸다. 어느 날 저녁 남작이 변호사 사무실에서 그 일과 관련하여 마지막 절차를 처리하던 도중에 갑자기 쓰러졌다.

P. 174 그 소식이 인편으로 즉시 잔에게 전해졌지만, 그녀가 도착하기 전에 아버지는 세상을 뜨고 말았다. 잔은 너무 큰 충격을 받아 넋이 나간 것 같았고 아버지를 잃었다는 현실을 제대로 인식하지 못했다. 남작의 시신은 레푀플로 옮겨졌지만 톨비악 신부는 교회장(葬)으로 치르는 것을 거부했다. 결국 해가 진 뒤에야 시신은 아무런 종교 의식 없이 매장되었다.

그 후 잔은 심각한 우울증에 빠져 어떤 것에도 관심을 보이지 않았다. 여전히 영국에 은신해 있던 폴은 할아버지가 돌아가셨다는 소식을 듣고 집에 오지 못해서 죄송하다는 편지를 보내 왔다. 그 편지에서 그는 이렇게 끝을 맺었다. '어머니께서 곤경에 빠진 저를 구해 주셨으니 프랑스로 돌아가 어머니를 찾아 뵙도록 하겠습니다.'

그 해 겨울이 막바지에 다달았을 무렵, 68세의 리종 이모가 지독한 기관지염에 걸렸다. 그 병은 폐렴으로 악화되었고, 결국 그녀는 조용히 숨을 거두었다. "내가 하느님께 가서 네게 자비를 베푸시도록 간청을 드려 주마, 가엾은 우리 잔." 이것이 이모가 남긴 마지막 말이었다.

리종 이모의 무덤에서 잔은 땅바닥에 주저앉으며 자신에게도 어서 죽음이 찾아와 더 이상 고통을 당하지 않기를 바랐다.

P. 175 잔이 쓰러질 때 몸집이 크고 건장한 시골 아낙네가 그녀를 팔로 부축했다. 그 낯선 아낙네는 잔을 저택에 데려가 침대에 눕혔다. 잔은 곧바로 잠이 들었다. 다시 눈을 떴을 때는 한밤중이 되어 있었다. 침대 옆 안락의자에서 한 여인이 잠을 자고 있었다. 잔은 어디서 본 듯한 얼굴이라는 생각이 들었지만, 언제 어디서 보았는지는 기억이 나지 않았다. 그녀는 조용히 침대에서 나와 발끝으로 살금살금 다가가 잠자는 여인의 얼굴을 들여다보았다. 바로 그때 낯선 여인이 눈을 떴고 잔이 자신의 옆에 서 있는 것을 보았다. 여인이 일어섰고 두 사람은 서로를 마주보았다.

"누구세요?" 잔이 물었다.

여인은 아무런 대답 없이 잔을 들어올려 다시 침대로 데려갔다. 여인은 잔을 조심스레 내려놓고 그녀의 뺨에 키스를 퍼부었다. 그녀의 두 눈에서는 눈물이 줄줄 흐르고 있었다.

"우리 불쌍한 아씨! 저를 모르시겠어요?" 여인이 흐느끼며 말했다.

"로잘리!" 잔이 외치며 두 팔로 여인의 목을 얼싸안고 키스했다.

P. 176 로잘리가 먼저 눈물을 닦아내며 말했다. "자, 진정하세요. 기운 내시고 감기 드시면 안 돼요."

로잘리는 침대를 다시 정돈하고 옛 주인의 머리에 베개를 받쳐 주었다.

"왜 다시 돌아온 거야?" 잔이 물었다.

"아씨가 이렇게 혼자 사시게 됐는데 제가 모른 척 할 수 있겠어요?" 로잘리가 대답했다.

잔은 로잘리를 가만히 바라보았다. "정말 못 알아보겠구나. 아주 많이 변했어. 나만큼 변하진 않았지만 말이야." 잔이 말했다.

"맞아요, 정말 많이 달라지셨어요. 아씨는 나이에 비해 너무 변하셨어요." 로잘리가 말했다.

"그래, 그동안 행복하게 살았니?" 한참을 잠자코 있다가 잔이 물었다.

"아, 네. 아씨보다는 행복하게 살았지요. 그건 틀림없을 거예요." 로잘리가 말했다.

"그런데, 너도 지금 미망인이지? 다른 자식은 또 낳았니?" 잔이 말했다.

"아뇨, 아씨." 로잘리가 대답했다.

"네 아들에게는 만족하니?" 잔이 물었다.

"네, 아씨. 착한 아이에요. 일도 열심히 하고요. 결혼한 지 6개월쯤 됐어요. 이제 제가 아씨께 돌아왔으니 그 아이가 농장을 맡게 될 거예요." 로잘리가 말했다.

P. 177 "그럼 이제 다시 나를 떠나지 않을 거야?" 잔이 나지막이 물었다.

"걱정 마세요, 아씨. 그렇게 하려고 이미 모든 것을 정리해놓았답니다." 로잘리가 대답했다.

잔이 침대에서 일어나 앉아 말했다. "네가 어떻게 살았는지 다 말해다오. 그 동안 네게 일어났던 모든 일을 말이야. 네 이야기를 들으면 내게 힘이 될 것 같아."

로잘리는 의자를 끌어당겨 앉은 후 자신과 자신의 삶에 대해 이야기를 하기 시작했다.

로잘리는 이런 말로 이야기를 맺었다. "오, 지금 저는 잘 살고 있답니다. 걱정할 일이 없지요. 이게 다 아씨 덕분이에요. 그래서 급료는 받지 않겠어요. 절대로요! 받지 않을 거예요! 그러니 만약 아씨께서 이 조건을 받아들이지 않으신다면 저는 다시 떠나겠어요."

"하지만 아무 대가도 없이 내 시중을 들겠다는 뜻은 아니겠지?" 잔이 말했다.

"아니긴요. 그렇게 하겠다는 거예요, 아씨." 로잘리는 이렇게 대답하고 말을 이었다. "뭐, 재산이라면 저도 아씨만큼은 있답니다. 아씨는 대부금이나 저당 잡혀 얻은 빚을 전부 제하고 나면 재산이 얼마나 남는지 아세요?

P. 178 모르시죠, 그렇죠? 아마 일년에 1만 프랑도 채 안 될 거예요. 하지만 제가 이 모든 일을 잘 수습해 보겠어요."

잔은 하녀의 양손을 잡고 천천히 말했다. "나는 운이 좋았던 적이 없어. 모든 게 하나같이 잘못되기만 했단다. 잔인한 운명이 나의 인생을 전부 망쳐놓은 거야."

"그렇게 말씀하시면 안 돼요, 아씨." 로잘리가 고개를 저으며 말했다. "아씨는 불행한 결혼을 하셨던 거예요. 그뿐이에요. 하긴 모름지기 여자는 남편감에 대해 아무것도 모르고 결혼해서는 안 되는 법이지요."

두 사람은 마치 오래된 친구들처럼 자신들의 삶과 과거의 사랑에 대해 끊임없이 이야기를 이어나갔다. 날이 밝아올 즈음 두 사람은 하고 싶은 이야기를 아직 시작도 못했다는 생각이 들었다.

12장

일주일도 안 되어 로잘리는 저택의 모든 살림과 하인들을 좌지우지하게 되었다.

P. 179 잔은 이제 몹시 쇠약해져 예전에 남작 부인이 그랬듯이 다리를

질질 끌며 걸었다. 외출할 때는 로잘리가 부축해 다녔는데, 두 사람의 대화 내용은 늘 옛 시절의 회상이었다. 로잘리는 몇 번씩이나 저당 잡혀 빌린 돈에 붙은 이자 이야기를 꺼냈다. 관련된 문서들을 요구했지만 잔은 숨겨 두고 보여주지 않았다. 그녀는 로잘리가 폴의 부정직한 행위와 사업 실패에 대해 아는 것을 원하지 않았다. 그러자 로잘리는 일주일 동안 날마다 페캉에 다니며 자신이 잘 아는 변호사로부터 모든 내막을 들었다. 그러던 어느 날 저녁 로잘리는 잔을 잠자리에 눕힌 후 옆에 앉았다.

"아씨, 이제 자리에 누우셨으니 저와 이야기 좀 해요." 로잘리가 말했다. 그녀는 빚을 모두 청산하고 나면 연간 잔의 수입이 7,000 혹은 8,000프랑 정도가 될 것이라고 말했다.

"그래, 로잘리, 내가 오래 살지 못할 거라는 걸 난 잘 알아. 그러니 죽을 때까지 그거면 충분할 거야." 잔이 말했다.

"그야 아씨에게는 충분하겠지요. 하지만 폴 도련님은 어쩌고요?

P. 180 아드님에게는 아무것도 물려 주시지 않을 거예요?" 로잘리가 말했다.

잔이 몸서리를 쳤다. "내게 그 아이 이야기는 꺼내지도 마. 그 아이 생각만 해도 견디기 힘드니까."

"알아요. 하지만 도련님에 관해 아씨와 상의를 해야겠어요. 도련님이 지금은 온갖 한심한 짓을 저지르고 다닐지는 몰라도 언제까지 그렇게 살지는 않을 거예요. 결혼을 하게 될 테고, 자기 자식들을 교육시키고 잘 키우려면 돈이 필요하게 될 거예요. 레푀플을 파셔야 합니다." 로잘리가 말했다.

잔이 일어나 앉으며 말했다. "레푀플을 팔라고! 어떻게 그런 생각을 할 수 있어? 안 돼! 이 저택만큼은 절대 못 팔아!"

"하지만 파시게 될 거예요, 아씨. 그럴 수밖에 없을 테니까요." 로잘리가 차분한 목소리로 말했다.

그러고 나서 로잘리는 자신의 계획과 계산 결과를 자세히 설명했다. 그녀는 이미 이미 레푀플과 그것에 딸린 두 농장을 구입할 사람을 찾았다고 했다. 레푀플 저택을 판 돈으로 저당 잡혀 얻은 빚을 갚으라는 것이다. 그것들을 팔아도 잔에게는 아직 생 레오나르에 있는 농장 4개가 남아 있고, 이 농장들에서 일년에 8,300프랑의 수익을 얻을 수 있다. 여기에서 농장 보수

및 유지비로 1,300프랑을 제하면 7,000프랑이 남게 된다.

P. 181 그러면 5,000프랑은 1년 생활비로 쓸 수 있고 2,000프랑은 비상시에 대비해 저축할 수 있다. "그것 이외의 다른 재산은 전부 사라졌어요. 모두 끝난 일이에요. 하지만 앞으로는 제가 돈을 관리하겠어요. 그리고 이제 폴 도련님은 아씨께 한 푼도 받아내지 못할 거예요. 지금까지는 아씨께서 도련님의 빚을 갚아 주셨지만 이제부터는 그러실 수 없을 거예요. 자 그럼, 안녕히 주무세요, 아씨." 로잘리는 이렇게 말하고 방을 나갔다.

레푀플을 판다는 생각에 속이 상한 잔은 그날 밤을 뜬눈으로 지새웠다.

"난 도저히 여기를 떠날 수 없을 것 같아." 다음날 아침 로잘리가 방에 들어오자 잔은 이렇게 말했다.

"떠나셔야 해요, 아씨. 오늘 변호사가 이 저택을 사겠다는 사람을 데리고 올 거예요. 저택을 팔지 않으면 4년 후에는 아씨 앞으로 아무것도 남지 않게 돼요." 로잘리가 말했다.

"오, 안돼! 안돼!" 잔이 신음하듯 중얼거렸다. 그런데 한 시간 후 그녀는 폴로부터 1만 프랑을 요청하는 편지를 받았다. 어떻게 해야 할까?

P. 182 잔은 로잘리와 상의했다.

"제가 뭐라고 했어요, 아씨? 글쎄, 만약 제가 돌아오지 않았더라면 아씨는 말도 못할 곤경에 처하셨을 거예요. 도련님 요청을 거절하세요."

잔은 로잘리의 조언을 받아들여 아들에게 다음과 같은 답장을 썼다.

사랑하는 아들아, 나는 이제 너를 도울 수가 없단다. 너 때문에 나는 파산했고, 레푀플을 팔아야 할 지경에 처했구나. 하지만 너로 인해 그토록 모진 고초를 겪었던 이 불쌍한 늙은 어미 곁으로 언제든 돌아오겠다면, 이곳에 항상 네가 의지할 집이 있다는 것을 잊지 말거라.

잔

한 달 후 잔은 저택의 매매계약서에 서명했다. 그리고 곧바로 고데르빌 근처의 바트빌 마을에 있는 작은 시골집을 샀다. 그날 저녁 잔은 짐을 꾸리고 이사하는 것을 도와주러 온 로잘리의 아들을 만났다. 그의 이름은 드니 르콕이었다. 그는 마치 오랫동안 알고 지낸 사이처럼 다정하게 잔에게 인사했다. 그를 본 잔은 심장이 거의 멎을 것만 같았다. 그는 자기 어머니를 닮아 금발에 푸른 눈을 지녔지만 얼굴에 줄리앙을 연상시키는 면이 있었다.

P. 183 한동안 잔의 머릿속은 이사에 대한 생각으로 복잡했다. 시골집은 저택보다 훨씬 작았기 때문에 물건을 전부 가지고 갈 수 없었다. 그녀는 모든 서랍을 열어 뒤적였고 물건 하나하나마다 과거의 추억을 떠올렸다. 어느 날 아침 드니 르콕이 시골집으로 첫 짐을 실어 나르기 위해 수레를 끌고 왔다. 로잘리는 짐들이 각 방에 제대로 들어가는지 확인하기 위해 아들과 함께 갔다. 혼자 남은 잔은 눈물을 흘리며 이 방 저 방을 돌아다녔다. 그녀는 집을 전부 돌아본 뒤 마지막으로 바다를 보기 위해 밖으로 나갔다. 잔은 그 동안 자신이 겪었던 모든 슬픔과 고생을 떠올리며 한참 동안 절벽에 서 있었다. 저택으로 돌아온 로잘리는 새 집이 아주 마음에 든다고 좋아했지만 잔은 저녁 내내 울었다.

마침내 저택에서의 마지막 날이 밝았다. 잠에서 깨자 잔은 마치 먼 길을 달려온 사람처럼 피곤하고 기진맥진했다.

P. 184 마당에는 로잘리와 함께 타고 갈 무개(無蓋) 마차가 서 있었다. 뤼디빈과 시몽 영감은 새 주인이 당도할 때까지 저택에 남아 있기로 했다. 그리고 나서 그들은 각자 친척들에게 가서 자신들이 저축한 돈과 잔이 마련해준 연금으로 살아갈 것이다. 8시쯤 되자 차가운 비가 내리기 시작했다.

"로잘리, 우리가 루앙을 떠나 이곳으로 오던 날 비가 참 많이 왔었는데 기억나…"

잔은 말을 하다 말고 갑자기 두 손으로 가슴을 누르더니 경련을 일으키며 뒤로 넘어졌다. 한 시간이 넘도록 그녀는 죽은 듯이 누워 있었다. 마침내 의식이 돌아오자 이번에는 심한 히스테리 증세를 보였다. 그녀는 차츰 안정을 되찾았지만 이 발작 때문에 기운이 다 빠져 일어설 수도 없었다. 즉시 떠나지 않으면 잔이 또다시 발작을 일으킬까 겁이 난 로잘리가 아들을 부르러 갔다. 로잘리 모자가 양쪽에서 잔을 부축해 마차 안으로 데려가 자리에 앉혔다. 옆에 올라탄 로잘리가 그녀를 두꺼운 망토와 담요로 감쌌다. 그리고 머리 위로 우산을 펴 들고 아들에게 외쳤다. "출발하자, 드니!"

P. 185 그 젊은이는 자기 어머니 옆자리에 올라탄 후 말의 발걸음을 재촉했다.

그들이 마을 모퉁이를 돌 때 누군가 길에서 서성거리는 모습이 보였다. 톨비악 신부였다. 그는 분명 그들이 떠나는 것을 보기 위해 기다리고 있었다. 신부는 흙탕물이 튈까 염려하여 한 손으로 신부복 옷자락을 걷어 올리고 있었다. 마차가 오는 것을 보자 그는 그것이 지나가도록 걸음을 멈추고 길 옆으로 비켜섰다. 잔은 신부와 눈이 마주치는 것을 피하려고 고개를 숙였지만, 신부에 대해 모든 얘기를 들은 로잘리는 성난 목소리로 내뱉었다.
"나쁜 놈, 나쁜 놈!"

드니가 말을 더욱 세게 몰았다. 신부 옆을 지나갈 때, 드니는 갑자기 땅에 깊이 패어 있는 바퀴 자국에 바퀴가 푹 빠지도록 마차를 몰았다. 그러자 물이 솟구쳤고 순식간에 신부는 머리부터 발까지 진흙을 뒤집어썼다. 로잘리는 신부를 향해 웃음을 터뜨리며 주먹을 휘둘렀다. 신부는 서서 커다란 손수건으로 흙탕물을 닦아내고 있었다.

13장

P. 186 두 시간을 달린 후 마차는 작은 벽돌집 앞에 멈춰 섰다. 집은 배나무가 심어진 과수원의 한가운데로 난 큰길 옆에 자리잡고 있었다. 인동덩굴과 클레마티스로 뒤덮인 정자가 정원 네 귀퉁이에 하나씩 서 있고, 정원에는 채소가 자라고 있었다. 정원과 과수원을 둘러싼 무성한 산울타리는 이웃 농장과 경계를 이루고 있었다. 밭과 평야가 사방에 펼쳐져 있고 여기저기에 농장이 흩어져 있었다.

잔은 도착하자마자 쉬고 싶어했다. 로잘리는 잔이 생각에 잠기는 것을 막으려고 쉬게 두지 않았다. 그들의 집 정리를 도와주려고 고데르빌에서 목수가 와 있었고, 모두 협력해 가구를 배치하기 시작했다. 방마다 세간을 정리하는 데는 시간이 꽤 걸렸다. 해가 저물었지만 집은 아직도 뒤죽박죽 상태였다. 녹초가 된 잔은 베개에 머리를 대자마자 잠에 빠져들었다. 그 후 며칠 동안은 할 일이 너무 많았기 때문에 그녀는 생각하거나 슬픔에 잠길 겨를이 없었다. 정리가 끝나자 그 자그마한 집은 아늑하고 아름답게 보였다.

P. 187 어느 날 아침 페캉의 변호사가 보낸 서기가 3,600프랑을 가지고 찾아왔다. 그것은 레푀플에 남기고 온 가구를 판 돈이었다. 잔은 돈을 받을 때 짜릿한 기쁨을 느꼈다. 그 사람이 떠나자마자 잔은 그 돈을 폴에게 부쳐 주기 위해 서둘러 고드빌로 향했다. 하지만 가는 길에 시장에 다녀오는 로잘리와 마주쳤다. 로잘리는 무슨 일이 있었다는 것을 의심했지만 그게 무엇인지는 즉시 짐작할 수 없었다. 하지만 그녀는 곧 그 일을 알아내고는 큰 소리로 주인을 꾸짖었다. 그리고 잔의 오른손을 잡아 끌고 집으로 돌아왔다. 집 안에 들어서자마자 로잘리는 돈은 자신이 관리할 테니 내놓으라고 했다. 로잘리는 600프랑은 폴에게 보내도 좋다고 허락해 주었다. 며칠 뒤 폴은 어머니에게 돈을 보내줘 감사하다는 편지를 보냈다.

시간이 흘렀지만 잔은 새 집에 마음을 붙이지 못했다. 바트빌에서는 숨도 마음껏 쉴 수 없는 것 같았고 예전보다 더 외롭고 버림받은 기분이 들었다.

P. 188 소금기 밴 미풍과 폭풍우와 자극적인 내음이 어우러진 바다가 그리웠다. 겨울이 한창 지나가는 동안 잔은 점점 깊은 절망감에 빠져들었다. 그녀를 그런 상태에서 벗어나게 할 방도는 전혀 없었다. 아무도 그녀를 찾아오는 사람이 없었고, 대문 앞에 나 있는 길은 거의 인적이 끊겨 있었다. 매일 밤 잔은 다시 레푀플에서 살고 있는 꿈을 꾸었다. 그녀는 그곳에서 옛날처럼 아버지와 어머니와 리종 이모와 함께 생활한다고 생각했다. 폴의 생각도 머리에서 떠나지 않았고, 아들이 무엇을 하며 지내는지 자신에 대한 생각을 하는지 궁금했다. 그 무엇보다도 잔을 괴롭히는 것은 아들을 빼앗아 간 여자에 대한 질투심이었다. 아들을 찾고자 하는 마음을 좌절시킨 것이 바로 이런 증오심이었다. 아들의 애인이 문간에 나와서 자신을 보고는 "여기는 무슨 일로 오셨죠, 부인?" 하고 묻는 모습이 눈에 선했다. 하지만 봄이 되자 잔은 삶에 권태를 느낀 나머지 아들을 되찾기 위해 다시 한번 노력해 봐야겠다는 마음을 먹었다. 그녀는 아들에게 집으로 돌아와 자신과 함께 살자는 내용의 감동적이고 애절한 편지를 보냈다.

며칠 후 다음과 같은 답장이 왔다.

P. 189 사랑하는 어머니, 가서 뵙고 싶은 마음은 굴뚝 같습니다. 하지만 제게는 돈이 한 푼도 없습니다. 돈을 좀 보내 주시면 가겠습니다. 그렇지 않아도 어머니를 찾아 뵙고 제가 어머니께서 바라시는 대로 살아갈 계획을 말씀 드리려던 참이었습니다. 저는 저와 온갖 고생을 함께 해온 이 여인의 헌신적 사랑에 대해 결코 보답할 수 없을 것입니다. 그녀와의 결혼을 허락해 주십시오. 그러면 우리 모두 어머니의 새 집에서 함께 살 수 있고, 어머니도 저를 용서해 주실 것입니다. 그녀를 만나보시면 당장 허락해 주시리라 믿습니다. 아주 정숙하고 차분한 여자이니 어머니께서도 마음에 드실 겁니다. 저는 그녀 없이 살 수 없습니다.

어머니의 아들,

폴 드 라마르 자작

잔은 날벼락을 맞은 듯 깜짝 놀랐다. "그 애는 나를 사랑하지 않아." 잔은 수도 없이 혼자 이렇게 중얼거렸다.

P. 190 "그 애가 이제 그 여자와 결혼하겠다는구나." 로잘리가 들어오자 잔이 말했다.

"오! 아씨, 절대로 허락하시면 안됩니다. 그런 돼먹지 못한 여자를 집에 들이면 안돼요." 로잘리가 말했다.

"맞아, 로잘리. 하지만 그 애가 여기 올 생각을 안 하니 내가 그 애에게 한번 가봐야겠어. 그러면 나와 그 여자 중 누가 그 애의 마음을 움직일 수 있는지 알게 되겠지." 잔이 말했다.

즉시 그녀는 직접 파리로 가겠다는 편지를 폴에게 보냈다. 또한 아들을 어디서 만나든 상관없지만, 아들이 그 천한 여자와 함께 살고 있는 집에는 절대 가지 않겠다고 했다. 아들의 답장을 기다리는 동안 그녀는 여행 준비를 하기 시작했다. 또 로잘리와 함께 고데르빌에 가서 새 옷을 지을 옷감을 골랐다. 그리고 변호사 루셀 씨를 찾아가 파리에 대해 이것저것 물어보았다. 잔은 28년 동안 파리에 가본 적이 없었던 것이다. 그 변호사는 두 여인에게 많은 조언을 해 주고 머물 곳으로 노르망디 호텔을 추천해 주었다.

2주 동안 잔은 매일 아침 우체부를 만나기 위해 길에서 서성거렸지만 폴에게서 편지 한 통 오지 않았다.

P. 191 잔은 그 여자가 폴이 답장을 쓰지 못하게 하는 것이라고 생각했다. 그녀는 더 이상 기다리지 않고 당장 떠나기로 작정했다. 로잘리도 함께 데려가고 싶었지만, 로잘리는 여비가 많이 들기 때문에 가지 않겠다고 했다. 로잘리는 잔이 300프랑만 가져가도록 했다.

로잘리가 말했다. "만약 돈이 더 필요하시면 제게 편지를 쓰세요. 그러면 제가 변호사에게 얘기해서 돈을 좀 더 부쳐 드릴게요. 하지만 지금 돈을 더 가지고 가시면 폴 도련님께 전부 빼앗기실 거예요."

로잘리와 드니는 역까지 나와 잔이 기차표를 사고 짐 싣는 것을 도와주었다. 잔이 파리에 도착했을 때는 날이 저물어 있었다.

그녀는 짐을 받아 준 호텔 도어맨을 따라갔는데, 사람들에게 이리저리 떠밀리자 잔뜩 겁을 먹었다.

"루셀 씨의 소개로 여기에 머무르려고 합니다." 호텔 사무실에 도착한 잔이 말했다. 여주인은 루셀이란 사람에 대해 한 번도 들어본 적이 없다고 말했다.

P. 192 짐꾼이 잔의 짐을 들고 앞장서서 위층으로 올라갔다. 잔은 뒤따라 올라가며 몹시 침울해졌다. 그녀는 호텔 방의 작은 탁자 앞에 앉아 수프와 닭날개 요리를 주문했다. 그날 새벽녘부터 그녀는 아무것도 먹지 못했다. 저녁식사를 마친 후에는 창가로 가서 붐비는 거리를 내다보았다. 한 바퀴 돌아보고 싶었지만 나가면 분명 길을 잃을 것 같았다. 잠자리에 들었지만 잠이 오지 않았다.

새벽이 다가올수록 잔은 폴을 보고 싶은 마음이 더욱 간절했다. 동이 트자마자 그녀는 자리에서 일어나 옷을 입었다. 폴은 소바주 가에 살았는데, 그녀는 그곳까지 걸어 가기로 마음먹었다. 그녀는 거리를 찾지 못하고 길을 물으며 여기저기를 헤매고 다녔다. 한동안 완전히 길을 잃은 채 다니다가 센 강이 보이자 그 강을 따라 걷기 시작했다. 한 시간 정도 걸은 후 그녀는 소바주 가라 불리는 어둡고 지저분한 골목길에 도달했다. 찾는 번지수에 이르렀을 때 그녀는 문 앞에 멈춰 서서 한 걸음도 뗄 수가 없었다. 폴이 이 집 안에 있을 것이다! 그녀의 두 손과 무릎이 부들부들 떨렸다. 잠시 후 안으로 들어간 그녀는 통로를 따라 걸어서 수위실이 있는 곳에 이르렀다.

P. 193 "폴 드 라마르 씨에게 가서 어머니의 친구가 찾아왔다고 전해 주시겠어요?" 잔이 말했다.

"그 사람은 이제 여기 살지 않아요, 부인." 수위가 대답했다.

"아! 그럼 지금 어디 살고 있어요?" 그녀가 다급하게 물었다.

"모르겠어요." 수위가 말했다.

잔은 너무 기가 막혀 잠시 할 말을 잃었다.

"여기는 언제 떠났나요?" 잔이 가까스로 물었다.

"2주 전에요. 그들은 어느 날 저녁 때 밖으로 걸어 나가더니 돌아오지 않았어요. 이 동네 여기저기서 빌린 돈을 갚지도 않고요. 그러니 주소를 남기지 않은 것도 놀라운 일이 아니죠." 수위가 대답했다.

"제 말 좀 들어 보세요, 제가 그 사람 어미랍니다. 아들을 찾으러 왔어요. 여기 10프랑 드릴게요. 혹시 아들에게서 연락이 오거나 소식을 듣게 되면 노르망디 호텔에 있는 제게 연락을 주세요. 사례는 충분히 할 테니까요." 잔이 말했다.

P. 194 "염려 마세요, 부인." 수위가 대답했다.

그 집을 나온 잔은 황망히 걸음을 재촉했다. 하지만 자신이 어디로 가고 있는지 신경도 쓰지 않았다. 달리는 마차나 마부의 고함소리에도 아랑곳 하지 않고 마구 길을 건넜다. 그러다 정신을 차려 보니 어떤 공원에 들어와 있었다. 그녀는 너무 지쳐 더 이상 한 걸음도 뗄 수가 없어 그대로 벤치에 주저앉고 말았다. 눈물이 두 뺨 위로 줄줄 흐르는 것도 의식하지 못한 채 그녀는 오래도록 그곳에 앉아 있었다. 행인들이 걸음을 멈추고 그녀를 쳐다보았다. 이윽고 매서운 추위 때문에 다시 걷기 위해 일어섰는데 다리를 떼기가 쉽지 않았다. 수프를 먹고 싶었지만 음식점에 들어갈 엄두가 나지 않았다. 자신이 곤경에 처해 있다는 것을 사람들이 눈치챌 것이라는 생각이 들자 겁이 나고 창피했다. 결국 그녀는 한 빵집에 들어가 자그마한 초승달 모양의 롤빵을 사서 걸어가며 먹었다. 몹시 갈증이 났지만 마실 것을 구할 수 있는 곳을 알 수 없었기에 그냥 참고 걸었다.

호텔에 도착하자 잔은 나머지 시간 동안 침대 발치에 놓인 의자에 가만히 앉아 있었다. 저녁식사로는 수프와 약간의 고기를 먹었다. 그러고 나서 옷을 벗고 잠자리에 들었다. 다음날 아침 그녀는 아들의 행방을 찾는 데 도움을 받을 수 있을까 해서 경찰서로 갔다.

P. 195 경찰은 그녀에게 아무것도 약속해 줄 수는 없지만 그 문제에 관심을 기울이겠다고 말했다. 경찰서를 나온 후 그녀는 아들을 만나기를 기대하며 거리를 이리저리 헤매고 다녔다. 저녁에 호텔로 돌아오자, 폴 씨가 보낸 어떤 남자가 그녀를 찾아왔다는 말을 들었다. 그리고 다음날 다시 오겠다고 말을 남겼다고 했다. 잔은 온몸의 피가 갑자기 심장으로 몰리는 것처럼 느꼈다. 그녀는 그날 밤을 뜬 눈으로 지새웠다. 어쩌면 방문한 사람이 폴이었을지도 모른다!

다음날 아침 9시경에 누가 문을 두드렸다. "들어와요!" 잔은 아들이 자신의 품으로 달려들 것을 기대하면서 외쳤다. 하지만 낯선 사람이 들어왔다. 그는 불쑥 찾아와 죄송하다는 말로 운을 떼더니 폴이 자신에게 진 빚 때문에 왔다고 설명했다. 남자의 말을 들으면서 잔은 울음이 북받쳤다. 남자에게 우는 모습을 보이지 않기 위해 그녀는 눈물이 눈가에 괴기가 무섭게 연신 눈을 훔쳤다.

P. 196 남자는 소바주 가의 수위로부터 잔에 대해 들었다고 말했다. 그가 잔에게 종이 한 장을 내밀었다. 90프랑이라는 액수가 적혀 있는 것이 눈에 들어왔고, 잔은 그 액수를 그에게 지불했다. 잔은 그날 온종일 밖에 나가지 않았다. 다음날 빚쟁이들이 더 몰려들었다. 잔은 20프랑만 남기고 수중에 남아 있는 돈을 모두 그들에게 주었다. 그런 다음 그녀는 로잘리에게 편지를 보내 무슨 일이 있었는가를 전해 주었다. 로잘리의 답장이 올 때까지 잔은 정처없이 거리를 헤매며 나날을 보냈다. 그녀가 바라는 건 오직 이 도시를 벗어나 자신의 작은 집으로 돌아가는 것뿐이었다. 며칠 전만 해도 그녀는 그 집에 있는 것이 너무 슬프고 외로웠었다. 그러나 이제는 그 작은 집이 아닌 다른 곳에서는 절대 살 수 없을 것 같다는 생각이 들었다. 드디어 어느 날 저녁 로잘리가 보낸 편지가 당도해 있었다. 편지에는 200프랑이 동봉되어 있었다. 로잘리는 편지에 이렇게 썼다.

> 되도록 빨리 돌아오세요, 잔 아씨. 돈은 더 보내드리지 않을 거예요. 폴 도련님에 관한 문제라면, 다음에 도련님으로부터 소식을 듣는 대로 제가 직접 가서 모셔오겠어요.

P. 197 그럼 이만 인사 올립니다.

아씨의 하녀,
로잘리

14장

파리에서 돌아온 후 잔은 외출을 하지 않고 무엇에도 관심을 보이지 않았다. 매일 아침 같은 시간에 일어나 창 밖을 내다보며 그날의 날씨를 살폈다. 그리고 아래층으로 내려와 식당 난롯가에 앉았다. 그녀는 온종일 그 자리에서 불길을 응시하며 자신이 겪어온 온갖 슬픔을 돌이켜보았다. 난로에 장작을 더 넣을 때를 빼고는 꼼짝도 하지 않았다. 그녀는 지난 시절의 추억에 젖어 살았고, 소녀 시절과 코르시카로 갔던 신혼여행을 몇 시간이고 회상했다. 오랫동안 잊고 살았던 그곳의 원시적인 경치가 그녀 앞의 난롯불 속에서 나타나기도 했다. 안내인이었던 장 라볼리의 생김새도 언제나 눈 앞에 선했고, 어떤 때는 그의 목소리까지 귀에 들려오는 듯했다.

P. 198 또 어떤 때는 평화로웠던 폴의 어린 시절을 떠올렸다. 그녀는 손가락으로 아들 이름을 구성하는 글자들을 허공에 쓰느라 몇 시간씩 애를 썼다. 불 앞에서 천천히 글자의 획을 그었고 실수했다고 생각하면 그 글자를 몇 번이고 다시 썼다. 그러다가 결국 신경이 극도로 날카로워지면 그것을 그만둬야만 했다. 로잘리는 종종 잔을 데리고 나가 산책을 시켰다. 하지만 20분 정도 되면 잔은 "더 이상 못 걷겠어, 로잘리."라고 말하며 길가에 주저앉아 버리곤 했다. 곧 잔은 손가락 하나도 까딱하기 싫어했고 늦게까지 침대에 누워 있었다. 결국 로잘리가 화를 내며 들어와 거의 강제로 옷을 입히다시피 해야만 침대에서 일어나는 상황이 매일 반복되었다.

"내가 평생 겪은 것보다 더 많은 불행을 겪은 사람은 없을 거야." 잔은 입버릇처럼 이렇게 말하곤 했다.

"만일 아씨께서 생계를 위해 일을 해야 하는 처지라면 어땠을까요?" 로잘리는 이렇게 물었다. "아주 많은 사람들이 그런 삶을 살고 있답니다. 그러다가 너무 늙어 일을 할 수 없게 되면 가난으로 죽는다고요."

"하지만 내 아들은 나를 버렸어. 내게는 아무도 없다고." 잔은 이렇게 대꾸했다.

P. 199 이 말에 로잘리는 화가 치밀어 올랐다. "그게 뭐 어때요? 자식들이 군대에 갔거나 미국으로 이주한 사람들은 어쩌라고요? 자식이란 으레 때가 되면 부모 곁을 떠나게 돼 있어요. 그리고 만일 도련님이 죽으면 어떡하죠? 그러면 어쩌시겠어요? 그게 더 나쁜 일 아니겠어요?"

그러자 잔은 더 이상 아무 말도 하지 않았다.

초봄이 되어 날이 풀리기 시작하자 잔은 조금 기운이 나는 듯했다. 그녀는 어느 날 아침 무언가를 찾으려고 다락방에 올라갔다가 옛날 달력으로 가득한 상자를 발견했다. 그녀는 달력들을 가지고 식당으로 내려와 식탁 위에 연도순으로 늘어놓기 시작했다. 그러다 느닷없이 자신이 수녀원에서 레푀플로 가져온 달력을 집어들었다. 그녀는 한동안 달력을 물끄러미 바라보다가 천천히 쓰라린 눈물을 흘리기 시작했다. 그러다가 문득 그 달력을 이용하면 자신이 과거에 했던 모든 일을 다시 떠올릴 수 있겠다는 생각이 들었다. 그녀는 모든 달력 카드를 벽에 핀으로 붙였다. 그리고 이 달력 저 달력 앞에 서서 몇 시간 동안 상념에 잠겼다.

P. 200 "이 달에는 내가 무엇을 했더라?" 레푀플에서 지낸 처음 몇 년간은 떠올릴 수 있었지만 그 이후의 세월은 대부분 기억이 가물가물했다.

여름이 다가오자 잔은 안절부절못했다. 그녀는 잠시도 가만히 있지를 못했다. 하루에도 스무 번씩 집 안팎을 들락거렸다. 풀 속에 반쯤 숨어 있는 데이지 꽃을 보거나 햇살이 나뭇잎들 사이로 쏟아지는 것만 보아도 그녀는 마음이 싱숭생숭했다. 그런 광경들은 그녀가 소녀 시절 몽상에 잠겨 들판을 헤맬 때 느꼈던 감정을 어렴풋이 상기시켜 주었기 때문이다. 비록 이제는 기대할 만한 것이 전혀 없긴 하지만, 포근한 공기는 그녀가 앞길이 창창한 삶을 앞두고 있던 시절에 느꼈던 것과 다름없는 짜릿한 흥분을 안겨 주었다. 하지만 이런 기쁨에는 언제나 슬픔에 짓눌린 영혼과 시들어 버린 마음이 안고 있는 비애가 섞여 있었다.

어느 날 아침 로잘리가 여느 때보다 일찍 아씨의 방에 들어왔다. "어서 일어나서 커피 드세요." 로잘리가 커피 잔을 탁자 위에 내려놓으며 말했다. "드니가 우리를 레푀플에 데려다 주려고 기다리고 있어요. 제가 그곳에 볼 일이 있거든요."

잔은 너무 흥분되어 정신을 잃을 것만 같았다. 그리운 옛집을 다시 본다는 것이 믿어지지 않았다. 그들이 에투방에 이르자 잔은 거의 숨을 쉴 수가 없었고 가슴이 몹시 뛰었다.

P. 201 그들은 쿠이야르네 농장에 도착했다. 로잘리와 그녀의 아들이 볼일을 보러 간 동안 쿠이야르는 잔에게 주인이 마침 집에 없으니 저택을 둘러보고 싶으면 가보라고 했다. 그에게 열쇠를 건네 받은 잔은 혼자 그곳에 갔다. 열쇠가 녹슬어서 문을 여는데 애를 먹었지만 결국 자물쇠가 열렸다. 잔이 우선 자기 방으로 뛰어올라갔다. 밝은 색 벽지로 도배가 되어 있어 그녀는 방을 거의 알아보지 못할 뻔했다. 하지만 유리창 하나를 열고 밖을 내려다보자 울컥하며 눈물이 핑 돌았다. 모든 것이 그녀가 기억하고 있는 모습 그대로였다. 관목 숲, 느릅나무, 포플러, 그리고 돛단배가 점점이 떠 있는 바다 등등. 그리고 나서 그녀는 넓고 조용한 저택을 공동묘지를 걷는 것처럼 살금살금 돌아다녔다.

얼마 후 밖에서 로잘리가 외치는 소리가 들렸다. "잔 아씨, 잔 아씨! 점심 준비 됐어요." 잔은 저택을 나올 때 머릿속에 빙글빙글 도는 느낌이 들었다.

P. 202 그녀는 그저 앞에 차려진 음식을 먹었고 주변 사람들의 말을 무슨 뜻인지도 모른 채 멍하니 듣고만 있었다. 이윽고 그녀는 마차에 올랐고 모두 집으로 향했다. 나무들 사이로 저택의 높은 지붕이 보이지 않자 그녀의 마음 속에서 무언가가 허물어지는 것 같았다. 비로소 그녀는 스스로가 옛집과 과거의 삶에 영원히 작별을 고했다는 생각이 들었다

그들은 곧바로 바트빌로 돌아갔다. 집 안으로 들어설 때 잔은 문 밑에서 하얀 무언가를 보았다. 그들이 집을 비운 사이 우체부가 놓고 간 편지였다. 그녀는 당장 폴의 글씨를 알아보고 봉투를 찢어 열었다. 편지의 내용은 이러했다.

사랑하는 어머니, 제가 지금까지 편지를 드리지 못한 이유는, 어머

니께서 파리까지 공연한 발걸음을 하시지나 않을까 염려했기 때문입니다. 저는 직접 어머니를 찾아 뵙겠다는 마음을 먹고 있었습니다. 하지만 지금 당장 저는 굉장히 곤란하고 힘든 지경에 처해 있습니다. 아내가 사흘 전에 딸을 출산하고 지금 사경을 헤매고 있습니다. 제게는 돈이 한 푼도 없습니다. 아이를 어떻게 해야 할지 모르겠습니다. 현재 문지기 아주머니가 아이에게 젖병을 물려 정성껏 돌보고 있습니다만, 아이가 죽을까봐 걱정이 됩니다.

P. 203 어머니께서 아이를 맡아 주실 수 있을까요? 돈이 없으니 유모를 구해 아이를 맡길 수도 없고 어디서 도움을 받아야 할지 모르겠습니다. 즉시 답장을 주십시오.

어머니를 사랑하는 아들, 폴

잔은 의자에 털썩 주저앉았다. 로잘리를 부를 힘조차 없었다. 로잘리가 오자 두 사람은 함께 편지를 다시 읽었다.

이윽고 로잘리가 입을 열었다. "제가 가서 아이를 데려오겠어요, 아씨. 아이를 죽게 내버려둘 수는 없잖아요."

"그래, 로잘리, 네가 가다오." 잔이 대답했다.

"모자를 쓰세요." 잠시 잠자코 있던 로잘리가 말했다. "우리 둘이 고데르빌에 있는 변호사를 만나러 가요. 만약 그 여자가 곧 죽는다면 폴 도련님은 아이를 위해서 그 여자와 결혼해야만 해요."

잔은 말없이 모자를 썼다. 그녀의 마음은 기쁨으로 충만했지만 결코 그런 마음을 내비칠 수는 없었다. 그것은 가증스러운 기쁨이기에 사람들이 항상 수치스러워 하는 감정이었다.

P. 204 아들의 애인이 죽어가고 있는 것이다.

변호사는 로잘리에게 관련된 사항들을 자세히 일러 주었고, 로잘리는 그것을 두 번이고 세 번이고 다시 물어 확인했다. 해야 할 일을 분명히 파악했다는 확신이 들자 로잘리는 그날 밤 파리를 향해 떠났다. 잔은 이틀 동안 로잘리로부터 소식이 오기를 애태우며 기다렸다. 사흘째 되는 날 아침 로잘리로부터 짤막한 편지가 왔다. 그날 저녁 기차로 돌아가겠다는 내용이었다. 오후 3시경에 이웃 사람이 마차로 잔을 뵈즈빌 기차역까지 데려다 주었다.

잔은 플랫폼에 서서 초조하게 기다렸다. 그러다 갑자기 하얀 연기가 치솟더니 기차가 모습을 드러냈다. 기차가 서서히 속도를 줄여 멈춰 설 때까지 잔은 모든 객차의 창문들을 열심히 기웃거렸다. 기차 문이 열리고 여러 사람들이 나왔다. 드디어 로잘리의 모습이 보였다. 그녀는 옷보따리 같은 것을 품에 안고 있었다.

잔은 그녀를 맞으러 앞으로 나아가고 싶었지만 다리에 맥이 다 풀린 것 같았다. 아씨를 본 로잘리가 평소와 다름없이 차분한 태도로 다가왔다.

로잘리가 말했다. "안녕하셨어요, 아씨. 그 여자는 어젯밤에 죽었어요. 두 사람은 결혼을 했고요. 아기는 여기 있어요."

P. 206 잔은 로잘리가 내미는 아기를 받아 안았다.

"폴 도련님은 장례식을 치르는 대로 오실 거예요." 집으로 향하는 마차에 오를 때 로잘리가 말했다. "아마 내일쯤 여기 도착하실 거예요. 기차로요."

"폴." 잔이 중얼거렸으나 더 이상 말을 잇지 못하고 입을 다물었다.

그때 갑자기 자신의 무릎 위에 잠들어 있는 자그마한 존재의 체온이 느껴졌다. 잔의 마음 속에서 묘한 감동이 일었다. 아직 아기를 보지 못한 그녀는 덮인 천을 젖혔다.

P. 207 햇살이 손녀의 얼굴을 비추자 어린 생명은 파란 눈을 뜨더니 입술을 오물거렸다. 잔은 아기를 꼭 끌어안고 얼굴에 마구 입을 맞추기 시작했다.

"아유, 아유, 잔 아씨. 그러다 아이 울리겠어요." 로잘리가 말했다.

그러더니 그녀는 자신의 생각에 대답이라도 하는 듯 이렇게 덧붙였다. "보시다시피, 인생이란 사람들이 생각하는 것처럼 결코 행복하지도 불행하지도 않은 거예요."

명작에서 찾은 생활영어

A WOMAN'S LIFE
GUY DE MAUPASSANT

날씨가 개지 않았다.
The weather did not clear up.

5년간의 수녀원 생활을 마치고 부모님의 품으로 돌아온 17살의 소녀 잔. 그녀의 마음은 앞으로 펼쳐질 흥미진진한 삶과 사랑에 대한 꿈으로 잔뜩 부풀어 있습니다. 그리고 그 꿈의 시작은 가족과 함께 아름다운 바닷가에 자리잡은 레푀플 저택에서 여름철을 보내는 것이었죠. 그런데 출발 당일 아침 잔은 밤새 쏟아진 비가 좀처럼 그치질 않자 조바심을 내며 연신 하늘을 쳐다봅니다. 이 장면에서 쓰인 표현이 (날씨가) 개다 라는 뜻의 clear up 인데요, 이외에도 「여자의 일생」에는 다양한 날씨 표현이 쓰였답니다.

The sun was sinking and the wind had died out.
해가 지고 있었고 바람은 완연히 잦아들었다.

She studied the sky, hoping for a break in the clouds.
그녀는 구름이 조금이라도 걷히기를 바라며 하늘을 유심히 쳐다보았다.

All night long the downpour had pattered against the roofs and the windows.
억수처럼 쏟아지는 비가 밤새도록 지붕과 창문을 두드렸다.

Gradually, the rain eased and was soon nothing more than a very fine drizzle.
비는 점차 잦아들더니 곧 아주 가느다란 이슬비로 변했다.

날씨에 관한 표현, 많이 익히셨나요? 그럼 아래 dialog로 꼭꼭 다져 보세요.

A : Hello? Jane, how are you? I just got in, and I'm dripping wet. The rain's actually pouring down!

B : Really? But, here, the rain has already died out. Even the clouds are breaking up now.

A : That's funny. We're only 5km away from each other, and yet have different weathers!

B : Yeah, too much work for the weather service, I guess.

A : 여보세요? 제인, 넌 어떠니? 난 방금 들어왔는데 흠뻑 젖어서 물을 뚝뚝 흘리고 있어. 비가 들이붓듯이 퍼붓는걸!

B : 진짜? 근데 여기는 비가 이미 다 그쳤어. 지금은 구름도 걷히고 있고.

A : 그거 희한하네. 겨우 5킬로미터 떨어져 있을 뿐인데 날씨가 이렇게 다르니 말이야!

B : 그래, 이러니 기상청에서 할 일이 참 많겠다.

그들은 팔짱을 끼고 저택 곳곳을 돌아보았다.
Arm in arm, they went all over the house.

레푀플 저택에 도착한 남작이 딸 잔과 함께 새로 단장한 저택의 구석구석을 둘러보고 있는 장면을 묘사한 말입니다. 서로 팔짱을 끼고라는 의미의 arm in arm에서 이들 부녀의 다정한 모습이 연상되지 않나요? 영어에서는 이렇듯 전치사를 가운데 두고 신체 부위를 나타내는 단어를 나란히 나열하여 여러 유용한 의미를 만들 수 있답니다. 예를 들면, face to face(마주보고), back to back(서로 등을 대고), shoulder to shoulder(어깨를 맞대고), hand in hand(나란히 손을 잡고) 등이 있습니다.

They sat face to face to talk.
그들은 마주보고 앉아 이야기를 나눴다.

Then stand back to back and let's see which of you is taller.
그럼 등을 마주 대고 서 봐. 누구의 키가 더 큰가 보자.

They lay down shoulder to shoulder studying the map.
그들은 어깨를 맞대고 누워 함께 지도를 살펴보았다.

I climbed down the dark stairs hand in hand with my sister.
나는 여동생 손을 잡고 어두운 계단을 내려갔다.

알아두면 유용하고 재미있는 표현들, 잊어버리지 않도록 다시 한 번 연습해 볼까요?

A : Now I have all the students lined up. What should I do next?
B : Let them break into pairs and stand back to back. Then, take five steps in opposite directions from each other.
A : I got it. What is the next movement?
B : Break up again and have people lined up shoulder to shoulder. Well, that's it, for the show.

A : 이제 학생들을 모두 한 줄로 세웠어요. 다음엔 어떻게 하죠?
B : 두 사람씩 짝을 지어 등을 대고 서게 하세요. 그런 다음, 서로 반대 방향으로 다섯 걸음을 걷게 하세요.
A : 알았습니다. 그 다음 동작은요?
B : 다시 헤쳐서 나란히 어깨를 맞대고 죽 서게 하세요. 공연 동작은 그게 전부예요.

두 사람 다 녹초가 되었을 텐데.
You must both be quite worn out.

신혼여행에서 돌아온 잔이 저녁식사 후 난롯가에서 꾸벅꾸벅 졸고 있자, 남작이 딸에게 가서 쉬라며 건네는 말입니다. 남작은 딸의 순탄치 않은 운명을 예감이라도 했는지 '…을 녹초가 되게 하다'라는 wear... out 을 사용하고 있군요. wear out에는 '닳아 없어지다(없어지게 하다)' 라는 또 하나의 중요한 뜻이 있는데요, 동사 wear는 out 외에도 off, down, away 등을 함께 사용하여 '서서히 없어지다, …을 서서히 없어지게 하다' 라는 뜻을 만들어낸답니다. 예문으로 보실까요?

The pain was slowly wearing off.
통증이 서서히 사라지고 있었다.

This pressure began wearing down his resistance.
이런 압력이 그의 저항을 점점 무력화하기 시작했다.

I wore out the two pairs of gloves on the volunteer work.
그 자원봉사 활동을 할 때 장갑 두 켤레가 완전히 닳아버렸다.

The steps have been worn away by the feet of thousands of students.
학생 수천 명의 발걸음에 그 층계들이 닳아 없어지다시피 했다.

wear를 활용한 '녹초가 되다', '…을 서서히 없어지게 하다' 라는 표현, 아래 dialog로 다시 한 번 연습해 볼까요?

A : I need to buy a pair of sneakers. It's for when I work out on the treadmill.
B : Then don't buy expensive ones, since they will soon wear out.
A : Good point, but they will do so only if I work out every day.
B : Umm, to exercise regularly, it's important not to be really worn out from work.

A : 나 운동화 한 켤레 사야 해. 러닝머신에서 운동할 때 필요하거든.
B : 그럼 비싼 것은 사지 마. 금방 닳아 없어질 테니까.
A : 그래 맞아, 하지만 매일 빼먹지 않고 운동해야 그렇게 되겠지.
B : 음, 규칙적으로 운동하려면 일 때문에 너무 지치지 않는 게 중요해.

잔은 영문을 전혀 몰라 어리둥절했다.
Jeanne was utterly at a loss to know what it was all about.

사위인 줄리앙이 로잘리와 사생아를 낳은 사건을 수습하고자 남작 부부는 로잘리에게 재산의 일부를 떼어 주고 결혼을 시키려 합니다. 그러자 줄리앙은 그 액수가 너무 크다며 소란을 피웁니다. 이 표현은 그 장면을 우연히 목격한 잔이 영문을 몰라 당황해 하는 모습을 담고 있습니다. 여기에서 눈여겨보아야 할 표현이 난처하여, 어찌할 바를 몰라서 라는 뜻의 at a loss 인데요, 비슷한 뜻을 가진 표현으로 stunned, at sea, at one's wits' end 등이 있답니다. 예문으로 보실까요?

The sight left me at a complete loss for words.
나는 그 광경을 보고 놀라 완전히 할 말을 잃었다.

She felt stunned at the change.
그녀는 그 변화에 어리벙벙했다.

You certainly aren't completely at sea with these questions.
네가 이 문제들에 대해 완전히 갈피를 못 잡고 있는 것은 아니야.

I'm at my wits' end with this situation. I cannot figure it out.
이 상황에서 어찌할 바를 모르겠어. 도무지 뭐가 뭔지 모르겠거든.

난처해서 어찌할 바를 모르는 상황을 나타내는 표현, 참 다양하네요. 아래 dialog처럼 일상생활에도 한 번 활용해 볼까요?

A : How was your business trip to China?
B : Well, for two weeks I was completely at sea with the language.
A : I thought people there would speak English just fine.
B : Maybe, but it wasn't easy getting around without understanding one single Chinese letter. I was at a total loss finding my way around.

A : 중국 출장 어땠어요?
B : 아이고, 2주 동안 언어 때문에 완전히 헤맸어요.
A : 저는 그곳 사람들이 영어를 꽤 잘하는 것으로 알고 있었는데요.
B : 그렇다 해도, 한자를 한 글자도 모르는 상태로 다니는 건 쉽지 않더라고요. 어디가 어딘지 몰라서 정말 난감하기 짝이 없었어요.

이렇게 빙빙 돌려 말하는 통에 남작은 짜증이 났다.
All this beating about the bush irritated the baron.

남작 부부는 사생아를 낳은 하녀 로잘리를 결혼시키기 위해 지참금을 걸고 남편감을 찾습니다. 마침내 신부가 남편감으로 한 농부를 찾아냅니다. 그런데 그는 남작을 찾아와 지참금 액수를 거론하며 결혼에 대한 확답을 주지 않습니다. 이 상황을 표현한 위 문장에서 beat about (around) the bush 라는 표현이 쓰였는데요, 덤불 주변만 두들기듯 **말을 빙빙 돌려 요점을 피하다** 라는 뜻입니다. 이 밖에도 gloss over, hedge, evade the point 등도 비슷한 의미를 전달할 수 있습니다. 아래 예문으로 확인해 보실까요?

Well, don't beat around the bush. Just get to the point.
자, 빙빙 돌려 얘기하지 말고 요점을 말해 보세요.

I glossed over the awkward facts.
나는 거북한 사실들을 그럴싸하게 둘러댔다.

Don't hedge. Give me a straight answer.
얼버무리지 말고 분명히 대답해요.

He changed the topic and skillfully evaded the point. 그는 화제를 바꾸어 교묘히 요점을 피해갔다.

이제 '말을 얼버무리다' 라는 표현도 자유로이 할 수 있겠죠? 아래 dialog처럼 생활회화로도 활용해 볼까요?

A : I'm really nervous about this date. I really want to impress this guy.
B : Relax. Just don't be too frank. Sometimes, you need to gloss over sensitive matters.
A : OK, I'll keep that in mind.
B : But, don't beat around the bush all the time. You may look wishy-washy.

A : 이번 데이트 정말 긴장돼. 이 남자에게 정말 잘 보이고 싶거든.
B : 긴장하지마. 너무 솔직하게 말하지 말고. 가끔은 민감한 문제를 그럴 싸하게 둘러댈 필요도 있어.
A : 알았어. 명심할게.
B : 하지만 내내 변죽만 울려서도 안돼. 우유부단한 사람으로 보일 수 있 으니까 말이야.

제가 모든 일을 잘 수습해 보겠어요.
I'm going to put everything right.

방탕한 아들 폴 때문에 집안이 풍비박산이 나고, 부모님의 뒤를 이어 리종 이모마저 세상을 떠나자 절망에 빠진 잔 앞에 오래 전에 헤어진 하녀 로잘리가 나타납니다. 로잘리는 남은 생애 동안 아무런 대가 없이 잔을 보살피며 살겠다고 밝힙니다. 그리고 우선 그동안 잔이 폴 때문에 진 빚을 청산하고 남은 재산을 정리하는 일을 하겠다며 이렇게 말하죠. 여기서 …을 수습하다〔해결하다〕라는 의미로 put... right를 사용했는데요, 이 외에 settle, fix, work out, iron out 등에도 비슷한 의미가 담겨 있습니다.

I'll ask the company to contact you to put this right.
귀하에게 연락하여 이 문제를 해결하도록 그 회사에 요청하겠습니다.

Let's settle this affair.
이 문제를 처리하자.

How can I fix this dilemma?
어떻게 하면 이 딜레마를 해결할 수 있을까?

There's time to work out any concerns.
어떤 문제라도 해결할 시간은 있다.

The government has to iron out the problems first.
그 정부는 우선 그 문제들부터 해결해야 한다.

그럼 배운 표현들을 일상생활에서 어떻게 활용할 수 있는지 볼까요? 아래 dialog를 참고하세요.

A : Sorry for the delay. We can't use the computers now. There's a bug in the system.
B : Don't worry. We've got time. The department has yet to fix the data update issue first.
A : Well, that's a relief. I'll send you all the necessary files as soon as we work this bug out.
B : OK. Thanks for calling. Let's get together once we finish this work.

A : 늦어져서 미안해요. 지금 컴퓨터를 쓸 수가 없어요. 시스템에 오류가 생겨서요.
B : 걱정 마세요. 시간은 있어요. 저쪽 부서에서 먼저 데이터 갱신 문제를 해결해야 하거든요.
A : 아, 그럼 다행이네요. 오류를 해결하는 대로 필요한 문서를 전부 보낼게요.
B : 그래요. 전화 줘서 고마워요. 이 일 끝나면 얼굴 한 번 봐요.

THE CLASSIC HOUSE

*offers
a wide range of world classics
in modern English.*

01	The Little Prince 어린 왕자
02	Fifty Famous Stories 50가지 재미있는 이야기
03	Aesop's Fables 이솝우화
04	The Great Gatsby 위대한 개츠비
05	Daddy-Long-Legs 키다리 아저씨
06	Pride and Prejudice 오만과 편견
07	O. Henry's Short Stories 오 헨리 단편집
08	Anne Frank: The Diary of a Young Girl 안네의 일기
09	The Scarlet Letter 주홍글씨
10	Jane Eyre 제인 에어
11	Animal Farm 동물농장
12	Tales from Shakespeare 셰익스피어 이야기
13	The Adventures of Tom Sawyer 톰 소여의 모험
14	E. A. Poe's Short Stories 포우 단편집
15	Wuthering Heights 폭풍의 언덕
16	Strait Is the Gate 좁은 문
17	The Adventures of Huckleberry Finn 허클베리 핀의 모험
18	Tolstoy's Short Stories 톨스토이 단편집
19	The Adventures of Sherlock Holmes 셜록 홈즈의 모험
20	Tess of the d'Urbervilles 테스
21	Sense and Sensibility 이성과 감성
22	The Phantom of the Opera 오페라의 유령
23	Dr. Jekyll and Mr. Hyde & Other Stories 지킬 박사와 하이드 씨 외
24	Gone with the Wind 바람과 함께 사라지다
25	Little Women 작은 아씨들

26	Les Miserables	레 미제라블
27	Great Expectations	위대한 유산
28	War and Peace	전쟁과 평화
29	A Midsummer Night's Dream & Other Stories	한여름 밤의 꿈 외
30	The Sorrows of Young Werther	젊은 베르테르의 슬픔
31	Robinson Crusoe	로빈슨 크루소
32	Around the World in Eighty Days	80일간의 세계일주
33	The Necklace & Other Stories	목걸이 외
34	The Hunchback of Notre-Dame	노트르담의 꼽추
35	A Portrait of the Artist as a Young Man	젊은 예술가의 초상
36	Don Quixote	돈키호테
37	The Notebooks of Malte Laurids Brigge	말테의 수기
38	Odyssey	오디세이
39	The Brothers Karamazov	카라마조프 가의 형제들
40	A Doll's House	인형의 집
41	A Woman's Life	여자의 일생
42	First Love & Mumu	첫사랑 & 무무
43	Sons and Lovers	아들과 연인
44	The Memoirs of Sherlock Holmes	셜록 홈즈의 회상록
45	The Autobiography of Benjamin Franklin	프랭클린 자서전
46	A Christmas Carol & Other Stories	크리스마스 캐럴 외
47	Crime and Punishment	죄와 벌
48	Resurrection	부활
49	Greek and Roman Mythology	그리스 로마 신화
50	The Last Lesson & Other Stories	마지막 수업 외